LA FORMATION CONTINUE

DANS LES SERVICES PUBLICS

YVES EMERY, SAMUEL BUDDE &
MARTINE CHUARD DELALY

LA FORMATION CONTINUE DANS LES SERVICES PUBLICS

ANALYSE DE L'IMPACT DES NOUVELLES PRATIQUES DE GESTION DES RESSOURCES HUMAINES ET D'ENCADREMENT

PETER LANG
Bern · Berlin · Bruxelles · Frankfurt am Main · New York · Oxford · Wien

Information bibliographique publiée par «Die Deutsche Bibliothek»
«Die Deutsche Bibliothek» répertorie cette publication dans la «Deutsche National-bibliografie»; les données bibliographiques détaillées sont disponibles sur Internet sous ‹http://dnb.ddb.de›.

ISBN 3-03910-337-7

Hochfeldstrasse 32, Postfach 746, CH-3000 Berne 9
info@peterlang.com, www.peterlang.com, www.peterlang.net

Table des matières

Introduction

> Die Wirklichkeit wird nicht verstanden oder wird falsch verstanden – sonst würde sie nicht immer so völlig anders reagieren, als wir es erwartet hatten.
>
> F. Vester (1984: 18)

Le monde de la formation, et de la formation continue plus spécifiquement, est en profond changement. Des politiques publiques de la formation de base et de la formation professionnelle, destinées à évoluer considérablement ces prochaines années en s'orientant davantage que par le passé vers la notion de compétences, concept plébiscité au moins depuis une quinzaine d'années (Bellier, 2001, Cannac, 1985), en passant par les pratiques des employeurs, de plus en plus conscients que les ressources humaines constituent un avantage stratégique difficilement imitable (Hamel/Prahalad, 1994), pour arriver aux individus, qui semblent condamnés plus que jamais à une forme d'apprentissage «la vie durant» (Davis, 2001), le monde de la formation semble vivre un boom qui n'est pas près de s'arrêter.

D'un autre côté, la compétitivité bat son plein et, dans le sillage d'une récession économique larvée mais durable, les entreprises privées comme les administrations publiques, doivent réinventer leur fonctionnement (Osborne/Gaebler, 1993), améliorer la qualité de leurs prestations tout en réduisant, parfois de manière drastique, leurs coûts de fonctionnement. Dans cette perspective qui tend à privilégier les objectifs à court terme plutôt que les investissements à moyen et long terme, véritable maladie du management moderne dénoncée avec virulence par différents auteurs (Deming, 1986, Monroy, 2000, Le Goff, 1996), il n'est ni évident ni acquis de considérer la formation, et la formation continue en particulier, comme une activité incontournable, bénéfique tant à l'employeur qu'à l'employé.

Au contraire, par les ressources importantes que la formation continue implique, en argent et en temps, elle se profile parfois comme un luxe réservé aux organisations disposant de suffisamment de moyens pour se consacrer à une activité non directement productive. Dans le même ordre d'idées, les budgets de formation continue sont souvent ceux qui subissent les premiers les pressions de réduction des coûts, comme s'il s'agissait d'un domaine peu utile, et en tous les cas pas stratégique, ignorant ainsi un certain nombre de spécialistes qui insistent, dans l'environnement actuel, sur l'importance qu'il convient d'accorder au «capital savoir» de l'organisation (Bück, 1999), ou d'une manière plus générale au capital humain (Mayo, 2001).

Que la légitimation de l'importance qu'il convient d'accorder à la formation continue provienne du monde de l'éducation des adultes (Finger/Asun, 2001) ou du monde de l'entreprise et de ses exigences économiques (Phillips, 1990, 1996), qu'elle soit la suite logique d'une évolution accélérée des technologies et des métiers (Hansen *et al.*, 1999), ou d'une vision politique (Couchepin, 2002), la formation continue paraît plus que jamais nécessaire, mais aussi plus que jamais fragile dans un milieu axé essentiellement sur la performance et les résultats à court terme.

Intéressés par notre mission autant que par nos intérêts profonds, au monde des services publics, dont la révolution de «nouvelle gestion publique» met l'accent principalement sur le management des performances (OCDE, 1997a), nous sommes amenés à nous interroger sur les conditions de réalisation et de perception de la formation continue par les principaux acteurs concernés: les membres du personnel.

Comment les principaux acteurs réagissent-ils aux développements considérables de la formation continue dans les services publics?

La recherche dont il est question dans cette publication, vise à reconstruire les stratégies des acteurs œuvrant dans un contexte générateur de tensions, lié au fait que la plupart des organisations publiques investissent massivement dans la formation continue du personnel, en l'appuyant par une politique du personnel plaçant le développement des compétences en première place (Emery/Lambelet, 2000), tout en développant des pratiques managériales axées sur la performance et produisant potentiellement au moins, une pression accrue à la performance laissant peu de place pour des actions de formation. En cela, nous rejoignons plusieurs analyses ou constats de la littérature allant dans le même sens (Hansen *et al.*, 1999, Schneider 1999, Baillod, 1999, Mc Cluskey, 1996).

En considérant les pratiques de formation continue de plusieurs organisations publiques, l'équipe de recherche a établi une typologie des «comportements de formation continue», observant en particulier l'incidence que peuvent avoir les pratiques de management, au niveau collectif et individuel, axées sur les performances (contrat de prestations, contrat de performances individuelles). Le design de recherche tient compte de variables individuelles (notamment le niveau de formation, l'âge, l'ancienneté, ainsi que des dimensions de la personnalité pertinentes par rapport à la formation ou à l'apprentissage) ainsi qu'organisationnelles (caractéristiques «qualifiantes» de l'organisation, estimées par certains auteurs comme prépondérantes dans la compréhension des comportements de formation continue, (Brühlmann, 1999; Meignant, 1997), politiques de formation continue et pratiques objectives de formation continue[1] pour moduler les enseignements issus des enquêtes de terrain. Contrairement à nombre de travaux antérieurs axés sur des variables explicatives de type socioculturel (enquête de l'OFS, 1997, Schräder-Naef, 1997), cette recherche considère plutôt des variables liées aux contextes organisationnel et managérial au sein desquels les comportements de formation continue se développent.

Au plan pratique, notre recherche doit permettre d'identifier les freins et les moteurs les plus pertinents susceptibles d'être influencés par l'organisation pour favoriser les comportements de formation continue, et ainsi être en mesure d'élaborer des recommandations à l'attention des instances qui mettent en place des systèmes de formation continue à l'intérieur des organisations publiques.

Le cadre d'analyse théorique retenu s'inspire de l'approche stratégique développée au sein de la sociologie des organisations sous l'impulsion principale de Crozier et Friedberg (Crozier/Friedberg, 1977; Friedberg, 1997). Il s'agit donc de donner sens aux comportements de formation continue relevés auprès des personnes-cibles de cette recherche, en reconstituant leur marge de manœuvre, leurs atouts et contraintes, ainsi que leurs objectifs personnels, au sein de construits organisationnels axés de manière différenciée sur les performances individuelles et collectives à produire. Nous mettrons en particulier l'accent sur l'intégration de la logique des performances et de celle du développement des compétences, afin d'apprécier dans quelle mesure elles se renforcent ou au contraire s'opposent.

L'hypothèse principale testée consiste à postuler une différence d'investissement dans la formation continue selon l'intensité des pratiques de management des performances. Nous la formulons ainsi: «Le comportement actif de formation continue est lié aux pratiques managériales: plus le management est axé sur les performances, moins le comportement de formation continue est actif».

Nous présentons plus en avant dans les détails ce que nous entendons par «comportement actif»; précisons à ce stade qu'il s'agit de séparer les comportements de formation continue ordonnés par l'organisation et/ou la hiérarchie des comportements de formation continue initiés par l'individu,

1 Toutes ces variables sont décrites dans la suite de l'ouvrage.

afin de véritablement mettre en exergue le côté «actif» de la démarche formationnelle.

Cette hypothèse est testée d'une part par une approche *quantitative*, sur la base d'une méthodologie détaillée permettant de quantifier les comportements actifs de formation continue. Elle est d'autre part affinée, quant aux logiques d'actions qui sous-tendent les comportements observés, par une analyse *qualitative* inspirée de l'approche stratégique. Cette analyse implique une identification des principales variables contextuelles susceptibles d'influencer les comportements en matière de formation continue, leur perception et leur interprétation par les personnes concernées, révélant la double dimension des faits sociaux. Les analyses qualitatives sont certes focalisées sur la même hypothèse principale énoncée ci-dessus, mais elles s'inscrivent également dans une démarche heuristique qui est la conséquence d'une littérature encore peu fournie dans ce domaine, tout spécialement dans le contexte des organisations publiques soumises à un management des performances.

Dans l'esprit de l'aphorisme introductif, nous sommes pleinement conscients du fait que notre approche permettra certes de mieux comprendre le paysage formationnel actuel des services publics, ainsi que les comportements adoptés par les collaboratrices et collaborateurs[2] qui y évoluent, mais qu'elle ne saurait prétendre révéler une quelconque «vérité» sur les fondements stratégiques profonds qui sous-tendent leurs comportements. Les outils de l'analyse stratégique, que nous nous emploierons à mettre en œuvre avec méthode, permettent d'approcher la rationalité des acteurs étudiés, mais jamais véritablement de la saisir dans toute sa complexité, pour autant d'ailleurs – et il s'agit là d'une hypothèse – qu'elle apparaisse clairement aux yeux mêmes des personnes concernées (Simon, 1958).

Le présent ouvrage est articulé de la manière suivante:

- Le premier chapitre est consacré à l'état de la connaissance dans les domaines liés à notre objet d'analyse, soit les comportements stratégiques dans les organisations, les comportements en matière de formation continue et finalement, la transformation des pratiques de management public et de gestion des ressources humaines dans les services publics;

2 Dans le cadre de cette recherche, les formulations adoptées sont, dans toute la mesure du possible, épicènes. Si cela ne devait pas être le cas, il s'agit d'un oubli de notre part qui ne correspond guère à notre souci de contribuer à l'égalité de traitement dans ses différentes dimensions.

- Le 2e chapitre décrit en détail la démarche méthodologique, quantitative et qualitative, retenue dans la suite de la recherche. C'est l'occasion, sur certains points précis, d'apporter encore des compléments théoriques permettant d'affiner la saisie et le traitement des variables retenues. Le chapitre se termine par la présentation de la structure retenue pour les études de cas, lesquelles ne sont pas incluses dans la partie principale du rapport, mais figurent dans la partie II «études de cas», notamment par le volume important qu'elles représentent;
- Le 3e chapitre présente de manière concentrée les résultats et commentaires de l'analyse quantitative;
- Le 4e chapitre est consacré à la présentation détaillée des analyses qualitatives, basées sur les études de cas;
- Le 5e chapitre expose les principales conclusions, perspectives de recherche et question émergentes de la recherche;
- Le 6e chapitre est destiné plus spécialement aux acteurs du processus formationnel, sous la forme des principales recommandations que nous pouvons tirer des cas analysés, en généralisant leurs conclusions.

Différentes annexes, dont une étude de cas complète, permettent d'illustrer la méthodologie adoptée.

Chapitre 1

Etat de la connaissance liée à la stratégie des acteurs en matière de formation continue

Nous présentons l'état de la recherche et des connaissances en deux parties: d'une part, les acquis de la sociologie des organisations relatifs aux comportements des acteurs dans les systèmes sociaux productifs, d'autre part la stratégie des acteurs sur la question spécifique de la formation continue dans les organisations. Dans un deuxième temps, nous présentons les traits marquants de la modernisation du management public et de la gestion des ressources humaines, lesquels constitueront le contexte d'analyse spécifique que nous souhaitons plus particulièrement investiguer dans cette recherche.

1.1 La stratégie des acteurs dans la dynamique de collaboration des organisations productives

Comprendre la stratégie des acteurs face à la formation continue implique que l'on prenne en compte les déterminants objectifs et subjectifs qui sont à la base des choix et comportements individuels. Les recherches récentes mettent l'accent sur la rationalité limitée des prises de décision des acteurs sociaux. Dans le domaine de la sociologie des organisations, cadre théorique général de notre recherche, les acquis sont considérables et les pistes nombreuses permettant de comprendre utilement le fonctionnement des organisations et des individus qui en font partie, sans entrer dans un démontage systématique du construit organisationnel comme le propose par exemple Friedberg (1997).

Or, pour reconstruire les stratégies des acteurs face à la formation continue dans les organisations publiques, il faut réaliser un diagnostic organisationnel qui prenne en compte à la fois les déterminants structurels, managériaux et culturels façonnant le contexte de prise de décision et, d'autre part, les logiques personnelles, les jeux d'acteurs et des groupes d'acteurs. De plus, partant du principe maintenant reconnu en sociologie de la double dimension des faits sociaux (Giddens, 1987, Bourdieu, 1994), à la fois subjective et objective, il s'agira également de prendre en compte les pratiques discursives et culturelles des organisations étudiées. C'est en fonction de ces différentes dimensions que les acteurs prendront, dans la mesure des informations à leur disposition et par un jugement objectif et subjectif de leur part, la décision de participer ou non à des programmes de formation continue, ainsi qu'à toute autre action à caractère formationnel.

Trois postulats de départ constituent la base de notre diagnostic organisationnel qui représente, en quelque sorte, le support intellectuel à une analyse des systèmes sociaux de production (Piotet/Sainsaulieu, 1994). Ce dernier est alimenté par des sources et des recherches littéraires nombreuses et diversifiées:

1. Tout d'abord, les organisations sont traversées par des jeux d'acteurs incessants qui ont pour point d'entrée les incertitudes organisationnelles, lesquelles fournissent des ressources stratégiques aux différents individus et groupes (Crozier, 1965; Crozier/Friedberg, 1977; Friedberg, 1997; Bernoux, 1985). Des jeux de pouvoir peuvent s'organiser du fait de l'absence de règles formelles susceptibles de couvrir tous les aspects du fonctionnement organisationnel. Ceci veut simplement dire qu'il existe des règles informelles, que seuls les acteurs concourent à créer par des ajustements volontaires, mais non maîtrisées par la direction des organisations, en vue de coordonner leurs actes dans l'optique d'un projet implicite ou explicite. Ces zones d'incertitude constituent le terrain privilégié sur lequel les stratégies d'acteurs peuvent s'exprimer. Ces stratégies se développent donc du fait de l'incomplétude de la régulation de contrôle (règles émanant de la hiérarchie), elles ont pour but la création d'une régulation autonome (règles informelles issues des stratégies d'acteurs et de groupes) (Reynaud, 1997). Cette première dimension organisationnelle, révélée par l'analyse stratégique, s'avère particulièrement adaptée à l'étude des organisations publiques (Finger, 1997), alors qu'elle ne fait pas partie des approches théoriques classiquement mentionnées pour comprendre les motivations liées à la formation continue (par ex.: Schräder-Naef, 1997, citant 7 modèles différents sans qu'y figure l'analyse stratégique). Elle est utilisée dans de rares études (par ex.: R. Thionville, 1996), où il apparaît que les nouvelles compétences transmises par une action de formation «sont la résultante [...] d'un processus de construction sociale où les significations et enjeux qui leur sont attribués évoluent dans le temps et font l'objet de négociations im-

plicites et/ou explicites». Dans le cadre de cette recherche, il conviendra d'opérationnaliser l'analyse stratégique, car celle-ci tend à être difficile à mettre en œuvre sans immersion complète et durable dans le contexte d'analyse, un peu comme le recommandent Crozier/Friedberg (1977) à la fin de leur ouvrage. Or nous n'aurons guère l'opportunité de procéder par une démarche quasi *ethnologique* et devrons tenter de reconstituer les stratégies à travers des informations recueillies lors d'entretiens. La transformation des pratiques de management public, destinés à introduire un esprit d'entreprise dans les services publics, en déléguant davantage au personnel (empowerment) et en stimulant et reconnaissant les prestations fournies, devraient contribuer à remodeler de manière sans doute importante les jeux de pouvoir traditionnels opérant dans les services publics, et donc également les pratiques de formation continue;

2. L'existence et la pérennité d'une organisation ne peuvent se fonder uniquement sur des jeux de pouvoir et sur des tensions visant à la création de règles formelles et informelles. Encore faut-il qu'il existe des normes de sociabilité et des valeurs qui aident à réaliser une cohésion durable entre tous les acteurs en vue de la réalisation des objectifs communs. En clair, les individus appartiennent à des univers culturels internes et externes qui déterminent en grande partie leurs stratégies, mais également leur identité, leur position hiérarchique et l'attitude qu'ils pourront développer face, par exemple, à la formation continue. Cette perspective se basant sur l'identification de la culture organisationnelle et des différentes appartenances culturelles est également une dimension importante dans l'analyse du fonctionnement des systèmes sociaux de production (Sainsaulieu, 1997; Alter, 1996; Segrestin, 1992; Thévenet, 1984). Cette dimension culturelle révèle une deuxième tension à laquelle toute organisation est confrontée dans son fonctionnement quotidien. En particulier, il apparaît que la culture du service public, notre terrain d'analyse, est traversée par des évolutions, parfois contradictoires, que nous ne saurions ignorer (Emery/Giauque, 2002, Campbell *et al.*, 1998, Jurkievicz *et al.*, 1998). Les valeurs qui, autrefois, marquaient de manière profonde les spécificités des organisations publiques, notamment en Suisse (Berchtold, 1989), tendent à être supplantées par celles des entreprises privées, sous l'impulsion dominante de la nouvelle gestion publique (Hablützel *et al.*, 1995), ne manquant pas de générer un référentiel d'action contradictoire (Giauque, 2002);

3. Une troisième dimension s'avère importante dans l'analyse des systèmes sociaux de production. Celle-ci a trait à la légitimation des objectifs et pratiques organisationnels. Dans le but d'un travail commun, afin que tous les acteurs et groupes d'acteurs soient d'accords de coopérer, les organisations se trouvent devant l'obligation de légitimer les règles et les pratiques en vigueur. Incontestablement, des logiques différentes, des croyances et des «mondes» antagonistes coexistent au sein d'une même entité organisationnelle (Boltanski/Thévenot, 1991, Boltanski/Chiapello, 1999). Le défi réside dans la création d'un consensus organisationnel pour réaliser une justification durable des différents objectifs, règles et normes des organisations, afin d'intégrer «subjectivement» les acteurs en vue de la réalisation d'objectifs qui doivent être légitimés («théorie des conventions», justification organisationnelle: Reynaud/Reynaud, 1994; Boltanski/Thévenot, 1991). Sur le thème plus spécifique de la formation, il nous appartiendra d'identifier et d'analyser les systèmes de légitimation qui sous-tendent les actions de formation continue entreprises, selon les différents acteurs en présence. L'on peut penser que, sur ce sujet également, l'évolution est profonde, puisque l'importance de disposer de personnel hautement qualifié apparaît en tête des politiques du personnel en Suisse (Emery/Lambelet, 2000).

Les trois dimensions fondamentales précédentes, qui forment une méthode cohérente pour la réalisation d'un véritable bilan social de la dynamique de production d'une organisation, permettent d'intégrer la variable à expliquer de notre recherche: la stratégie des acteurs face à la formation continue. En effet, c'est sur la base d'un système social de coalitions (rapport des pouvoirs organisationnels), d'une culture d'entreprise au sein de laquelle les individus sont insérés et en fonction d'objectifs légitimement définis que les individus vont moduler leur *comportement de formation continue*, formé par ces «micro-décisions individuelles» composant selon certains spécialistes jusqu'à 80% des décisions de participation à la formation continue (Meignant, 1997).

Ainsi, cherchant à reconstituer la stratégie des acteurs, notre démarche complétera l'analyse des pratiques objectives liées à la formation continue par la compréhension du système social de coalitions, par l'analyse de la culture d'entreprise et la justification des pratiques organisationnelles. Afin de ne pas multiplier la diversité des variables organisationnelles, nous souhaitons choisir des unités organisationnelles d'analyse œuvrant dans un domaine similaire d'activités à l'intérieur des services publics. La détermination de la grille d'analyse permettant de reconstituer les stratégies face à la formation est présentée plus en avant.

1.2 Comportements des acteurs en matière de formation continue: état de la situation

Dans le sillage du développement de la gestion du personnel au sein des organisations publiques, les pratiques de formation continue se sont considérablement renforcées ces dernières années, tant sur le plan quantitatif (budgets consacrés à la formation) que qualitatif (nombre et variété des étiquettes de cours proposées au personnel). Ces constats sont valables autant en Suisse (Germann, 1996; Germann/Graf, 1988) que sur un plan international (Schedler/Reichard, 1998; OCDE, 1996; Batal, 1997). Notons le fait que, suivant les enquêtes et recherches portant sur la formation continue, cette notion est tantôt décrite de manière large (définition de la formation continue adoptée par l'Office fédéral de la statistique pour l'enquête de 1996): les moyens de se former ne se limitent nullement à la formation institutionnalisée, mais incluent toute forme d'apprentissage finalisé, y compris par soi-même), ou alors se limitent à la fréquentation de séminaires financés par l'organisation (Rochat, 1996). Considérant l'importance des nouvelles formes d'organisation du travail s'orientant vers des modes d'organisation *qualifiants* (Zarifian, 1996), il nous paraît essentiel d'intégrer, au moins à titre de variable de contrôle, le caractère qualifiant des contextes de travail que nous allons investiguer (cf. aussi ci-dessous).

Les facteurs à l'origine de cette *offensive* de formation continue sont à rechercher dans les nouvelles exigences de l'environnement (évolutions économique, socio-politique, technologique, nouvelles approches de gestion publique) (Giauque/Uebelhart, 1999; Hansen *et al.*, 1999; Greffe, 1999; Uebelhart/Giauque, 1998; Hablützel *et al.*, 1995; Giger, 1991), mais également dans les recommandations formulées par les auteurs traitant du développement des individus et des organisations. Ainsi, bon nombre d'entre eux insistent sur l'ensemble des actions susceptibles de développer les compétences individuelles (Emery/Gonin, 1999; Batal, 1998; Hilb, 1998; Hargreaves/Jarvis, 1998; Meignant, 1997; Ropert/Haspel, 1996; Guillot/Rouquié, 1996; Boyer/Ropert, 1994), et collectives (Finger, 1997; Eberl, 1996; Veltz/Zarifian, 1994; Anciaux, 1995), actions indispensables pour assurer aux organisations tant privées que publiques la capacité de s'adapter aux évolutions accélérées de l'environnement.

Outre le développement des pratiques de formation continue et d'évolution professionnelle *(Fort- und Weiterbildung)*, la littérature recommande de stimuler la formation continue notamment par des systèmes de rémunération basés sur les compétences (*Competency-based-Pay*, Marbach, 1999, Tremblay, 1995), ainsi que par des pratiques favorisant l'apprentissage organisationnel (Eberl, 1996, Finger/Buergin, 1998, Dixon, 1994) et l'organisation qualifiante (Hansen *et al.*, 1999, Zarifian, 1996). Cet investissement dans le personnel et l'amélioration de l'organisation rejoint les idées des pionniers de la qualité, notamment Deming (1986). La référence à cet auteur est particulièrement intéressante car il a été l'un des premiers à soulever les difficultés à concilier les pratiques de management moderne (américain) axées sur la recherche effrénée de la performance, le plus souvent à court terme, avec les idées de l'amélioration de la connaissance (selon ses termes) de l'ensemble des partenaires de l'organisation. Finalement, les attentes des individus face au monde professionnel, notamment les futurs travailleurs (Rimann/Frei/Udris, 1999), induisent aussi les pratiques de formation continue, celles-ci étant même susceptibles de se profiler comme l'une des dimensions-clés du contrat psychologique, à côté des éléments *transactionnels* et *relationnels* (Cappelli, 1999, Hall/Moss, 1998).

Dans les conditions actuelles de fonctionnement des services publics, nous pensons que les acteurs peuvent être pris entre ces deux logiques – performance et développement des compétences – et nous nous intéressons à comprendre comment ils parviennent à les concilier. En effet, face à des politiques du personnel prônées qui mettent en exergue la formation et le développement des compétences (Emery/Lambelet, 2000), plusieurs approches développées dans le sillage de la *nouvelle gestion publique* (Schedler, 1995) mettent un accent particulier sur la performance, ou *efficience organisationnelle* (OCDE, 1997a). A ce stade et à titre d'exemples, les pratiques actuelles suivantes peuvent être relevées:

- Engagement de personnes immédiatement opérationnelles (just-in-place) plutôt que recours à la formation continue (Hansen *et al.*, 1999);
- Projets de rationalisation et de certification, conduisant à une réduction des dépenses et/ou des effectifs, pour accomplir la même mission;
- Contrats de performances avec enveloppe budgétaire, poussant les services à réaliser annuellement des objectifs précis tout en maîtrisant leurs dépenses budgétaires (par exemple projets FLAG à la Confédération).

Pour U. Schneider (1999), les organisations productives ne sont pas des lieux de formation, et il se pourrait bien qu'elles y gagnent à éloigner certains de leurs collaborateurs de la connaissance (de la formation), afin qu'ils puissent se consacrer pleinement à leur travail;

- Nouvelles pratiques d'encadrement et de gestion des ressources humaines, axées notamment sur la direction par objectifs et les *contrats de performance* passés avec les agents publics. En effet, cet accent nouvellement mis sur les performances à court terme, combiné à une raréfaction des ressources mises à disposition des services (coupes budgétaires, efforts de rationalisation, etc.), rend la fréquentation de séminaires de formation continue *matériellement* difficile, celle-ci pouvant même conduire à une pénalisation de l'évaluation du travail. Le taux élevé de désistement à certains programmes de formation continue interne (CEP, 1998) étaye ce constat;
- Last but not least, la formation continue suivie dans les services publics suisses (et dans les entreprises privées) ne fait le plus souvent pas l'objet d'une reconnaissance officielle (Gonon/Schläpfli, 1999), ni même de «passeports de formation», contrairement à d'autres pays (voir par ex. le National Qualifications Framework en Nouvelle Zélande, McKenzie/Wurzburg, 1998), et cela même si le degré de formalisation des pratiques est supérieur à celui du secteur privé (OFS, 1995). Dans une période où l'employabilité (Camilleri *et al.*, 1999) et la mobilité interorganisationnelle se profilent comme des atouts importants sur le marché de l'emploi, ces pratiques s'avèrent peu favorables à stimuler la formation continue.

Tous ces nouveaux outils que nous venons d'évoquer sont utiles à une GRH moderne (Emery/Gonin, 1999); cependant, ils sont susceptibles d'induire des stratégies individuelles *d'évitement* – ou au moins de non-consommation – de la formation continue, venant s'ajouter aux variables individuelles déjà bien connues favorisant également des comportements d'évitement (cf. ci-dessous). En effet, les acteurs, collaboratrices et collaborateurs des services publics, se trouvent pris dans un champ de valeurs et d'incitations potentiellement contradictoires, qu'il s'agit d'appréhender à travers leur perception et leur interprétation des enjeux sous-jacents, afin de mieux être à même d'expliciter la logique de leur *comportement de formation continue.*

Les études disponibles portant sur les comportements de formation se centrent le plus souvent sur des variables personnelles (biographiques) en cherchant à décortiquer les *motivations* d'apprentissage, les plus fréquentes d'entre elles étant: le niveau de formation, l'âge, le genre, le contexte familial d'origine et actuel, où des différences notables dans les comportements de formation continue apparaissent. Il en ressort que la formation continue «sert avant tout une élite, à savoir les groupes de population qui disposent déjà d'une bonne formation» (par ex.: OFS, 1997; NALS, 1997), confirmant en cela de nombreuses enquêtes antérieures (OFS, 1995 (enquête 1993); Schräder-Naef, 1997) et postérieures (Lurin/Soussi, 1999), alors qu'une très large proportion (3 millions en Suisse en 1996) ne suit aucun cours ni à titre professionnel ni personnel. Parmi ces personnes, une sur huit invoque des raisons professionnelles pour expliquer ce non-recours à la formation continue. Il ressort également de cette enquête que les femmes recourent nettement moins à la formation continue de type «cadres», confirmant des tendances similaires relevées dans d'autres pays (Huet, 1998 pour la France). A noter qu'à situation professionnelle égale, les femmes participent quasiment autant au perfectionnement professionnel que leurs collègues masculins, voire plus dans certaines enquêtes antérieures (OFES/OFIAMT, 1989); par contre le soutien de l'employeur est systématiquement moindre (femmes cadres: 33% avec appui de l'employeur, hommes cadres, 41%, OFS, 1997). De plus, la finalité de la formation continue suivie diffère entre hommes et femmes, ces dernières choisissant avec une fréquence deux fois plus élevée des formations à orientation «non-professionnelle» (OFS, 1995), constat intéressant dans le cadre de la recherche que nous envisageons.

D'autres variables individuelles à caractère plus psychologique sont également étudiées quant à leur influence sur les comportements de formation continue. London/Smither (1999) citent par exemple plusieurs variables individuelles parmi lesquelles l'ouverture face à la nouveauté, la conscience professionnelle, le «lieu de contrôle interne» et un niveau élevé de «self efficacy», seraient favorables à créer un comportement actif face à la formation continue. La discussion approfondie des variables de personnalité pertinentes par rapport à notre objet d'analyse est effectuée dans la présentation du design, plus précisément au sein de la partie traitant de la variable de contrôle «personnalité».

Les études portant sur les comportements d'évitement de la formation continue reprennent les mêmes variables que celles évoquées ci-dessus, des variables essentiellement socio-économiques et de fonctionnement psychologique (*Selbst-Bild* notamment, Schräder-Naef, 1997; Knaus/Schneider/

Spicher, 1995; McGivney, 1992; Gasser, 1989). L'influence des pratiques de management et de GRH sur les comportements de formation, susceptibles d'éclairer ces constats, demeure peu étudiée. L'analyse de Thionville (1996) révèle par exemple le rôle déterminant de la maîtrise (encadrement intermédiaire) face aux actions de formation des collaborateurs de base, en particulier dans la phase de transfert des acquis. Plusieurs études citées par London/Smither (1999) mettent en exergue le rôle fondamental de la hiérarchie dans le développement de leurs collaborateurs, en particulier le fait d'habiliter *(empowerment)* et de responsabiliser leur personnel concernant leur propre développement.

De manière récurrente toutefois, les évitants de la formation sont nombreux à mentionner le manque de temps issu d'une surcharge (OFS, 1995). Des enquêtes spécifiques, par exemple dans le cadre de petites organisations (PME, enquête CIM Mittelland 1998), parviennent au même constat: la pression du temps et la nécessité de résultats concrets constituent le frein premier aux activités de formation continue, quand bien même, sur le principe, les acteurs interrogés sont tout à fait favorables à la formation continue (Baillod, 1999). Nous pouvons penser que cette surcharge vient également d'une pression sensiblement accrue sur la place de travail, mais là aussi, les études disponibles se centrent surtout sur les contingences *externes* à l'emploi (Cross, 1981, cité par Schräder-Naef, 1997), à savoir pour l'analyse de Cross auprès de personnes intéressées par la formation, mais ayant dû renoncer: coûts liés à la fréquentation, garde des enfants, manque de temps, ménage, les obligations professionnelles étant toutefois citées dans 28% des cas. Pour les femmes en particulier, la formation continue apparaît ici comme *un luxe* difficile à réaliser. Knaus *et al.* (1995) parlent de «barrières» à la formation continue (des universitaires), en évoquant principalement la question du temps nécessaire, des informations disponibles, ainsi que de la pertinence de l'offre interne aux employeurs.

L'étude de Rochat (1996) s'attache à analyser les comportements de formation continue dans deux départements d'une grande administration cantonale. D'importantes différences dans les statistiques objectives de formations suivies (450% de différence entre les deux) s'expliquent en particulier par la prégnance de la culture d'entreprise, amplifiée par l'attitude des cadres dirigeants face à la formation continue. En analysant plus finement le comportement des acteurs de cette organisation soumise par ailleurs à d'importants projets globaux de réorganisation et d'économie, il ressort que le manque de temps est une des raisons systématiquement évoquée, rendant à la fois difficile la fréquentation des séminaires, mais également la mise en pratique de leur contenu. Si la présentation des différents acteurs qui interviennent dans le champ de la formation continue est intéressante (autorités politiques, service du personnel, centre de formation, responsable du personnel dans les services, chefs de service, syndicats, personnel, fournisseurs de formation), l'analyse fine du comportement des acteurs est toutefois absente de ce travail, qui relève cependant que les cadres trouvent en général plus de possibilités de se former que les autres catégories de personnel.

Relevons avec M. Baethge (1999) que les objectifs de formation continue tendent à s'orienter de plus en plus en fonction des exigences de l'organisation, plutôt que du métier ou de la fonction exercée, ce qui signifie que la gestion de la formation elle-même s'oriente de plus en plus selon une logique de la demande plutôt que de l'offre, et que l'effet de ces actions est évalué (transfert des compétences, Berndson/Meisenzahl, 1999). Alors que de l'autre côté, les attentes des apprenants ne sont pas prioritairement axées sur les besoins de l'employeur, ceux-ci arrivant par exemple en 6e position seulement dans l'enquête de Knaus *et al.* (1995) sur une population formée surtout d'universitaires, confirmant le classement de l'enquête OFS de 1993. Cette dernière enquête fait également ressortir que les raisons de non-participation à la formation continue directement liées à l'employeur arrivent en queue de classement (citées seulement dans 2% de l'ensemble de la population adulte, contre 66% pour la surcharge).

Les conséquences réelles de ces attentes et motivations contradictoires sur le comportement de formation demeurent largement méconnues à ce jour. Dans un environnement de travail où la performance est mise en avant, mais également un comportement entrepreneurial responsabilisant (Voss/Pongratz, 1999; Farnham *et al.*, 1996), l'on peut penser que le personnel orientera son comportement de formation continue en ayant une latitude d'action plus importante, puisque l'auto-contrôle augmente. Mais cette autonomie profite-t-elle aux individus et stimule-t-elle la formation continue, ou les exigences de performances à court terme l'emportent-elles (Mc Cluskey, 1996)? En effet, comme le suggèrent P. Kohlhaas (1999) et Guillot/Rouquié (1996), la formation prend du temps (et parfois de l'argent) au salarié, avant de pouvoir potentiellement en générer. Plutôt que de rationaliser à l'extrême, l'organisation devrait plutôt, dans cette optique, laisser des «espaces-temps» d'apprentissage au personnel, rejoignant l'idée plus ancienne d'*Organizational Slack.* Dans les enquêtes de l'OFS (1995), il ressort que le soutien apporté par l'employeur, en temps et argent, est fondamental pour permettre de se former, un soutien très inégalement fourni en fonction de la position hiérarchique notamment. L'on voit dans les résultats de la recherche de Schräder-Naef l'importance des conditions-cadres telles que offres disponibles, lieux, horaires, exigences et coûts. Mais l'on ne voit pas l'influence des pratiques de management internes. Contrairement au constat fait dans cette recherche (1997: 249 et 259), nous pensons que la pression de l'environnement professionnel peut non pas favoriser mais restreindre le recours à la formation continue. C'est là l'hypothèse principale de cette recherche, que nous tenterons de démontrer tant sur un plan quantitatif que qualitatif.

Ce constat est fait par exemple dans une recherche conjointe des Universités de Liège, Louvain et Bruxelles analysant l'impact des restructurations d'entreprise sur la transformation des pratiques de GRH (Agro/Clabots/Salengros, 1996), où il ressort que suite à des pratiques de type «Downsizing», la GRH s'oriente apparemment davantage sur le développement du personnel plutôt que sur les aspects de gestion; cette orientation correspond en fait, dans une logique où la question des coûts devient prépondérante, à une perspective axée fortement sur la rentabilité, et peu sur l'enrichissement effectif du personnel, ce qui était le cas avant les restructurations analysées. Ces constats, qui appuient le mythe de la «formation-développement personnel», dans l'optique que B. Galambaud (1980) soulignait il y a déjà 20 ans, tendraient à soutenir notre perspective, sans toutefois donner plus de détails sur les stratégies de formation effectivement adoptées par les acteurs. Ils corroborent en tous les cas les positions des dirigeants français ressortant d'une enquête réalisée par l'institut pour le développement de l'entreprise, selon laquelle la formation professionnelle (notamment) prend du temps qui est perdu pour la production, raison pour laquelle elle devrait donc être rapidement rentable dans une logique qui s'apparente à un «retour sur investissement» (Guillot/Rouquié, 1996).

Une autre variable contextuelle interne retenue comme influant sur les comportements de formation est la flexibilisation des conditions de travail. Avec U. Huws (1998), il apparaît que les personnes soumises à des contrats de travail demandant une plus grande flexibilité (surtout les femmes) parvenaient plus difficilement à se former (et également à former les autres). L'enquête OFS 1996 montre également que le travail à temps partiel réduit le soutien que l'employeur accorde à la formation continue. Etant donné qu'une des idées marquantes de la nouvelle gestion publique consiste à accroître la flexibilité organisationnelle dans le cadre d'un mandat de prestations précis, ce constat est intéressant et mérite d'être approfondi.

De même, les modes d'organisation qualifiants et apprenants mis sur pied dans certaines organisations (Giauque, 1999; Rey/Finger, 1996) peuvent-ils exercer leur impact formationnel, que certains estiment plus important que la formation continue classique (Brühlmann, 1999; Meignant, 1997), ou constituent-ils de simples pratiques «de façade», sans réel effet face à la pression de l'efficience? Ces questions restent aujourd'hui largement sans réponse. Mais il est clair que les attentes des employés sont fortes à cet égard (voir par ex. Knaus *et al.*, 1995, où la formation continue «on the job» se classe en troisième position après la formation continue en général et les études personnelles).

Analysant de plus près les comportements de formation à l'intérieur des organisations publiques suisses, en fonction des informations disponibles à ce stade, les tendances évoquées ci-dessus tendent à se confirmer (Groupe de travail pour la formation permanente de la fonction publique, 1999; CEP, 1998), notamment: proportion importante de personnes ne fréquentant aucun cours, taux de désistement importants (en moyenne plus de 10%, très variables selon les fonctions et les unités organisationnelles), motif le plus souvent invoqué lié à la surcharge professionnelle. Toutes ces informations contribuent à motiver l'intérêt de notre recherche, d'autant qu'à moyen et long termes, l'on ne voit pas comment les organisations publiques pourraient asseoir leurs performances sans cultiver parallèlement une forte pratique de formation continue.

Le paragraphe suivant présente les aspects marquants de la modernisation de la gestion publique en Suisse, afin de mettre en perspective notre objet d'analyse et justifier le choix du management des performances comme variable indépendante.

1.3 Le contexte d'analyse: management public et gestion des ressources humaines en transformation profonde

1.3.1 La vague de la nouvelle gestion publique

A l'image des organisations publiques de la plupart des pays de l'OCDE, les administrations fédérales et cantonales suisses ont ouvert des chantiers importants en vue de transformer leur fonctionnement et de promouvoir une plus grande efficacité et efficience dans leur manière de travailler. Les transformations stratégiques, organisationnelles et culturelles actuellement en cours sont le plus souvent inspirées par les principes de la nouvelle gestion publique (NGP, *New Public Management* ou NPM, *Wirkungsorientierte Verwaltungsführung*, WOV), bien qu'elles s'inscrivent plus généralement dans le courant de «modernisation» publique qui lui est antérieur.

Dans un contexte de crise économique, et de crise des finances publiques, le secteur public est mis au défi de trouver de nouvelles méthodes de gestion qui soient plus efficientes et qui répondent mieux aux besoins et aux attentes que les administrés/citoyens/clients (de Quatrebarbes, 1996) peuvent avoir par rapport à lui. Du reste, les principaux éléments avancés pour expliquer ce vent de réformes sont les suivants:

- La crise des finances publiques, qui, même si elle est contestée par un certain nombre d'acteurs (Guex, 1998), joue un rôle discursif de légitimation des transformations actuellement en cours dans les organisations publiques. Il apparaît d'ailleurs que la pression financière et le souci de diminution des coûts sont récurrents dans les processus de modernisation en Suisse, depuis au moins 25 ans (Emery, 2000, Germann 1996). Notons à ce stade que cette facette de la modernisation n'est pas précisément la plus favorable à l'investissement nécessaire pour développer la formation continue;
- La recherche d'une légitimation *secondaire* des politiques publiques et donc des décideurs politiques. «[...] La légitimité des politiques publiques ne peut se fonder uniquement sur les principes et les procédures démocratiques encadrant leur formulation, leur adoption et leur exécution (par ex. consultation pré-parlementaire des groupes concernés, vote législatif majoritaire, normes procédurales du droit administratif). Au-delà de cette légitimation *première*, par les inputs et les processus de l'Etat de droit, les (acteurs des) politiques publiques recherchent une légitimité secondaire, par la qualité de leurs prestations à l'attention des acteurs sociaux» (Knoepfel/Varone, 1999: 2; Laufer/Burlaud, 1980). A l'inverse, cette forme de légitimité nouvelle peut s'inscrire en soutien des investissements formationnels, à partir du moment où un lien explicite avec la qualité des services publics est mis en évidence;
- L'introduction d'un référent économique, basé sur les méthodes en vigueur dans le secteur privé, dans les processus de travail des organisations publiques. A cet égard, les mesures de type marché (MTM) ainsi

que les pratiques dites de «Benchmarking» sont particulièrement illustratives. Elles mettent toutes le doigt sur la *performance* publique et forcent, dans l'esprit des idées propagées par Osborne/Gaebler (1993), à rendre le service public plus compétitif;
- La mutation de la pensée en management des organisations, qui se matérialise par l'introduction d'un nouveau type d'organisation du travail, moins hiérarchique, plus transversal, faisant la part belle au travail d'équipe et aux processus de travail notamment (approches «qualité», structures de projet, etc.) (Gogue, 1997; Veltz/Zarifian, 1994), et le succès incontestable rencontré par les approches inventées par la nouvelle mouvance managériale dans le domaine public, soit le «New Public Management» (Schedler, 1995; Delley, 1994). Ce dernier mouvement ne devient toutefois réellement actif que dans le milieu des années 1990, alors que les idées principales de la modernisation remontent, aux Etats-Unis pour le moins, dans les années 1950-60.

En fonction de ces nombreux défis, les administrations publiques suisses ont expérimenté de nouveaux outils de gestion visant l'amélioration des services rendus et l'augmentation des performances organisationnelles et économiques (OCDE, 1997a). En préalable, relevons toutefois que la Suisse a connu un développement lent et retardé au regard d'autres pays voisins, de son Etat social et des structures administratives y relatives (Cattacin/Tattini, 1999), ce qui explique probablement pourquoi le débat autour du rôle de l'Etat prend une orientation légèrement différente de celui des autres pays d'Europe occidentale, même si la crise des années 90 a contribué à cristalliser les positions politiques autour de la question du *moins d'Etat*. C'est ainsi que l'on peut constater une offensive des partis bourgeois et des organisations patronales contre le développement des institutions étatiques et plaider pour une politique de «moratoire» ou de «plafonnement» des effectifs des administrations publiques (Germann, 1996), voire d'Etat «mince» (Steger, 1994) alors que, dans le même temps, la gauche traditionnelle et les syndicats appliquent une stratégie visant à conserver les acquis. Cet antagonisme se cristallise en particulier autour des entreprises des services publics d'une part, et du statut de fonctionnaires d'autre part. Il n'est que de considérer le résultat de la votation populaire sur la libéralisation du marché de l'électricité (septembre 2002) pour se rendre compte combien la question est controversée en Suisse. Qu'en est-il des transformations plus spécialement axées sur les administrations publiques et la «nouvelle» gestion publique (NGP), touchant donc notre cadre d'analyse?

Tout d'abord, il convient de préciser ce que la nouvelle gestion publique recouvre de manière plus précise. A la lecture des ouvrages sur cette question, les auteurs n'insistent pas tous sur les mêmes caractéristiques de la NGP, mais il semble se dégager un consensus sur la manière de définir son contenu (Holloway *et al.*, 1995; Pollitt, 1995; Ferlie *et al.*, 1996; Kettl, 1997; Pollitt, 2000a; du Gay, 2000). Cela étant, la nouvelle gestion publique est basée sur une douzaine de principes fondamentaux (Giauque, 2002):

- Ouverture des services aux usagers (rapprochement avec les usagers/clients);
- Concentration de l'attention sur les *outputs* et *outcomes* et non plus sur les inputs;
- Conduite des organisations et de leurs membres sur la base de missions et de visions, non plus sur la base de règles et procédures formelles;
- Redéfinition de l'usager comme *client*;
- Prévention des problèmes avant leur émergence au lieu de leur traitement une fois qu'ils sont apparus, par une gestion des processus et de la qualité;
- Volonté de gagner de l'argent, pas juste le dépenser;
- Décentralisation de l'autorité dans les organisations et encouragement au management participatif;
- Utilisation de mécanismes de marché en lieu et place des anciennes techniques et pratiques bureaucratiques;
- Introduction d'une compétition entre les services administratifs;
- Encouragement à la création de partenariats avec le secteur privé ainsi que les associations du tiers secteur;
- Séparation entre le stratégique, du ressort du niveau politique, et l'opérationnel qui est pris en charge par l'administration;
- Autonomisation des services administratifs par le truchement de la contractualisation;
- Allocation d'un budget lié à la contractualisation et mise au point d'indicateurs de performance en vue d'évaluer a posteriori l'efficience organisationnelle.

Ces principes de gestion et de management, voire ces mots d'ordre, sont généraux. Certains d'entre eux ont été appliqués dans divers pays, d'autres Etats les ont pris en considération que de manière partielle, privilégiant certains d'entre eux. Au début des années 1990, certains auteurs ont imaginé que ces principes pouvaient devenir universels, c'est-à-dire s'implanter de la même manière dans tous les processus de réformes de par le monde (Osborne/Gaebler, 1993). A vrai dire, les idées contenues dans le mouvement de NGP ont suscité parfois tant d'enthousiasme que certains y ont vu l'émergence d'un nouveau *paradigme* dans le management des organisations du secteur public (Möncks, 1998). A y regarder de plus près, il semble toutefois que les expériences de NGP ont été souvent très diversifiées et que fort peu d'entre elles peuvent être considérées comme identiques (Hood, 1995: 98). Ce constat est confirmé par des articles et des évaluations plus récentes, les expériences de modernisation n'ont pas donné lieu à une convergence, mais des divergences sont souvent perceptibles en fonction des pays, de leurs particularités institutionnelles et politiques (Pollitt, 2000a & 2000b). C'est ce qui permet à Lynn de souligner combien le terme même de NPM (New Public Management) est trompeur car il suggère qu'il en existe qu'une seule forme (Lynn, 1998).

En fait de NGP, il semble plutôt que nous avons assisté à la mise en place de différents types de réformes. Des auteurs se sont astreints à catégoriser ces derniers. Nous rappelons ci-dessous leurs classifications pour bien montrer que différentes voies sont possibles en matière de réformes inspirées par les principes de la NGP (Ferlie *et al.*, 1996).

1. Le premier type de modèle de NGP peut être appelé le *modèle de l'efficience*. C'est en quelque sorte le modèle qui a émergé dès le début des années 1980 dans certains pays anglo-saxons, notamment, et qui vise à rendre les organisations du secteur public plus efficientes, en les mesurant avec leurs homologues du secteur privé. Au sein de ce modèle, les notions économiques de concurrence et de performance productive sont dominantes. Des instruments de gestion concrets inspirés du secteur privé sont dès lors implantés. Des contrats de prestations liant les pouvoirs publics aux organes administratifs sont établis au sein desquels un budget est déterminé en fonction d'un certain nombre de missions que les administrations doivent accomplir. Un plan détaillé de mesure de la performance accompagne souvent ces contrats de prestations. Ils ont une parenté plus ou moins évidente avec les outils plus anciens développés aux Etats-Unis (PPBS: *Planning, Programming, Budgeting System*) ou en France: RCB *(Rationalisation des choix budgétaires)*;
2. Le second type de modèle est celui du *«downsizing» et de la décentralisation*. Ce modèle de NGP est moins facile que les autres à identifier tant les mesures prises se retrouvent souvent dans les autres modèles également. L'idée centrale est toutefois la décentralisation des respon-

sabilités administratives en vue de «l'amaigrissement» de la machine bureaucratique;
3. Un troisième modèle: *à la recherche de l'excellence.* Ici, l'influence est différente puisqu'il s'agit de modifier la culture des organisations publiques de manière à ce qu'elles soient en mesure de développer des processus continus d'apprentissage et d'amélioration axés sur la qualité. Le modèle insiste plus sur la décentralisation des décisions et des responsabilités, sur l'inversion de la pyramide hiérarchique, les processus d'apprentissage, le leadership, l'identification à l'organisation, etc., dont le condensé le plus évident se trouve actuellement dans les modèles dits «d'excellence» comme le modèle européen de la qualité de la fondation EFQM;
4. Finalement un dernier modèle: *d'orientation service public.* Ce modèle représente une fusion entre des idées provenant du secteur privé et d'autres du secteur public. Il s'agit de renforcer les missions du secteur public par l'application de principes de gestion provenant du secteur privé. Ici les points de focalisation de la modernisation sont: la qualité du service; une approche sur la performance mais dans le but d'aboutir à l'excellence dans le secteur public; la prise en compte des désirs de la clientèle; la conservation de valeurs et de missions propres au secteur public; etc.

Pour d'autres auteurs encore, différents idéaux-types de NGP peuvent être distingués. Ainsi en est-il de la classification de J. Mönks (1998) qui met en exergue, pour sa part, quatre modèles différents:

1. Le modèle *efficient*, qui par le truchement d'instruments tels que l'ouverture à la concurrence, la mesure de la performance en fonction d'indicateurs, la comptabilité analytique, les budgets globaux, l'amincissement de l'administration, vise avant tout à augmenter l'efficience administrative tout en diminuant les coûts liés au secteur public;
2. Le modèle de la *flexibilité organisationnelle* se base sur d'autres outils, notamment les contrats ou accords de prestations, le *lean* management, l'aplatissement de la hiérarchie, la délégation des responsabilités au «front», etc., afin de permettre aux services administratifs une gestion plus souple et une décentralisation des processus de décision;
3. Le modèle *qualitatif* vise à rapprocher l'administration des citoyens, usagers et clients, notamment en sollicitant l'opinion de ces derniers sur les prestations fournies par l'administration au moyen d'enquêtes de sa-

tisfaction et de marché, ou en développant des démarches qualité par la certification ISO par exemple;
4. Le modèle *participatif*, enfin, qui vise à démocratiser les processus administratifs par une plus grande participation des citoyens et une recherche de revivification des processus démocratiques. Pour ce faire, ces derniers sont conviés à participer à la définition des prestations, ils ont donc leur mot à dire dans les processus décisionnels.

Finalement, Bolgiani, dans une étude récente (2002) portant sur les secteurs sanitaire et hospitalier distingue, pour sa part, trois modèles principaux qui rejoignent un peu les typologies faites par les auteurs précédents. (1) Le modèle *du marché* qui s'inspire des outils du secteur privé pour augmenter l'efficience organisationnelle des services administratifs; (2) le modèle *décentralisé* qui vise à séparer l'opérationnel du stratégique et à redistribuer les compétences décisionnelles aux niveaux les plus proches de la clientèle; et finalement (3) le modèle *de la qualité*, dont les particularités sont relatives aux efforts menés en vue de satisfaire la clientèle, notamment par le biais de certifications ISO ou d'enquêtes de satisfaction, etc.

Comme nous pouvons le constater, la NGP ne peut pas constituer un nouveau paradigme tant il faut bien reconnaître que les réformes sont souvent fort différentes d'un pays à l'autre et que plusieurs orientations peuvent exister, voire coexister dans un même contexte. A cet égard, nous soutenons l'idée selon laquelle il n'existe pas de «modèle pur» de NGP, car les expériences menées concrètement dans le secteur public des différents pays concernés par de telles réformes, sont souvent hybrides. En effet, il semble plutôt que l'hybridation, et non la pureté, constitue la règle en ce domaine. «Cette absence ou cette rareté de modèle *pur* de NGP devrait être prise en compte lors de l'étude de la nouvelle gestion publique.» (Mönks, 1998: 82)

En ce qui concerne la Suisse en particulier, les expériences réalisées montrent l'hybridation des modèles retenus (Emery, 2000), avec toutefois deux tendances principales:

– L'idée d'introduire à l'intérieur des services publics des valeurs, processus et outils favorisant l'entrepreneuriat (Pinchot, 1986) et la qualité des prestations fournies, plutôt que de privatiser le service public, ou de le mettre en concurrence avec le privé;
– La focalisation sur les résultats et les effets de l'action publique, dans le cadre d'un management des performances.

Parmi les idées directrices de la nouvelle gestion publique en Suisse figure en bonne place, si ce n'est au centre, l'accent mis sur les *résultats* de l'action publique plutôt que sur les intrants ou les processus de travail (Schedler/Proeller, 2000). Découlant d'une vision systémique-fonctionnaliste, cette focalisation sur les résultats – et la manière dont ils sont perçus par les utilisateurs – représente une forme d'héritage dont les origines sont à rechercher du côté du management, autant dans le courant de la direction par objectifs (Osborne, 1965, Drucker, 1954) que dans celui du management de la qualité (Deming, 1986); du côté des politiques publiques, elle découle du mouvement de l'évaluation des politiques publiques, portée à apprécier concrètement les effets de l'action publique sur les groupes-cibles visés ainsi que le degré de résolution des problèmes publics pris en charge par le système politico-administratif en place (Bussmann *et al.*, 1998).

Dans la pratique, au niveau fédéral ainsi que dans plusieurs cantons, des expériences pilotes impliquant des offices et services œuvrant dans des domaines divers (domaines régaliens, services fournis au public, production et entretiens, services fournisseurs internes) sont menées depuis plusieurs années, les pionniers ayant débuté leurs projets dans la deuxième moitié des années quatre-vingt-dix. A la Confédération par exemple, les offices signent un contrat avec le Gouvernement pour une durée de quatre ans, avec définition des produits à offrir et des critères d'évaluation. La *gestion par mandat de prestations et enveloppe budgétaire* (GMEB ou FLAG en allemand), que l'on peut résumer par les objectifs suivants, est à cet égard exemplaire de ce nouveau mode de gestion, que d'aucuns considèrent comme l'illustration-type d'un changement paradigmatique dans la gestion publique (Hufty, 1998):

- Responsabilisation: des objectifs d'outputs – donc de résultats – plus précis, assortis d'indicateurs destinés à l'évaluation, de même qu'une plus grande autonomie dans les décisions sont à la base d'une plus grande responsabilisation des gestionnaires publics, fonctionnant par ailleurs au sein d'unités davantage décentralisées;
- Flexibilité accrue: du fait de l'assouplissement des instructions administratives et de l'octroi d'une enveloppe budgétaire globale, les centres de services obtiennent une plus grande marge de manœuvre, notamment dans la gestion de leur budget et dans la répartition de leurs dépenses;
- Nouvelle culture d'entreprise: le nouveau système de gestion, soutenu par des mesures de développement du personnel, devrait permettre un changement d'attitudes à tous les niveaux des services: en particulier, le

passage d'une culture administrative basée sur le respect de la procédure, sans considération de l'efficience ni de l'efficacité, à une culture marquée par une forte conscience des coûts, des «clients»-utilisateurs des services, ainsi que de la qualité produite;
- Rapprochement des «clients», c'est-à-dire une prise en compte plus systématique des attentes et des perceptions relatives aux prestations fournies;
- Maîtrise des coûts de fonctionnement des services administratifs: toutes les unités administratives en GMEB doivent diminuer leurs coûts à raison de 10% répartis sur 4 ans, sur les secteurs qu'ils sont en position d'influencer.

Ces différents buts sont poursuivis en recourant aux outils caractéristiques de la nouvelle gestion publique, tels que mandat de prestations pluriannuel, convention de prestations annuelle et enveloppe financière globale comprenant l'ensemble des ressources (personnel, y compris la formation continue, biens et services, supports logistiques, etc.), ainsi qu'avec la mise sur pied d'un système de reporting plus ou moins sophistiqué, impliquant l'élaboration de tableaux de bord et de rapports d'activité orientés sur les prestations fournies (réalisation, perception par les utilisateurs, effets produits, selon les indicateurs définis).

Ces différentes caractéristiques de la nouvelle gestion publique en Suisse sont très intéressantes en relation avec la formation continue, car elles ouvrent des perspectives inconnues à ce jour, notamment la possibilité de planifier de manière plus stratégique les efforts de formation continue, de générer des ressources additionnelles pour les réaliser, et finalement de lier l'évaluation de la formation continue avec l'atteinte des objectifs plus généraux poursuivis, évalués au moyen des indicateurs retenus. C'est la raison pour laquelle nous avons retenu cette variable indépendante pour analyser les comportements de formation continue.

Actuellement, les expériences de nouvelle gestion publique sont assez avancées pour qu'il soit possible de procéder à une première évaluation des effets de cette gestion par les résultats, sur la base de différents rapports disponibles (Emery/Giauque, 2002, Conseil-exécutif (Berne, 2000), Rieder 2001, Knoepfel, 2002). Nous présentons succinctement les avantages et problèmes de ce type de management en fonction de quatre dimensions essentielles des organisations publiques: le pilotage de l'action publique, le management et la gestion des organisations publiques, la culture et, enfin, la légitimité et le sens de l'action publique, en faisant également le lien avec la problématique de la formation continue.

Avantages et problèmes liés au pilotage de l'action publique

D'abord orientée sur les règles, longtemps gérée par les ressources, l'administration fonctionnant selon la NGP met dorénavant l'accent sur ses résultats: qu'il s'agisse des «produits» directement réalisés au sein des services (actes administratifs, décisions, prestations et services de tout ordre), ou des effets que ces produits engendrent sur les problèmes publics à résoudre (amélioration de la santé, de la sécurité, de l'économie, diminution de la pollution, etc.), ceux-ci doivent être définis, assortis ensuite d'objectifs et d'indicateurs, et finalement évalués.

A en juger par le temps pris et l'énergie investie par ces services pour simplement définir leurs prestations, puis ensuite trouver les indicateurs pertinents et négocier des objectifs permettant de concrétiser les choix politiques sous-jacents, voire les bases légales formulées progressivement sur une base «finalisée»[3], ce alors que toute organisation productive a en principe été mise sur pied pour fournir des biens et services, et non pour se centrer sur ses propres activités, l'on ne peut s'empêcher de penser que cet exercice était non seulement utile, mais également indispensable d'un point de vue démocratique, apportant une valeur ajoutée réelle aux différents «partenaires» de l'administration:

- au citoyen tout d'abord, souverain d'un service public destiné à fournir de manière efficiente des services à la population; la NGP leur donne une opportunité de se «réapproprier» leur fonction publique;
- au politique souhaitant exercer une réelle influence sur ce qui est effectivement produit au sein des services subordonnés, et non se bagarrer sur quelque obscure ligne budgétaire concernant un aspect de détail;
- au contribuable également, bénéficiant ainsi d'une transparence accrue sur l'affectation des deniers publics, face à une machine bureaucratique apparaissant toujours trop dispendieuse;
- au destinataire des services publics, appelés parfois de manière abusive «clients», surpris et souvent plus satisfaits que les unités administratives se préoccupent, à travers des enquêtes de satisfaction notamment, de la

3 Traduction de «Finalrecht», soit des bases légales comprenant de manière explicite des objectifs de résultats. Voir par exemple: OPAIR: ordonnance fédérale sur la protection de l'air.

manière dont les prestations publiques sont perçues et appréciées, alors que pendant longtemps, seule la voie administrative de la plainte, du recours, etc., était envisageable;

- aux gestionnaires publics enfin, mieux armés pour déterminer les grandes orientations des entités qu'ils dirigent, de concert avec le politique, et ainsi mieux en mesure, en théorie au moins, d'orienter de manière *stratégique* leurs ressources formationnelles (Meignant, 1997). En effet, l'idée de cibler davantage la formation continue, plutôt que de l'offrir sur une base «catalogue», suppose l'existence d'un ensemble d'objectifs stratégiques clairement déterminés, à l'aune desquels les orientations de la formation continue pourront être évaluées. Dans cette optique, le pilotage de l'action publique devrait représenter un réel atout pour *mieux* orienter les ressources formationnelles, mais pas nécessairement pour les *augmenter.*

Ces différents avantages sont à mettre en relation avec des problèmes révélés par les enquêtes en cours, notamment une concentration des unités administratives, des gestionnaires publics et des autorités politiques, sur les chiffres et les résultats quantitatifs, qui peut aboutir à une forme de *myopie sur les outputs*, sur tout ce qui est mesurable, délaissant ainsi les éléments difficiles à apprécier mais néanmoins essentiels à la qualité du service public. Ce centrage sur les résultats peut même aboutir à une focalisation sur des caractéristiques périphériques des services publics tels que délai, amabilité du service, etc., des éléments certes importants, mais qui ne touchent guère l'essentiel, la finalité première de l'action publique. Dans cette perspective, les «résultats» autour desquels le débat politique et démocratique s'instaure conduisent à une forme de *managérialisation* des autorités politiques, centrées sur des éléments de (bonne) gestion, alors que les gestionnaires publics, amenés à définir leurs prestations, trouver les bons indicateurs et proposer des objectifs dans le cadre des mandats de prestations à négocier, constatent qu'ils se *politisent,* comblant parfois d'ailleurs un vide laissé par une autorité politique qui peine à cerner le cœur «stratégique» de son activité. Quel paradoxe pour une méthode dont l'ambition première était précisément de désenchevêtrer clairement ce qui ressort du politique-stratégique d'une part, et de la gestion/de l'opérationnel d'autre part (Hablützel *et al.*, 1995, Delley, 1994); il semblerait bien que, selon les rapports disponibles, c'est bien au contraire que la méthode peut conduire!

Sur le plan de la formation continue, cette myopie sur les résultats est bien entendu susceptible de faire de l'ombre aux efforts de formation continue, relégués au rang de démarche accessoire ne contribuant pas directement à une augmentation des résultats, surtout lorsque ceux-ci sont appréciés au moyen d'indicateurs exclusivement quantitatifs – productivité et coûts – laissant à la qualité et aux compétences (nouvelles) acquises par les agents publics peu de place. Il s'agira pour nous d'analyser quelle influence plus précise la NGP, résumée ici par le pilotage des performances (collectives), exerce sur les pratiques de formation continue.

Avantages et problèmes liés au management et à la gestion

Les travers de la gestion publique, procédurière et lente, peu flexible et complexe, cloisonnée et introvertie, et encore irresponsable pour n'en citer que quelques-uns, ont fait l'objet d'une vaste littérature remontant au moins au milieu du siècle passé (Crozier, 1955; Downs, 1966; Banner, 1991). Aussi, c'est avec une immense attente que les agents publics, cadres et collaborateurs, ont vu arriver la nouvelle gestion publique, dont le premier qualificatif laissait augurer d'un univers de renouvellement orienté résolument vers l'action efficace, responsabilisante et entrepreneuriale. En déterminant clairement des résultats à atteindre au niveau des unités administratives, en attribuant une enveloppe de ressources nécessaires pour y parvenir, et en laissant une liberté plus grande dans la mise en œuvre «quotidienne», l'approche NGP visait clairement à insuffler et valoriser des comportements et un esprit d'entreprise, réservés jusque là – soi-disant – aux entreprises privées. Un esprit d'entreprise laissant potentiellement, en matière de formation continue, une marge de manœuvre plus importante aux cadres pour définir et conduire leurs actions de formation continue. Mais qu'en est-il réellement?

Effectivement, bon nombre d'acteurs interrogés reconnaissent et apprécient cette marge de manœuvre nouvelle, en particulier au niveau de *la direction* des unités administratives. Cette focalisation sur des résultats dûment et formellement définis manquait cruellement par le passé, laissant un flou dans la conduite du service, un flou par certains côtés séduisant mais nullement rationnel à long terme. Motivation accrue et transparence, à commencer par l'identification analytique des coûts de production, latitude d'action évitant certains réflexes typiquement dysfonctionnels tels que l'utilisation effrénée du budget en fin d'année, évaluation et reconnaissance – parfois tangible sous la forme de primes de fin d'année – des performances réalisées sont des apports qui, dans le fonctionnement traditionnel, manquaient le plus souvent de façon criante et constituent une indéniable valeur ajoutée.

Au niveau du personnel d'exécution toutefois, et même de certains responsables, cadres inférieurs ou intermédiaires, cette approche entrepreneuriale n'a guère produit les effets escomptés, en particulier parce qu'elle peut aboutir à une augmentation très importante des actes administratifs improductifs du fait des saisies d'information, élaboration de rapports et contrôles entourant la gestion par résultats. La difficulté à faire le lien entre les résultats visés au niveau du service et ses propres objectifs (OCDE, 1993), un processus d'évaluation peu pertinent et des restrictions financières ayant dans certains cas anéanti tout espoir de recevoir les «récompenses» pécuniaires prévues, ont achevé de décourager certains, qui voient dans la NGP une nouvelle forme de bureaucratie orientée «comptabilité» (Hufty, 1998), les plaçant dans une situation pour le moins paradoxale en considérant les injonctions reçues de leur direction. Sans compter que dans certains services, cette approche se superpose à l'ancienne, que les responsables politiques ont souhaité maintenir pour ne pas perdre leurs repères traditionnels. En matière de formation continue, il se pourrait bien que la marge de manœuvre supplémentaire laissée aux cadres de direction se traduise, paradoxalement, par une réduction de l'espace d'action aux niveaux inférieurs, mais cela reste du domaine de l'hypothèse et sera éclairé par nos investigations.

La managérialisation des services administratifs ne va pas sans questionner le sens et les valeurs d'égalité de traitement sous-jacentes à l'action publique, certains hauts fonctionnaires, transformés en managers publics (Farnham *et al.*, 1996) prenant à cœur de «rentabiliser» leur affaire, alors que les choix politiques qu'ils devraient appliquer valorisent d'autres orientations. Gageons qu'un processus de maturation de la NGP conduise en partie à éliminer certains de ces paradoxes; par contre, les changements profonds de nature culturelle posent d'autres questions traitées dans le paragraphe suivant.

Avantages et problèmes liés aux valeurs et à la culture

La gestion par les résultats a également eu des impacts sur la dimension culturelle des unités administratives expérimentant ces réformes. Ces impacts sont positifs dans la mesure où ils permettent l'intégration de valeurs plus entrepreneuriales permettant une meilleure gestion, mais ils peuvent également générer des problèmes ou des freins mettant en péril, à terme, la continuation des réformes. Les avantages «culturels» suivants peuvent être signalés:

- La gestion par les résultats a permis une prise de conscience individuelle et collective de l'importance de prendre systématiquement en compte les coûts induits par les processus administratifs. De même, elle contribue à rendre visible le client-usager-contribuable pour lequel – en l'occurrence pour lesquels – les prestations sont réalisées. Des enquêtes récentes ont notamment conclu que l'orientation vers les coûts et l'orientation vers la clientèle sont des éléments que les membres de la fonction publique ont largement intégré dans leurs habitudes de travail (Rieder, 1999 et 2001);
- D'autre part, le management par les résultats a permis le développement de valeurs ou d'habitudes liées à l'évaluation, à la comparaison, à la mesure. De ce fait, une plus grande transparence, au niveau des coûts, au niveau de l'atteinte de résultats, mais également et surtout au niveau des objectifs et missions, est alors obtenue. Cette culture de la «transparence» implique une responsabilisation accrue des différents membres de l'organisation, notamment du politique fixant maintenant des objectifs précis aux services administratifs. De même, les cadres de l'administration publique négocient des contrats d'objectifs individuels avec leurs collaborateurs pour les évaluer par la suite (cf. ci-dessous, gestion des ressources humaines). Tous ces mécanismes ont donc tendance à permettre une plus grande transparence sur les objectifs et les indicateurs pour évaluer l'atteinte ou non de ces derniers;
- Toutefois, cette gestion par les résultats et l'évaluation collective et individuelle qu'elle implique au niveau des services administratifs peut aboutir au développement de l'individualisme et à la perte des solidarités collectives. Il est bien clair que l'évaluation individuelle du personnel couplée à une éventuelle rémunération en fonction des performances constatées sont des facteurs qui ont tendance à favoriser l'individualisme dans la mesure où les membres de la fonction publique sont encouragés à focaliser leur attention sur l'atteinte des résultats et missions qui leur sont confiées prioritairement à toute autre préoccupation, collective notamment, développant une forme nouvelle d'égoïsme fondé sur la logique «contributions – rétribution» qui prévaut dans l'entreprise privée. Ce potentiel éclatement des solidarités antérieures peut, à la limite, aboutir à la dissolution des collectifs de travail, ce qui n'est bien évidemment pas souhaitable.

A vouloir réunir les membres d'une unité autour d'objectifs communs clairement identifiés, la NGP pourrait alors aboutir à les diviser et rendre leurs logiques d'action essentiellement individuelles. En matière de formation continue, comment cette culture de gestion publique en transition influence-t-elle les comportements des acteurs? Pouvons-nous constater une éviction des logiques de formation collectives au profit d'approches essentiellement individualisées? Et quels liens subsistent alors avec les objectifs généraux poursuivis par les services administratifs au sein desquels les agents travaillent? Autant de questions que nous devrons tenter d'analyser sur la base de nos investigations.

Avantages et problèmes liés à la légitimité et au sens

Parmi les avantages et problèmes liés à la légitimité et au sens des réformes, nous pouvons signaler les constats suivants:

- La légitimité des administrations publiques peut être renforcée, auprès des clients-usagers-citoyens, par la gestion économe des deniers publics (Bussmann *et al.*, 1998) et par l'évaluation des prestations qui leur sont réellement fournies. Faire autant avec moins de ressources est tout à fait envisageable, même s'il paraît improbable de pouvoir faire mieux avec moins, comme le discours officiel le déclame souvent. Même s'il s'agit d'une forme de légitimité secondaire, susceptible dans certains cas de remplacer le projet politique substantiel (Emery, 2000), elle est importante au moment où la population compare toujours davantage les services publics et privés;
- La mesure des prestations individuelles est légitime s'il existe des conséquences ou contreparties à une telle activité. A l'heure actuelle, les moyens à dispositions ne permettent pas, dans bien des cas, les contreparties monétaires ou non-monétaires (Emery/Giauque, 2001), du fait de la logique d'économies dans laquelle se trouvent plongées la plupart des réformes administratives et notamment les expériences de GMEB. Les promesses non tenues risquent donc fort de mettre à mal la légitimité de la gestion par la mesure des performances individuelles;
- D'autre part, si on constate que la gestion par les résultats ou la mesure se généralise au sein de l'administration, on peut également remarquer une certaine myopie sur les produits (Knoepfel/Varone, 1999) et la mesure, au détriment des effets et impacts visés en dernier ressort, et donc du sens des réformes engagées. L'introduction d'instruments et d'outils

de gestion provenant du secteur privé ne saurait être une fin en soi, du moins légitime sur le long terme. Cette gestion par les résultats doit donc faire la preuve de son efficacité à atteindre des objectifs et missions plus globaux, comme un instrument de dynamisation de l'action publique. Le risque existe bel et bien de confondre, à terme, moyens et fins;

- Les valeurs du monde marchand (Boltanski/Thévenot, 1991) sont en train de pénétrer les organisations du secteur public par la voie des instruments et outils de gestion. Toutefois, ces valeurs peuvent parfois entrer en contradiction avec d'autres valeurs, notamment celles du monde civique basées sur l'égalité de traitement, la conformité aux lois, la représentativité, etc. A moins de trouver un compromis acceptable entre ces différents référentiels, la légitimité de l'action publique n'est pas encore assurée. A cet égard, les activités régaliennes traditionnelles peuvent difficilement adopter des valeurs marchandes sans que des comportements non-éthiques ne soient relevés (Jurkiewicz, 1999).

Ces différents arguments, valables pour la gestion des performances publiques en général, peuvent être en partie transposés à notre problématique, interrogeant la pertinence et la légitimité des discours qui, tant au plan collectif qu'au plan individuel, justifient les programmes de formation, leur ampleur et leur contenu, ainsi que la finalité qu'ils sont censés appuyer. Nous ne saurions donc analyser les comportements de formation continue dans les services publics sans expliciter les discours qui accompagnent tant les directions que les employés dans leurs choix formationnels.

Après avoir brossé à grands traits les éléments de modernisation de la gestion publique en général, nous allons nous centrer plus spécifiquement sur les transformations affectant la gestion des ressources humaines.

1.3.2 Tendances dans la gestion des ressources humaines en Suisse

Les nouvelles pratiques de gestion publique ont bien entendu des répercussions sur la gestion des ressources humaines (GRH) en tant que telle. Elles se manifestent tout d'abord au niveau des statuts des fonctionnaires, qui se sont profondément transformés ces 10 dernières années. La particularité du système helvétique fait qu'en principe toutes les communes, tous les cantons ainsi que la Confédération ont leurs propres instruments juridiques qui régissent le statut de la fonction publique. En d'autres termes, on peut dire qu'il existe en Suisse autant de statuts des fonctionnaires différents qu'il y a de collectivités publiques. En fait, le statut des fonctionnaires fait l'objet de lois formelles dans 16 cantons, alors que les autres se sont contentés d'une réglementation par voie d'ordonnance (Germann, 1996). Dans les communes, surtout celles de petite taille, il n'est pas rare qu'aucun statut particulier n'ait été adopté par les autorités, ce qui fait que les dispositions du droit privé du travail, issues du Code des Obligations, s'appliquent par défaut (Moor, 1992: 206). Les tendances fortes de cette mutation des statuts publics sont notamment, par rapport à notre problématique (Emery/Uebelhart, 1999):

- La contractualisation progressive des rapports de service, en lieu et place de l'engagement unilatéral caractérisant typiquement le rapport de droit public. Cette contractualisation favorise la logique d'accords de type «contribution – rétribution» (Carestia-Lauciaux, 1990), en permettant d'individualiser le rapport de travail. Elle peut s'expliquer, également dans le secteur privé, par le passage de relations contractuelles de type «fordiste», c'est-à-dire négociées sur la base de conventions collectives, ou de réglementation générale du personnel, à des contrats de travail individualisés et souvent de plus en plus flexibles (contrats à durée déterminée, contrats temporaires, à temps partiel, usage fréquent d'intérimaires, etc.) (Carnoy *et al.*, 1997; de Grip *et al.*, 1997);
- L'évaluation périodique des prestations. Pendant longtemps, les statuts publics enjoignaient les fonctionnaires à respecter un certain nombre d'obligations liées à leur comportement au travail, sans qu'elles ne soient forcément assorties de l'exigence de produire des résultats, d'atteindre un niveau de performance. Seule la transgression de ces principes, intentionnelle ou non, pouvait être sanctionnée, au moyen de sanctions disciplinaires (Moor, 1992). Aujourd'hui, sans que les prescriptions relatives au comportement n'aient disparus, l'accent est mis clairement sur la qualité du travail, à travers un processus d'évalua-tion ancré dans la base légale. Cet élément donne une impulsion décisive au management des performances individuelles;
- La rémunération tenant compte des performances. Traditionnellement, jusqu'aux années 70, la rémunération des agents publics a fait l'objet de négociations collectives plus ou moins centralisées, voire même, dans certains cas et certains pays, définie par une régulation de type étatique. Toutefois, dès le début des années 80, la tendance à une plus grande flexibilisation des conditions de rémunération, dans le secteur privé et

souvent par extension dans le secteur public, est perceptible (Standing, 1997). Il semble bien que ce changement de perspective concernant la formation des salaires constitue, dès les années 80, un point de vue largement partagé dans certains milieux politiques et économiques, européens et américains, qui considèrent alors les rigidités salariales comme l'un des premiers facteurs expliquant le maintien et le développement d'un niveau de chômage élevé. Au sein des organisations – privées dans un premier temps – également se développent les idées de la direction par objectifs et de la rémunération à la performance, notamment sous l'impulsion des travaux du spécialiste E. E. Lawler (1973; 1990). C'est ainsi que les mécanismes salariaux marqués par les automatismes, caractéristiques du secteur public, s'avèrent sous cet angle certes sécurisants pour les agents publics, mais peu incitatifs, car ils ne reconnaissent guère les prestations particulières fournies par le personnel. Divers systèmes d'incitations sont alors progressivement implantés dans les services publics suisses (Schedler, 1993, Emery/Schedler, 1994);

- La résiliation facilitée des rapports de travail, liée également à la suppression de la période administrative, qui garantissait l'emploi durant en principe quatre ans à compter de la date de nomination. Dès lors, l'engagement est conclu pour une durée indéterminée, l'employeur pouvant résilier l'engagement moyennant un préavis de quelques mois, à l'image de ce qui se pratique dans le secteur privé, sans que l'agent public n'ait commis de faute. Les principes généraux du droit public, notamment la proportionnalité, continuent bien entendu à s'appliquer. Cette résiliation des rapports de travail, que certains auteurs assimilent à l'incursion de la «mort» dans un monde marqué d'ordinaire par son caractère pérenne (Verrier, 1989), donne au management des performances un gage de sérieux qui devrait, en principe, éviter ainsi tout changement de façade;
- La disparition du droit disciplinaire, remplacé par des mesures d'amélioration et des objectifs conclus avec le management de proximité. Ce dernier point est la conséquence logique du précédent.

Tous ces points orientent résolument la gestion des ressources humaines, déjà au plan légal ou réglementaire, vers un management des performances individuelles, qui ne se résume guère à un exercice de style visant à développer l'art du management public, mais bien à un nouveau système de gestion assorti de conséquences concrètes et significatives pour le personnel.

Sur cette base et dans le but de répondre à la flexibilité accrue visée dans le fonctionnement des services publics, ainsi qu'au renforcement de l'orientation clients, la gestion des ressources humaines montre les tendances suivantes, lesquelles s'expriment spécifiquement en Suisse mais se font l'écho de *trends* au plan international (Hondeghem, 1998, OCDE, 1997):

- Délégation et responsabilisation accrue des cadres dirigeants, voire des cadres moyens, qui de plus en plus se voient attribuér des objectifs touchant la gestion de leur personnel. Ceci implique une révision de leur cahier des charges et du système d'évaluation du travail, mais également, a priori tout au moins, un renforcement considérable de ce que nous pourrions appeler leur «pouvoir de proximité», soit les sources concrètes d'influence sur leurs collaborateurs directs. Dans le cadre de cette recherche, il conviendra de voir quelles conséquences cette tendance peut avoir sur la planification, la mise en œuvre et l'évaluation de la formation continue du personnel, en partant de l'idée que c'est moins la fonction personnel et formation qui porte *in fine* le processus formationnel, mais bien la hiérarchie à tous les niveaux;
- Flexibilisation accrue dans l'engagement du personnel, liée à l'utilisation plus souple des budgets comprenant les coûts du personnel. Cette tendance permet de réagir plus rapidement aux changements intervenant dans l'environnement des services administratifs. Cette flexibilisation pourrait conduire à mettre en avant, du point de vue du personnel au moins, l'importance qu'il convient d'accorder à l'employabilité, permettant de s'intégrer de manière plus facile dans différents environnements de travail changeants (Emery/Huerlimann, 2002). Quant à savoir quel est son impact sur les comportements formationnels, la question est largement ouverte puisque l'impact peut tout aussi bien être positif (motivation accrue à acquérir de nouvelles compétences) que négatif (politique de l'engagement de compétences externes formées au sein d'autres organisations);
- Cette flexibilité est complétée par une individualisation des conditions de travail, notamment des descriptions de poste évolutives et une gestion du temps de travail offrant des possibilités variées d'aménagement d'horaires. Cette tendance peut naturellement être utilisée essentiellement pour répondre aux besoins de l'employeur, ce qui aboutirait à une détérioration des conditions de travail, ou alors être mise en œuvre surtout pour répondre aux besoins du personnel;

- Finalement, la dimension comportementale des agents publics, notamment face aux usagers ou clients, est mise en exergue à la fois dans les formations dispensées, mais également dans les descriptions de poste et systèmes d'évaluation, voire de reconnaissance. C'est dire que la seule excellence technique n'est plus guère suffisante.

Pour faire face à ces nouvelles pratiques de gestion des ressources humaines, un renforcement considérable de la formation du personnel, en particulier des cadres, sera nécessaire, et ce à un double titre:

- D'une part, pour former les agents publics à ces nouvelles approches, qui nécessitent des compétences pendant longtemps ignorées au sein des services publics;
- D'autre part, parce que le contenu même des missions et des prestations publiques, l'orientation client et le souci d'amélioration de l'efficacité, de l'efficience et de la qualité, sont autant de facteurs qui impliquent la maîtrise de nombreuses compétences nouvelles.

Notre recherche doit permettre d'appréhender les contours principaux de ces changements, afin de mieux comprendre les comportements du personnel face à la formation continue dans les services publics.

Les multiples niveaux et orientations des changements de la gestion publique évoqués ci-dessus ne sauraient être tous pris en compte dans notre analyse au titre de variables indépendantes. Nous avons choisi de retenir les axes principaux de ce courant de modernisation, soit la dimension de management des performances, tant au niveau collectif (logique des contrats ou mandats de prestations) qu'au niveau individuel, à travers les nouvelles pratiques de GRH.

Chapitre 2

Présentation de la méthodologie: démarche globale et outils d'investigation

2.1 Objectifs et hypothèse formulés initialement

La finalité de la recherche consiste à observer et comprendre comment les acteurs perçoivent les pratiques objectives de formation continue (cf. infra, méthodologie), les interprètent et les transforment, en fonction des pratiques de GRH et de management axées sur les performances. Précisément, nous visons les objectifs suivants:

1. Classifier les pratiques objectives de formation continue, et déterminer un index reflétant leur degré de développement, pour la population-cible retenue;
2. Décrire les pratiques vécues de formation continue, reconstruire la stratégie suivie par les acteurs, et élaborer une typologie des stratégies observées;
3. Déterminer l'impact des nouvelles pratiques de management et de GRH axées sur la performance individuelle et collective sur les comportements de formation continue. Différencier cette analyse en fonction de diverses variables de contrôle liées à l'organisation (culture liée à la formation continue, caractéristiques «qualifiantes» de l'organisation) et à l'individu (genre, mode de fonctionnement, variables socio-démographiques). En choisissant des unités organisationnelles et une population homogènes, les principales variables connues pour expliquer les comportements de formation sont ainsi maîtrisées;
4. Sur la base de cette analyse, identifier les freins et les moteurs les plus pertinents susceptibles d'être influencés par l'organisation pour favoriser les comportements de formation continue;
5. Elaborer des recommandations à l'attention des instances qui mettent en place des systèmes de formation continue à l'intérieur des organisations publiques, notamment en identifiant les processus de stimulation, de valorisation et de transfert des actions de formation continue dans un environnement axé sur la performance.

La question de recherche sous-jacente à notre projet peut être exprimée ainsi:

Sont-ce les pratiques objectives de formation, au sein des organisations publiques, ou les processus de GRH et de management, ou encore les variables individuelles, qui conditionnent le plus le degré d'investissement des collaborateurs dans la formation? Nous allons travailler avec l'hypothèse suivante:

> les pratiques de GRH et de management axées sur la performance, actuellement introduites dans les services publics, freinent les comportements de formation continue des cadres, devant consacrer leur énergie à l'atteinte des objectifs opérationnels.

Cette hypothèse sera par la suite précisée afin d'être parfaitement opérationnelle et permettre un traitement quantitatif.

La démarche méthodologique adoptée, qui recourt autant à l'analyse quantitative, sur la base d'un relevé précis des comportements de formation continue, qu'à l'analyse qualitative basée sur des entretiens semi-directifs, peut être schématiquement résumée de la manière suivante:

Tableau 1. Vue synthétique de la démarche méthodologique entreprise.

Variables indépendantes		
Choix des contextes organisationnels (services), différenciés selon les pratiques de management des performances (orientation croissante vers la performance)		
Pas de management formalisé des performances MP -	Management des performances individuelles MP +/-	Management des performances individuelles et collectives MP+
Variables indépendantes en lien avec la formation continue Politique de formation, pratiques objectives de formation continue, culture «formationnelle»		

Variables intermédiaires		
Caractéristiques qualifiantes de l'organisation	*Pression perçue à la performance*	*Variables individuelles (niveau de formation, âge, Variables de personnalité, genre)*

Variable dépendante

comportements (actifs) de formation continue (relevé systématique)

Analyse quantitative
Discussion selon les pratiques de management des performances

Analyse qualitative des comportements de formation (entretiens semi-directifs)

Recours aux ressources internes et externes
Variables stratégiques

Stratégies de formation continue (SFC)

SFC1, SCF2, … SFCn

Discussion selon les pratiques de management des performances

Recommandations pour les acteurs du processus formationnel

2.2 Variable dépendante: comportement (actif) de formation continue, et stratégie face à la formation continue

Dans un premier temps, nous avons dû définir et délimiter la notion de formation continue, tant il est vrai que celle-ci prend des contours très différents selon les auteurs. Avec M. Feutrie (GREP, 1999), relevons que la formation continue correspond de moins en moins à un correctif d'une formation initiale, mais bien à une réelle reformation, c'est-à-dire l'acquisition de nouvelles compétences[4], de nouveaux modèles de pensée. Pour Lichtenberger/Méhaut (2001: 9), la formation continue «vient moins en rattrapage de l'initiale qu'en développement de nouvelles activités insérées dans l'activité professionnelle et garante des possibilités d'évolution des individus dans ou hors de l'entreprise». D'autre part, la logique des filières professionnelles tend à éclater au profit de la logique par les compétences, et cela dès la formation initiale.

Dans cette optique et en considérant l'évolution rapide de l'environnement actuel, il paraît illusoire de limiter la formation continue à la seule mise à jour des compétences acquises lors d'une formation initiale. Dans le cadre de cette recherche, étant donné que notre public-cible est constitué de personnes en emploi, nous utilisons une acception large de la formation continue. La formation continue est définie comme *toute action de formation entreprise en cours d'emploi par les personnes interrogées*. Est *exclue* de notre démarche la formation professionnelle de base, telle que celle dispensée à des apprentis. Par contre, nous incluons la formation dite de développement personnel, type sur lequel nous aurons l'occasion de revenir par la suite en détaillant les finalités poursuivies par la formation continue, ainsi que les activités d'autoformation, pour autant qu'elles aient un lien avec la sphère professionnelle.

4 Nous utilisons le mot compétences dans un sens large, par référence à Le Boterf (1998) notamment, comme étant un ensemble de ressources (aptitudes, connaissances, capacités, savoir-faire et savoir-être) utilisables dans la réalisation d'une mission, tâche spécifique.

2.2.1 Variable dépendante pour traitement quantitatif

Même si la formulation initiale de la recherche portait sur le lien entre pratiques de management des performances et stratégies de formation continue, force est de constater que pour être en mesure d'opérer un traitement quantitatif réaliste, nous devons nous limiter aux comportements de formation continue, tels que relevés par nos interlocuteurs. Ceux-ci sont en effet à la fois objectivement quantifiables et pas sujet à interprétation, alors que la stratégie est une (re-)construction des logiques sous-jacentes aux comportements relevés. Dans ce paragraphe, nous décrivons la manière d'opérationnaliser les comportements de formation continue, dans le but de faire ressortir leur composante active.

Par comportement de formation continue, nous entendons tout comportement engagé par la personne dans le but d'acquérir de nouvelles compétences. Le critère retenu ici est celui de *l'intentionnalité* du répondant. Cette définition s'inscrit dans la même logique que celle retenue par l'OFS dans les enquêtes sur la formation continue en Suisse (OFS, 1997), soit «l'acquisition intentionnelle de connaissances». Notons cependant que cette intentionnalité formationnelle n'est pas exclusive mais peut être associée à d'autres finalités/motivations (voir ci-dessous, orientations retenues pour la stratégie reconstituée).

Le caractère *actif* a donné lieu à bien des discussions au sein de notre équipe de recherche, en considérant notamment l'ambiguïté liée au caractère actif:

- Lors du déclenchement de l'action de formation (prise d'initiative formationnelle; cette co-construction de l'action de formation est l'un des points ressortant de l'enquête menée par le Careq et l'INSEE en 2000 (Lichtenberger/Méhaut, 2001));
- Lors de la réalisation de l'action de formation (par ex.: pendant le cours, et même si celui-ci a été imposé par ailleurs à la personne concernée). Ce niveau d'analyse est certes fort intéressant, mais il eût nécessité, pour être traité avec méthode, une grille d'analyse fine des comportements pendant l'activité de formation continue, ce qui, dans le cadre de cette recherche tout au moins, dépasse les moyens à disposition.

Devant cette difficulté à réellement évaluer le caractère actif, nous nous sommes rabattus sur une définition étroite et objective du comportement actif de formation continue, soit, pour le traitement quantitatif:

Le temps investi par la personne dans des activités de formation continue non-obligatoires, pendant ou en dehors du temps de travail.

En clair, voici le détail analytique des comportements de formation continue (FC):

- initiative de la personne
  - négociation
    - réalisation FC ①
    - refus ②
    - désistement ③
  - autoformation réalisée ④
- obligation
  - réalisation ⑤
  - désistement ⑥

A priori, nous considérerons comme comportement actif: les activités volontaires et réalisées, en unité de temps, soit ① + ④. Nous excluons donc clairement les activités de formation continue qui sont obligatoires, quel que soit le mode d'imposition: par la hiérarchie immédiate, par la direction du service, par le service central des ressources humaines ou encore par des projets organisationnels transversaux. Ainsi, dans cette logique, une personne peut-elle suivre de nombreux cours de formation continue, tout en ayant un comportement «passif», c'est-à-dire répondant à des injonctions de son environnement. Nous avons par contre renoncé à une distinction encore plus fine, consistant à apprécier dans quelle mesure la personne était active pendant la formation continue, ce qui nous aurait conduit à des analyses trop complexes et peu fiables.

Le temps investi dans des activités d'autoformation ④ sera à estimer et à justifier par les personnes rencontrées. Selon N. Tremblay (1986), l'autoformation comprend toutes les pratiques dans lesquelles le sujet est acteur de sa formation. Les pratiques que nous qualifions d'autoformation ont un caractère plus restrictif, nous utiliserons la classification de P. Carré (1997) pour préciser le concept retenu. P. Carré a identifié 5 courants majeurs se concentrant sur diverses formes d'autoformation: il s'agit de l'autoformation existentielle, l'autoformation intégrale, l'autoformation sociale, l'autoformation éducative et l'autoformation cognitive. Nous retiendrons la seconde catégorie l'autoformation intégrale, elle correspond à l'autodidaxie et à la formation expérientielle «formation par contact direct, c'est-à-dire sans médiation». L'autodidaxie se rapporte aux pratiques des «adultes qui choisissent d'apprendre seuls dans diverses circonstances et pour diverses raisons» et qui «opèrent en toute liberté dans la conduite de leurs projets éducatifs», ces pratiques se singularisent par le fait qu'elles n'ont pas de rapport avec un cadre institutionnel (Tremblay, 1986). Ce cadre de définition nous permet d'intégrer les activités d'autodidacte avec un support d'informations (didacticiels, lectures de revues spécialisées) ou sans (qualification expérientielle par essai erreur, (Courtois, 1991) et les activités formatrices au contact d'autrui sans que cela le soit dans le cadre d'une institution ou d'une formation hétéro-dirigée.

Les autres comportements de formation continue présentés dans le schéma ci-dessus ne sont pas gardés dans les traitements quantitatifs, pour les motifs suivants:

②: les activités refusées peuvent être compensées, soit par l'autoformation, soit en proposant d'autres activités. Il est donc difficile de les intégrer dans un score composite. Nous pouvons le considérer comme un indicateur en soi, intéressant pour plusieurs raisons: il peut notamment nous permettre de contrôler le degré d'initiative. Il pourrait aussi ce faisant indiquer la «tendance à soutenir la formation» de la part du service. Cette tendance pourrait être liée à un sentiment de pression à la performance, ou encore liée à une forme particulière de management des performances, dans le cas où les différences sont effectivement significatives. Les explorations possibles en la matière seront déterminées par les données recueillies.

③ et ⑥: sont des indicateurs en eux-mêmes du taux de désistement. A nouveau, selon les données recueillies, un certain nombre d'exploration pourront être entreprises, comme par exemple à travers ces questions: sont-ils liés à la pression à la performance ou à une forme de management des performances, voire à la personnalité ou d'autres caractéristiques individuelles?

⑤: c'est un indicateur en soi: participation à des activités de formation obligatoire en unité de temps. Nous allons prendre connaissance du lien pouvant exister entre cet indicateur et le management des performances. L'engagement dans des activités de formation continue varie-t-il selon les pratiques managériales? Cet indicateur sera utilisé pour contrôler le lien entre comportement actif de formation continue et management des performances. Un certain nombre d'explorations pourront être entreprises, notamment le lien avec la pression perçue à la performance.

Afin de pouvoir comparer nos données avec des études à plus large spectre comme celles de l'OFS, par exemple, nous allons également isoler le nombre de cours/séminaires suivis par les personnes-cibles, qu'ils soient issus d'une démarche volontaire ou d'une obligation de l'employeur. Nous utilisons la même définition de l'OFS concernant les activités regroupées sous «cours de formation continue»: Toutes les formations organisées, s'appuyant sur une relation d'enseignant à enseigné, et qui ne constituent pas un échelon de la formation initiale. Le contenu de la formation et les motivations des participants ne servent pas non plus de critères de délimitation dans le cadre de notre étude. Contrairement à l'OFS sous la notice cours, nous n'avons gardé que les cours à orientation professionnelle, les cours à orientation générale n'ont pas été relevés.

A noter que les comportements de formation sollicitent nécessairement *des ressources formationnelles*, explicites (prévues à cet effet) ou implicites, s'agissant en particulier des caractéristiques qualifiantes de l'organisation où la personne travaille. Nous n'avons toutefois pas voulu tenter de quantifier les temps de formation sollicitant les caractéristiques qualifiantes de l'organisation, bien que certains interlocuteurs les évoquent, nous limitant aux ressources formationnelles explicites.

2.2.2 Variable dépendante pour traitement qualitatif, notion de stratégie face à la formation continue

Quant à la *stratégie* suivie par nos personnes-cibles en matière de formation continue, elle résulte d'une interprétation consciente de l'acteur interviewé et/ou d'une reconstruction par l'équipe de recherche, amenée à constituer une typologie émergente des stratégies de formation continue des cadres dans les services publics. En nous inspirant de Crozier/Friedberg (1977: 79) pour qui:

> le comportement devra s'analyser comme l'expression d'une stratégie rationnelle visant à utiliser son pouvoir au mieux pour accroître ses «gains»... [l'individu] tentera à tout instant de mettre à profit sa marge de liberté pour négocier sa «participation», en s'efforçant de «manipuler» ses partenaires et l'organisation dans son ensemble de telle sorte que cette «participation» soit «payante» pour lui.

Cette rationalité compose avec les caractéristiques objectives de son environnement, les transforme et les interprète en fonction de sa logique propre, qui apparaît ainsi non seulement subjective, mais parfois irrationnelle aux yeux des autres et particulièrement du chercheur qui ne «baigne» pas dans le contexte d'analyse. Comme le souligne très justement Dupuy (1998), il faut toutefois partir de l'idée que les individus sont intelligents à l'intérieur de leur propre logique d'action.

Morin/Delavallée (2000) opérationnalise encore de manière plus simple les paramètres essentiels à prendre en considération pour être en mesure de reconstituer les stratégies personnelles des acteurs. Pour ces auteurs, affirmant d'emblée que «les comportements sont des stratégies», les acteurs se comportent dans un champ organisationnel pouvant être résumé ainsi (ibid: 169):

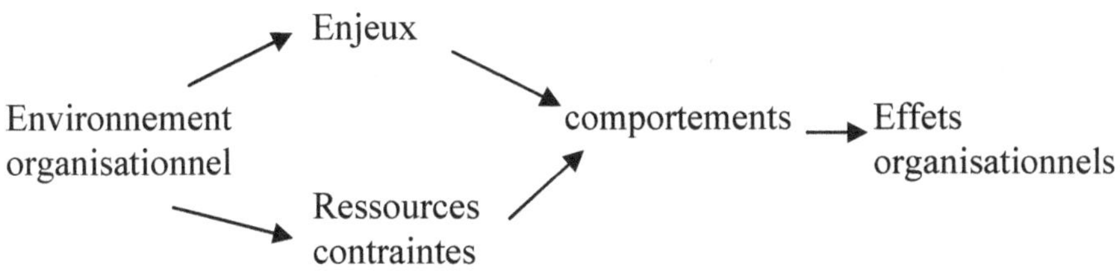

Tous les éléments de ce schéma, encore une fois, comportent une dimension objective et une dimension subjective, construite par les acteurs en présence. Il convient bien entendu de détailler les éléments contextuels constituant l'environnement organisationnel initial, sur la base d'une trame d'analyse; les enjeux, ressources et contraintes seront tirés des discours des acteurs. D'autre part, les effets organisationnels doivent, à notre sens, être complétés par les effets individuels, qui renvoient à leur tour aux objectifs, ainsi qu'aux enjeux sous-jacents, perçus par les différents acteurs.

En cherchant à intégrer tous ces éléments, nous retiendrons les variables stratégiques suivantes, reconstituées toujours à travers les discours des acteurs rencontrés et, ainsi, reflétant la double dimension (objective, subjective) des faits sociaux:

– fonction exercée et remplaçabilité. Pose le cadre de la démarche, permet d'esquisser la compréhension du lien – mais guère plus, ce qui deviendrait une autre analyse – entre stratégie face à la formation et stratégie générale de l'acteur dans sa fonction. La remplaçabilité est essentielle dans l'optique du management des performances et de l'analyse stratégique, puisqu'elle assure à l'acteur à la fois une marge de manœuvre plus importante, mais en même temps, rend sa contribution plus aisément remplaçable, donc constitue un affaiblissement de ses sources de pouvoir;

- Objectifs poursuivis en matière de formation continue. C'est par rapport à ces objectifs que nous serons en mesure d'apprécier les «gains» visés par l'acteur, en sachant que ces gains ne s'orientent pas nécessairement dans le sens de maximiser les actions de formation continue, mais peut-être au contraire de les éviter. Ces objectifs sont également le reflet des enjeux perçus par les personnes rencontrées;
- Ressources formationnelles: constituent l'ensemble des éléments disponibles dans ou hors du contexte d'analyse, susceptibles de contribuer à la formation continue. Ces ressources peuvent être disponibles a priori, mais pas exploitées par l'acteur, pour toutes sortes de raisons: par exemple parce qu'il les ignore, les dédaigne, ou les contourne;
- Marge de manœuvre, ou marge de «liberté», au centre de l'analyse stratégique et illustrant l'espace d'action qui, compte tenu de la réglementation formelle ou des règles émergentes, peut être exploitée par l'acteur pour atteindre ses objectifs;
- Les atouts/ressources constituent autant d'éléments mobilisables par l'acteur pour favoriser l'atteinte de ses objectifs; ces atouts peuvent être personnels, liés à sa fonction ou encore être disponibles dans son environnement;
- Les contraintes/limites sont au contraire des éléments personnels, fonctionnels ou contextuels, susceptibles d'entraver ses comportements et ainsi, d'hypothéquer sa stratégie en matière de formation continue;
- Le degré de satisfaction est une variable intéressante qui, par hypothèse, permet d'apprécier dans quelle mesure l'acteur se situe dans une configuration qui se rapproche de la situation qu'il souhaite atteindre. Elle est une variable explicitement mentionnée dans l'analyse stratégique (Crozier/Friedberg, 1977);
- Les projets d'avenir, en particulier lorsque l'on analyse la formation dont les effets ne se produisent pas immédiatement mais dans la durée, permettent d'apprécier le discours tenu sur les différentes variables retenues dans la perspective de l'évolution professionnelle et personnelle souhaitée;
- Finalement, dans l'esprit de la citation de Crozier/Friedberg (cf. ci-dessus) tous ces éléments font l'objet d'un commentaire global par rapport aux comportements formationnels effectivement adoptés par l'acteur rencontré, sur la base du relevé des actions de formations.

Tous les éléments contextuels, au sein desquels les comportements relatés se développent, sont présentés plus en avant (variables indépendantes).

Nous avons renoncé à reconstituer chacune des stratégies individuelles poursuivies par les acteurs rencontrés; nous cherchons bien plutôt à faire ressortir une ou plusieurs *«stratégies-types»* face à la formation continue dans chacune des unités analysées. Au fil des entretiens, il est en effet apparu qu'une reconstitution sérieuse des stratégies individuelles en matière de formation continue posait plusieurs problèmes méthodologiques et analytiques, parmi lesquels:

- Le lien avec la stratégie globale de l'individu, que nos informations ne nous permettaient guère de reconstituer;
- L'entretien unique que nous avons pratiqué, le manque d'analyse dans la durée (cf. citation Crozier/Friedberg);
- L'absence de données suffisantes, personnelles et professionnelles. Pour Friedberg (2000: 298), la rationnalité d'une personne renvoie «au passé de cette personne, c'est-à-dire à son histoire personnelle et à sa ‹socialisation›, lesquelles conditionnent ses préférences, ses envies, ses objectifs ainsi que la manière dont elle perçoit les situations et s'y ajuste». C'est dire combien une compréhension intégrée de l'individu serait nécessaire pour appréhender la rationalité profonde des comportements relatés par nos interlocuteurs, une compréhension qui eût nécessité une forme d'anamnèse.

La stratégie de formation continue est une logique d'action qui sous-tend les comportements de formation identifiés auprès des acteurs interrogés. Elle fait appel à des sources de pouvoir maîtrisées par les acteurs, révèle des zones d'incertitude et des enjeux pertinents au sein du service/de l'organisation, aboutissant le cas échéant à un jeu d'acteurs.

La ou les stratégies représentative(s) de chaque unité est présentée par un qualificatif global et 5 dimensions particulières, afin de préciser les points suivants:

- Le qualificatif global, ad hoc, permettra de définir une typologie émergente des stratégies en matière de formation continue;
- La finalité, l'utilité principale que visent les comportements de formation continu;
- La provenance de l'impulsion, quels sont les facteurs principaux incitant l'acteur à s'engager dans des activités de formation continue;

- Les ressources formationnelles dominantes utilisées et leurs caractéristiques;
- L'orientation «court terme» vs «long terme» des comportements de formation continue;
- L'orientation «individuelle» vs «collective» des activités de formation continue réalisées; les activités s'inscrivent dans des cursus de formation préétablis par autrui ou résultent de choix individuels.

Ces dimensions découlent d'une analyse du processus formationnel que nous avons effectuée à travers une approche inspirée du modèle motivationnel de Lawler (1973), et que nous reproduisons succinctement ci-dessous (tableau 2). Le modèle permet de distinguer:

- L'origine de l'action (déclencheur de l'action);
- La possibilité d'influencer la décision prise;
- L'utilité intrinsèque à l'activité de formation continue, soit touchant les compétences acquises (utilité I);
- L'utilité instrumentale à l'activité de formation continue, soit touchant des récompenses extrinsèques, indirectement liées à cette activité, telles que augmentation salariale, promotion, développement de l'employabilité, etc. (utilité II);
- Les ressources formationnelles, ainsi qu'autres ressources (temps, lieu) nécessaires à l'activité de formation continue;
- Le mode pédagogique caractérisant l'action de formation continue;
- L'impact réel des actions de formation continue, appelés impact I (intrinsèque) et impact II (extrinsèque, instrumental) par analogie aux deux finalités relevées ci-dessus.

Cette proposition d'analyse du processus formationnel qui sous-tend les comportements de formation relevés s'est avérée fort intéressante, mais trop détaillée pour être utilisée dans le cadre de notre design. Aussi l'avons-nous considérablement simplifiée pour retenir les dimensions de la stratégie mentionnées ci-dessus.

Tableau 2. Proposition d'analyse du processus formationnel sous-jacent aux comportements de formation continue relevés.

Déclencheur du comportement, Initiative	**Degré de décision de la personne concernée**	**Finalité, utilité anticipée de l'action de formation, liée aux compétences Utilité I**	**Finalité, utilité instrumentale, liée aux conséquences indirectes associées à la formation Utilité II**	**Ressources formationnelles impliquées**	**Autres ressources nécessaires**	**Pédagogie, façon de procéder, Méthode pour atteindre les objectifs**	**Suivi, évaluation de l'acquisition et du transfert des compétences Impact I**	**Autres conséquences escomptées suite aux actions de formation Impact II**
L'initiative provient des acteurs suivants: Personne concernée Hiérarchie directe Direction du service Service pers. Combinée (plusieurs acteurs)	Nul - imposé Négocié Choisi	Quatre niveaux de finalité sont distingués: Directement lié à la fonction actuelle Utile dans l'organisation Utile sur le marché de l'emploi Développement personnel «pur»	Diverses utilités secondaires peuvent être associées à la formation, telles que: Promotion Augmentation de rémunération Développement de l'employabilité interne ou externe Autres motivations à détailler	Ressources: Organisées par l'unité formation Organisées par le service de la personne Autres ressources (trouvées par la personne)	Axes d'analyse: Temps (interne, mixte, hors org.) Volume/importance Financement (personne, employeur, syndicats, etc.) Lieu de formation Organisateur	Axe d'analyse Autostructuré vs hétérostructuré	Axe d'analyse Compétences acquises ou non Transfert réalisé (selon le niveau I défini)	Axe d'analyse Impact tangible – pas d'impact Attentes secondaires réalisées

Déclencheur du comportement, Initiative	**Degré de décision de la personne concernée**	**Finalité, utilité anticipée de l'action de formation, liée aux compétences Utilité I**	**Finalité, utilité instrumentale, liée aux conséquences indirectes associées à la formation Utilité II**	**Ressources formationnelles impliquées**	**Autres ressources nécessaires**	**Pédagogie, façon de procéder, Méthode pour atteindre les objectifs**	**Suivi, évaluation de l'acquisition et du transfert des compétences Impact I**	**Autres conséquences escomptées suite aux actions de formation Impact II**
Commentaires								
Illustre à la fois l'autonomie laissée à l'acteur et sa volonté d'agir	Autonomie décisionnelle de l'acteur	Cette finalité est directement liée à l'acquisition de compétences; elle est plus ou moins directement utilisable, et donc en lien avec la performance	Cette utilité II cerne l'instrumentalité du comportement de formation au sens de Nuttin (1980), c'est-à-dire l'acte-moyen permettant de parvenir à d'autres résultats	Plus les pratiques objectives de formation continue (POF) sont développées, plus l'offre de l'unité de formation et/ou du service sont importantes et diversifiées	Les ressources de formation à proprement parler sont identifiées dans le tableau ci-après	Plus l'autostructuration est importante, plus nous nous rapprochons de l'autodidaxie	Impact de 1er niveau, en relation avec les compétences acquises	Impact de 2e niveau, relevant les autres conséquences associées à l'action de formation

L'annexe 1 reproduit le questionnaire utilisé dans notre enquête auprès des personnes-cibles, destiné à relever leurs comportements de formation continue, et ceci avant de conduire les entretiens.

2.3 Variables intermédiaires

2.3.1 Variables individuelles (pour le traitement *quantitatif* avant tout)

Différentes études descriptives ont montré un lien entre comportements de formation et des caractéristiques socio-démographiques; l'âge, la catégorie socioprofessionnelle, l'ancienneté dans l'organisation (OFS, 1997, Grossenbacher, 1991, Gasser, 1989, Tharenou, 1997). Nous avons choisi de retenir les variables individuelles suivantes: l'âge, le niveau de formation, l'ancienneté dans l'organisation, dans le service et dans la fonction.

Notre intention était de considérer également la variable *personnalité*. Pour ce faire, notre choix s'était porté initialement sur l'inventaire de personnalité Label, développé par l'Université de Lausanne (Gendre, Cappel). Nous avons renoncé à son utilisation et décidé de tester 2 facteurs de personnalité, *Conscience* et *ouverture,* du modèle à 5 facteurs, plus connu sous le nom de *Big Five*. Des conditions pragmatiques et méthodologiques nous ont conduit à procéder à ce changement:

- L'inventaire de personnalité Label mesure la plupart des traits de personnalité connus. Or, il nous apparaissait peu pertinent de tous les évaluer et de construire une démarche exploratoire. L'échantillon envisagé ne comptait que 60 personnes et nous savons qu'il n'est pas conseillé de «tirer à l'aveugle» avec une batterie conséquente pour la praticabilité de l'analyse (temps de passation, de traitement important), mais surtout parce qu'il est démontré que les résultats basés sur des hypothèses soutenues par de précédentes études ont une validité prédictive supérieure aux résultats d'études exploratoires «à l'aveugle» (Tett *et al.*, 1991);
- Nous avons également écarté la possibilité de construire des hypothèses sur certains traits ou dimensions du Label, en se basant sur les résultats antérieurs d'études portant sur des dimensions ou traits semblables, par manque de similarité entre les dimensions du Label et celles décrites

dans les recherches abordant le lien entre traits de personnalité et le champ de la formation.

La variable *personnalité* n'étant pas le centre de la recherche, mais une variable de contrôle, notre intention était d'intégrer des traits de personnalité décrits préalablement, dans des recherches antérieures de type quantitatif, comme influençant les comportements de formation continue. Il était donc primordial de pouvoir bénéficier d'études indiquant la présence d'un lien (statistique) entre des dimensions de la personnalité et les comportements de formation. Malheureusement, malgré la consultation de nombreuses bases de littérature, nous n'avons localisé aucune étude investiguant spécifiquement le lien entre personnalité et comportements actifs de formation, pouvant à la fois nous offrir une base théorique et méthodologique fiable et valide pour notre étude.

Les recherches les plus proches de notre thème concernent l'identification des facteurs qui peuvent influencer:

- la participation à des activités de développement (Noe & Wilk 1993, Tharenou, 1997);
- la motivation à l'apprentissage (Colquitt & Simmering, 1998, Judge *et al.*, 1997);
- la motivation à l'auto-développement (London & Smither, 1999);
- ou encore l'identification du rôle des traits de personnalité dans les stratégies d'apprentissage (Vermetten, Lodewijks & Vermut, 2001).

Il faut également noter que les différentes études à notre disposition, soit:

- intègrent des modèles qui dépassent la simple mesure des liens entre traits de personnalité et comportements de formation;
- ou alors l'instrument de mesure des traits de personnalité n'était pas validé en français *et* en allemand, condition nécessaire par rapport à nos interlocuteurs provenant de Suisse romande et allemande.

Le nombre de participants restreint, de langue maternelle française ou allemande, conjugué au manque d'appui empirique et/ ou théorique sur le choix des dimensions, nous encourageaient à rechercher un outil qui soit validé aussi bien en allemand qu'en français.

Ces différents constats et un tour de la littérature des thèmes annoncés ci-dessus, nous ont conduit à intégrer les dimensions *conscience* et *ouverture* du modèle à 5 facteurs. A notre connaissance, aucune recherche quantitative ne vérifie les liens entre ces facteurs de personnalité, mais certains auteurs les supposent dans leurs conclusions.

Un certain consensus est apparu entre psychologues concernant le modèle des Big Five. Il est considéré pertinent de décrire la personnalité par 5 facteurs bipolaires: extraversion, instabilité émotionnelle, agréabilité, conscience, ouverture. Ces facteurs représentent les dimensions essentielles sous-jacentes aux traits de personnalité que l'on retrouve dans beaucoup de questionnaires psychologiques plus détaillés. McCrae et Costa sont les derniers à avoir construit et validé un instrument mesurant ces facteurs: il s'agit de l'inventaire NEO Révisé de la Personnalité *(NEO-PI-R).*

Chaque facteur du NEO-PI-R est défini par un groupe de six traits corrélés entre eux. Ces traits sont appelés facettes. Elles permettent d'évaluer un champ de pensées, de sentiments et d'actions large, tout en aboutissant à une différenciation individuelle pertinente. Il se peut que la dimension ouverture, par exemple, ne permette pas de distinguer les participants de la recherche. Les profils se répartissent généralement sur une courbe gaussienne et le champ d'exploration de la dimension est très large. L'utilisation des facettes va nous permettre d'une part de réduire ce champ afin d'obtenir une proximité avec le sujet de recherche et nous l'espérons, obtenir une discrimination plus pertinente.

D'autres avantages nous ont guidés pour le choix des dimensions conscience et ouverture et de l'utilisation de l'instrument NEO-PI-R; cet outil a été validé en français et en allemand[5]. Il contient un nombre restreint de facteurs, ce qui nous permet d'espérer une certaine fiabilité dans nos résultats malgré le petit nombre de participants de notre échantillon et ses caractéristiques hétérogènes. Les dimensions ouverture et conscience sont identifiées dans des recherches connexes comme étant liées aux comportements d'apprentissage et de développement.

De plus, plusieurs études ont montré que ces dimensions contribuent à prédire les performances professionnelles ou permettent d'identifier les personnes possédant des valeurs, des traits recherchés dans des postes particuliers (Costa, 1996). De ce fait, ces dimensions se retrouvent dans des tests utilisés lors du processus de recrutement. Les résultats de nos analyses sur ces dimensions pourront donc intéresser les professionnels de la gestion des ressources humaines.

5 A noter que la traduction du questionnaire en allemand a dû être réalisée par nos soins, car le délai annoncé par l'éditeur n'a pas été respecté. Les résultats devront donc être interprétés avec prudence.

L'échelle d'ouverture du NEO-PI-R couvre de nombreux éléments: l'imagination active, la sensibilité esthétique, la curiosité intellectuelle, l'intention prêtée à ses propres sentiments, la préférence pour la variété et l'indépendance de jugement (Costa & McCrae, 1985). Les personnes avec un score élevé sur cette échelle ont une curiosité importante autant pour ce qui peut provenir de leur univers interne que de leur environnement. Leur vie est en général plus riche d'expériences que les personnes avec un score plus faible. La conception d'idées nouvelles et l'adoption de valeurs non conventionnelles font partie de leur quotidien, ce qui peut supposer que ces personnes seront davantage ouvertes à connaître leurs besoins en formation, à participer aux cours proposés, à intégrer les nouveautés de leur environnement (principes managériaux, nouvelles valeurs).

Les individus qui obtiennent des scores bas sur l'échelle mesurant le facteur ouverture ont tendance à être conservateurs et conventionnels dans leurs opinions et leurs comportements. Ils préfèrent les situations qui leur sont familières à la nouveauté. Il semblerait qu'ils aient des centres d'intérêt moins étendus et qu'ils s'y investissent moins. La dimension ouverture bien qu'appelée intellect dans d'autres modèles à 5 facteurs, ne semble pas ou est faiblement liée au niveau de formation et à l'intelligence (McCrae & Costa, 1997).

Les corrélations entre les scores sur le NEO-PI-R et le Personality Research Form (échelle mesurant les besoins), ont permis de constater que les personnes avec un score élevé sur le facteur ouverture apprécient la variété, la stimulation intellectuelle et les situations nouvelles (McCrae & Costa, 1997). Le facteur ouverture se définit donc par une curiosité intellectuelle et expérientielle. Ce facteur est lié à la motivation pour la formation et aux compétences de formation (Barrick & Mount, 1991). Il est susceptible d'être également un indicateur de participation à des activités de formation (Judge *et al.*, 1997). London et Smither (1999) ont passablement confirmé cette hypothèse en avançant que le facteur ouverture serait lié à l'auto-développement, autrement dit les personnes avec un score élevé sur la dimension ouverture auraient une prédisposition à s'engager dans des activités de formation.

Les différentes facettes du facteur ouverture se distinguent selon la sphère d'expérience à laquelle l'individu peut se montrer plus ou moins ouvert. Chacune de ces facettes est une sous-échelle de la dimension. Seules les facettes les plus susceptibles d'intervenir dans notre recherche sont détaillées. Il s'agit de l'ouverture aux actions et de l'ouverture aux idées.

Les autres sphères évaluées par le NEO-PI-R sont l'ouverture aux valeurs, aux sentiments, à l'esthétique et aux rêveries.

Un comportement associé à la facette ouverture aux actions est l'engagement dans des activités différentes. Il est donc possible que la participation à des activités de formation en dehors des activités professionnelles soit davantage le fait de personnes avec un score élevé sur cette sous-échelle, quelles que soient par ailleurs les motivations sous-jacentes à cette participation. En effet, les personnes avec des scores élevés préfèrent la nouveauté et la variété à ce qui leur est familier, à la routine. Les personnes avec un score bas préfèrent s'en tenir à ce qu'elles connaissent déjà.

L'ouverture aux idées se caractérise par la curiosité intellectuelle, l'ouverture d'esprit à des idées nouvelles. Les personnes ayant un score faible sur cette sous-échelle ont une curiosité limitée et elles ont tendance à se concentrer sur des sujets bien circonscrits (McCrae & Costa, 1985, 1997).

Nous nous permettons donc de supposer que le facteur ouverture est lié aux comportements actifs de formation; les individus avec un score élevé sur la dimension ouverture auront tendance à investir davantage de leur temps dans des activités de formation que les individus ayant un score faible.

Le facteur conscience regroupe également six facettes différentes appelées: compétence, ordre, sens du devoir, recherche de réussite, autodiscipline et délibération. Le sujet avec un score élevé sur la dimension conscience est défini comme réfléchi, ayant de la volonté, déterminé, scrupuleux, ponctuel et fiable. Les individus avec un score moins élevé ne manquent pas nécessairement de principes moraux, ils les appliquent seulement avec moins d'exactitude. Ils sont décrits comme plus nonchalants dans la poursuite de leurs objectifs. Un score élevé pour ce facteur serait lié aux personnes travaillant «dur», ce qui n'est pas à confondre avec les ambitieux, un trait qui n'est pas forcément lié au facteur, car ce serait pour elles la juste chose à faire avant le moyen d'atteindre un objectif (Costa & McCrae, 1985).

Les personnes ayant un score élevé pour la facette compétence se sentent bien préparées pour affronter la vie. Les personnes avec un score bas par contre, n'ont pas confiance dans leurs capacités. Notons que des 30 facettes (sous-échelles) du NEO-PI-R, elle est celle ayant une corrélation positive significative avec des mesures d'estime de soi et de lieux de contrôle (Costa, McCrae & Dye, 1991), différents traits de personnalité dont un lien avec la participation à des activités de formation a été identifié (Noe & Wilk, 1993).

Le sens du devoir est mesuré par une autre sous-échelle. Elle donne des indications sur le caractère fiable ou désinvolte d'une personne, sur son degré d'adhésion aux principes éthiques et de réalisation de ses obligations morales. Les personnes avec un score élevé pour la facette «recherche de réussite» ont de hautes aspirations et ont tendance à travailler dur pour atteindre leurs objectifs. Elles sont décrites comme très appliquées et réfléchies. Les personnes avec un score faible semblent être nonchalantes, voire paresseuses, elles n'ont pas d'objectifs ou ne s'y accrochent pas. L'autodiscipline est la capacité à entreprendre et à terminer des tâches malgré l'ennui ou toute autre source de distraction; pour nous, l'autodiscipline pourra être interprétée dans deux directions différentes: pour atteindre leurs objectifs coûte que coûte, ou pour participer à une formation malgré les objectifs à réaliser. Les personnes avec un score élevé sur cette sous-échelle auraient la faculté de se motiver pour mener à bien des réalisations en cours. Les autres facettes du facteur conscience sont la délibération (la tendance à réfléchir avant d'agir) et l'ordre (la tendance a être organisé, soigné et ordonné).

Des méta-analyses ont mis en évidence des relations significatives et consistantes entre le facteur conscience et différents critères de performance au travail (qualité, quantité, précision et jugements de compétences) (Barrick & Mount, 1991). Les personnes avec un score élevé sur le facteur conscience auraient, en général, un haut niveau de performance. Cette dimension serait même la seule du modèle à 5 facteurs à montrer une validité consistante à travers les organisations, les activités professionnelles et les situations.

Ce lien entre la performance au travail et le facteur conscience serait lié à la prédisposition à se poser un certain nombre d'objectifs, de défis et d'être persévérant dans cet engagement (Barrick et Mount, 1991[6]). De plus, ces individus auraient une certaine capacité à dépasser les obstacles et à s'adapter aux nouvelles demandes de travail (Costa, 1996). Ainsi, nous pouvons penser que les individus avec un score élevé sur le facteur cons-

6 Pour ces auteurs, un individu consciencieux pose des buts, objectifs et persiste à les atteindre, ce qui fait qu'il performe davantage à son travail. Ainsi il planifie l'organisation de son travail, passe davantage de temps sur ses tâches et persiste à la performance.

cience ne doivent pas être hostiles à l'engagement dans une formation, si c'est un moyen pour parvenir à leur objectif.

Cette dernière proposition est soutenue par la probabilité que les individus avec un score élevé sur le facteur conscience satisfont plus facilement les attentes de leurs employeurs. Ainsi, ils prendraient plus facilement l'initiative de chercher des opportunités de formation (Judge *et al.*, 1997). De plus, il a été constaté que les participants à une formation volontaire avaient dans la grande majorité un score élevé sur le facteur conscience. Il est donc permis de supposer que les personnes avec un score élevé auront davantage tendance à participer à une formation volontaire, que les personnes avec un score faible (Martocchio & Judge, 1997).

Colquitt et Simmering (1998) ont montré que la dimension conscience est liée positivement à la motivation à apprendre dans une orientation d'acquisition de nouvelles compétences ou connaissances et négativement dans une orientation de performance. De plus, nous savons par Noe et Wilk (1993) que la motivation à l'apprentissage est une variable significative pour la participation dans des activités de formation.

Ainsi, nous supposons que le facteur conscience peut être lié aux comportements actifs de formation. Autrement dit, les individus avec un score élevé sur le facteur conscience investissent davantage de temps dans des activités de formation que les personnes avec un score faible.

Le questionnaire finalement administré à nos interlocuteurs, comprenant les deux dimensions mentionnées, figure en annexe 5.

2.3.2 Variables liées aux caractéristiques qualifiantes de l'organisation (pour traitements quantitatif et qualitatif)

Comme le soulignent Lichterberger/Méhaut (2001: 32), «l'acte de formation est de moins en moins identifiable au face à face pédagogique», expression typique de la formation «off-the-job» se déroulant en classe. L'idée selon laquelle l'organisation, publique ou privée, pourrait en elle-même présenter des effets formateurs, ou qualifiants, a suscité de nombreux ouvrages et recherches, dans le sillage de la publication en France du rapport Riboud sur la modernisation de l'entreprise, fréquemment désigné comme le premier à parler formellement d'organisation qualifiante (Parlier/Perrien, Thierry, 1997). Cette dernière se définissait par la conjonction de trois propriétés, la capacité de l'organisation à répondre aux exigences de la compétitivité économique, à détenir un pouvoir formateur explicite et reconnu, et à permettre un meilleur niveau d'optimisation de la gestion de l'emploi et des compétences. Cette conception reposait sur le credo selon lequel l'organisation qualifiante vise un double objectif: produire simultanément un résultat économique direct et un développement des compétences, comme le soulignent aussi Grimand/Vandangeon-Demurez (1999), avec parfois d'ailleurs, une frontière bien floue entre les deux.

Pour ces auteurs, tentant d'opérationnaliser le concept de l'organisation qualifiante, une organisation peut être considérée comme qualifiante si elle réunit les conditions de fonctionnement suivantes pour les membres qui la composent: la connaissance de la stratégie de l'entreprise et sa déclinaison au niveau de la micro-organisation, c'est-à-dire des équipes (aménager les messages pour qu'ils soient compris et traduits par tous les membres), la réactivité de chacun de ses membres à la variation d'indicateurs mis à sa disposition, une ligne hiérarchique courte, un responsable (d'équipe) convaincant et pragmatique, l'appropriation d'un référentiel commun d'action donnant une perception partagée du travail à réaliser, et la gestion du retour d'expérience, que d'autres auteurs ont défini comme l'un des éléments essentiels à l'apprentissage individuel et collectif (Dixon, 1994).

L'un des auteurs les plus marquants dans l'approche de l'organisation qualifiante, Zarifian (1992, 1993, 1994, 1995) a proposé quatre principes définissant l'organisation qualifiante (OrQ):

– l'OrQ doit savoir faire de tout événement une occasion d'apprentissage; «Maîtriser les événements, c'est-à-dire être capable non seulement de bien réagir aux aléas, mais d'intégrer les expériences vécues dans de véritables apprentissages, constitue alors la pierre de touche de la performance» (Veltz/Zarifian, 1995: 64). L'on voit ici un complément idéal à la formation classique, dont l'un des facteurs de succès réside précisément dans sa mise en application dans la situation de travail, transformant les formés en acteurs de leur apprentissage dans le terrain (Thomas/Bouclet, 1999). Pour cela, il faut pouvoir disposer d'un espace de réflexion et de temps permettant ce questionnement de l'action, en-dehors des opérations de routine, une forme *d'Organisational Slack*. London/Smither (1999), ainsi que Finger (1998) développent l'importance de l'apprentissage continu, en incitant l'organisation notamment à fournir des feedbacks non menaçants, en encourageant les comportements d'apprentissage, la recherche de feedback et en récompensant la participation à des activités d'apprentissage. Il s'agit pour cela de lever un certain nombre de barrières tant personnelles qu'organisationnelles, telles que le cloisonnement organisationnel, le manque de temps, de reconnaissance, d'encouragements à l'innovation;

- l'OrQ doit fonder une communication active et directe autour d'une coresponsabilité sur des objectifs de performance et des évaluations d'organisation. Idée reprise par Veltz/Zarifian (1994) pour qui la collaboration, et donc la communication, redeviennent centrales pour la productivité de l'entreprise. Ces auteurs vont jusqu'à dire que l'activité elle-même consiste toujours plus à communiquer. La collaboration met également en exergue la dimension de l'équipe, permettant d'intégrer les compétences individuelles pour les transformer en compétences collectives (Amherdt *et al.*, 2000, Collinet, 1999, Robert/Haspel, 1996);
- l'OrQ doit permettre de développer un espace autonome d'explicitation de la stratégie de l'entreprise. Dans ce contexte, Zarifian souligne l'importance d'une gestion par processus, qui permet aux acteurs de se situer dans un enchaînement, et de visualiser la performance globale du système; en cela, elle participe aux dimensions de l'organisation qualifiante, puisqu'elle va dans un sens de lisibilité de la stratégie globale à tous les niveaux, donc qu'elle rend la question du sens du travail (ou de la valeur prônée par l'organisation) plus accessible. C'est dire que l'acteur doit savoir et pouvoir élaborer le sens de son action et l'inscrire dans le cadre général des buts de l'organisation. Pour Robert/Haspel (1996), il s'agit même que l'acteur puisse se fixer lui-même ses objectifs, dans le cadre d'un professionnalisme affirmé;
- l'OrQ doit permettre aux salariés de s'investir dans des projets d'amélioration permanente de leur outil ou de leur sphère de travail. Cette idée est renforcée par Mack (1995), précisant que dans un processus où l'idée nouvelle perçue par un acteur peut se développer, trouver un terrain favorable afin d'être codifiée et diffusée, puis intégrée, l'acteur apprend et enseigne à l'organisation qui l'instruit en retour. Cette idée encourage autant un degré élevé de participation qu'une ouverture à l'expérimentation (Grimaud/Vandangeon-Demurez, 1999).

Cette conception qualifiante de l'organisation reprend une vision déjà présente dans l'approche socio-technique du travail selon laquelle l'organisation est conçue davantage en fonction des compétences de ceux qui y travaillent que selon une logique préexistante réalisée sans le personnel (Amadieu/Cadin, 1996). Ainsi, «l'organisation qualifiante est évolutive et se reconfigure au fur et à mesure de l'évolution du développement des compétences de ceux qui y travaillent» (ibid., p. 36). Plus que cette organisation calquée sur les compétences, le mode de définition des emplois (enrichissement des emplois, Robert/Haspel, 1996), la pluri- et polyvalence ainsi que la mobilité entre emplois contribuent sensiblement à l'aspect qualifiant de l'organisation, révélant la dimension structurelle de ce concept (voir aussi Darvogne/Noyé, 1993).

Il est difficile de traiter de l'organisation qualifiante sans aborder un concept connexe, et souvent confondu au plan conceptuel: celui de l'organisation apprenante (ou en apprentissage permanent) (Ritschard, 1998), tant il est vrai que, à l'image de l'idée de Mack présentée ci-dessus, il y a une boucle d'apprentissage entre l'individu et l'organisation, qui s'enrichissent mutuellement. Ainsi, pour Wick/Stanton Léon (1995), les cinq éléments essentiels d'une organisation apprenante sont un leader avec une vision, une planification d'objectifs pouvant être évalués et mesurés, le partage et le traitement des informations provenant de l'intérieur comme de l'extérieur, l'inventivité et l'implémentation. L'on y perçoit plusieurs points communs avec les éléments mentionnés pour l'organisation qualifiante. Un accent particulier est mis sur le traitement de l'information, notamment celle provenant des clients et de la concurrence, mais aussi de l'organisation interne. En interne, la connaissance de son organisation, la circulation et le partage des informations sont nécessaires à la construction d'une organisation apprenante. L'inventivité implique que les problèmes ne sont pas niés ou rejetés, mais vus comme des opportunités d'apprendre et de se développer, ce qui suppose une forme de leadership faciliteur, orienté plus sur le coaching que sur l'autorité hiérarchique (Finger/Rey, 1996, Darvogne/Noyé, 1993).

Forts de ces développements, nous avons regroupé les éléments les plus marquants de l'organisation qualifiante en quatre catégories de facteurs déterminés a priori par leur logique de proximité des pratiques managériales qu'elles impliquent, présentant les éléments suivants, dans le but de déterminer un index de l'organisation qualifiante:

Tableau 3. Les items retenus pour évaluer les caractéristiques qualifiantes de l'unité organisationnelle.

Facteurs principaux	*Items à évaluer par les membres de l'unité analysée*
Leadership développeur	1. Aplatissement de la hiérarchie 2. Responsabilisation, délégation, autonomie 3. Style de direction développeur (coach) 4. Attitude positive face aux erreurs 5. Attitude ouverte face aux propositions innovatrices
Structuration qualifiante du travail	6. Organisation souple selon les compétences, utilisation des compétences 7. Polyfonctionnalité (*job enlargement*, découpage du travail) 8. Traitement événementiel de l'activité possible 9. Rotation entre fonctions différentes du même service 10. Mobilité inter-service
Communication et partage des savoir-faire	11. Interactions qualifiantes avec acteurs du même processus/métier 12. Interactions qualifiantes au sein de la même unité de travail 13. Partage formalisé des savoir-faire et expériences acquises 14. Existence de système expert de type «base de connaissances» 15. Flux communicationnel géré par l'organisation (fonction «communication interne» performante)
Changement et apprentissage organisationnel	16. Représentation de sa fonction en terme de finalité (et non d'activité) 17. Participation à la réélaboration des logiques d'action 18. Implication dans les projets de changement 19. Transformation du service (unité organisationnelle) ou domaine d'activité 20. Transformation de l'organisation toute entière

Ces éléments ont été repris pour développer un indicateur de l'organisation qualifiante, basé sur les vingt items à évaluer sur une échelle de Likert à 5 niveaux. Notre intention était de développer un indicateur agrégé par unité organisationnelle et influencé par le degré de concordance des réponses obtenues par les acteurs répondant au questionnaire (personnes-cibles, chef de service, responsable de formation). Plus précisément, moins les réponses concordent, moins les aspects qualifiants de l'unité organisationnelle seraient valorisés.

L'annexe 2 reproduit le questionnaire utilisé dans notre recherche, dans le but de déterminer l'index des caractéristiques qualifiantes de l'organisation.

La présentation détaillée des résultats permettra de discuter de la validité de cette démarche, notamment de la validité de construction de l'index.

2.3.3 La pression à la performance

Le management des performances exige des collaborateurs d'atteindre des objectifs et de rendre compte de résultats, tant au niveau collectif qu'individuel. Nous pensons que ce type d'attentes institutionnalisées peut engendrer chez le collaborateur une pression à la performance. Selon son importance, cette pression peut conduire le collaborateur à s'investir totalement dans la réalisation des objectifs de l'organisation à court terme au détriment des objectifs individuels ou organisationnels de formation. Nous demanderons aux personnes-cible d'évaluer cette pression, ce que nous appellerons la «pression perçue à la performance», ou encore PPP. Notons que d'autres facteurs peuvent être à l'origine d'une pression à la performance, parmi lesquels:

- la pression issue du style de management de la hiérarchie au sein du service;
- l'adéquation «moyens alloués/tâches à réaliser»;
- la facilité à remplacer la personne (remplaçabilité de l'acteur);
- la facilité à déléguer ses tâches sur d'autres personnes;
- le degré de maîtrise des processus de travail touchant la personne (imprévisibilité du travail, dépendance face à d'autres acteurs/services).

Il nous a paru important de compléter la variable indépendante principale, axée sur la performance, par cette pression à la performance, afin de mieux cerner les contributions réciproques du cycle de pilotage des performances d'une part, et de la pression qui – le cas échéant – en découle d'autre part.

2.4 Variables indépendantes

2.4.1 Variables liées à la formation continue

Ces variables, décrites ci-dessous, façonnent peu ou prou ce que l'organisation investiguée pratique en matière de formation continue. Ainsi, sur la base d'une politique de formation documentée, ces pratiques correspondent à des ressources formationnelles imposées ou proposées au personnel, ainsi que des règles d'accès correspondantes, qui sont elles-mêmes plus ou moins transformées par la culture formationnelle caractérisant l'organisation.

Politique de formation

Dans le cadre de la politique du personnel, l'organisation peut définir une politique de formation, un ou plusieurs documents écrits (statuts du personnel, principes de formation, règlement, etc.) qui présentent les principes et les pratiques officielles de formation existant en son sein. Ces pratiques officielles se manifestent par un soutien organisationnel, en particulier financier. Le but de la politique de formation est de communiquer les pratiques officielles de formation aux différentes catégories de personnel, et d'en préciser les règles d'accès, notamment les droits et ou devoirs de formation continue, les instances de proposition et de décision.

Pratiques de formation continue des organisations

Cette variable fait référence à des pratiques de formation continue existant officiellement au sein de l'organisation, par opposition à des pratiques «clandestines». Ces pratiques, découlant le cas échéant de la politique de formation mais *pouvant être présentes même en l'absence d'une politique explicite,* visent intentionnellement et principalement à transmettre des compétences aux personnes visées. Ainsi, elles sont:

- décrites, même succinctement, dans le cadre des documents présentant les processus de formation et les outils (descriptif, catalogue, etc.) utilisés pour la formation;
- généralement communiquées aux catégories concernées de personnel, dans le but de les informer sur ce que l'organisation a choisi de mettre en place pour favoriser la formation continue du personnel. Le degré de

communication et la qualité réelle de celle-ci ne sont toutefois pas toujours optimaux, c'est-à-dire que l'ensemble du personnel n'a pas toujours connaissance des possibilités offertes par l'organisation. C'est notamment le cas lorsque la hiérarchie «bloque» les informations y relatives;

– soutenues, en conséquence, par l'organisation. Un bon indicateur permettant d'apprécier ces pratiques est le soutien apporté par l'organisation. En effet, ces pratiques représentent autant de ressources formationnelles *financées, en partie au moins,* par l'organisation, que le financement provienne de l'unité de formation (financement centralisé) ou des différents services (financement décentralisé). Le soutien peut également s'exprimer par le fait que le temps nécessaire à leur utilisation est en principe imputable sur le temps de travail. Ainsi, l'effort global que l'organisation consacre à ces pratiques peut-il être apprécié par différents indicateurs qui combinent les éléments suivants:
  1. pourcentage du budget de formation continue[7] (centralisée et décentralisée) par salarié;
  2. pourcentage du budget formation continue (centralisée et spécifique) par rapport à la masse salariale;
  3. nombre moyen de jours de formation continue (centralisée et spécifique) suivis par personne.

Les pratiques objectives comprennent des ressources formationnelles proposées par l'organisation et ses services, ainsi que d'autres ressources proposées par les individus, et supportées par l'organisation (typiquement: un cours proposé, ne figurant pas dans le programme a priori).

Notons que la réalisation concrète des pratiques objectives de formation ne fait pas nécessairement appel à des forces internes, puisque la soustraitance est fréquente pour la formation continue (formateurs et animateurs professionnels).

Les règles d'accès aux ressources formationnelles montrent que les actions de formation sont parfois imposées, parfois négociées, parfois libres. L'utilité des compétences acquises n'est pas forcément directement en relation avec la fonction assumée, ni même avec le service ou l'organisation au sein de laquelle la personne travaille. Dans le cas du développement personnel, le lien est même assez ténu, et nous dirons que la finalisation de la

7 Budget de formation continue incluant si possible toutes dépenses, y compris la structure interne et les personnes gérant la formation (service de formation).

formation, du point de vue de l'organisation, est faible. Lorsque les règles d'accès relèvent manifestement plus de la culture d'entreprise que du processus formalisé, nous les mentionnerons dans la variable suivante (cf. ci-dessous).

La culture formationnelle

Nous entendons ici l'attitude, les normes, les règles informelles perçues par nos interlocuteurs, au sein du service où ils travaillent, en ce qui concerne la formation continue. Cette attitude est-elle favorable ou défavorable à la formation continue, quels sont les messages véhiculés en relation avec la formation continue, quelles sont les valeurs associées à la formation continue et ainsi, l'éventuel soutien apporté aux comportements de formation continue? Nous ne nous intéressons ici guère à l'origine et au développement de cette facette de la culture d'entreprise, mais bien à ses effets au moment de notre enquête, en particulier par le relais de la hiérarchie immédiate encadrant nos interlocuteurs et incarnant ces valeurs, facteur important mis en exergue par d'autres recherches (Foucher, 2000, Finger/Rey, 1996).

2.4.2 Management des performances individuelles et collectives

Nous appelons management des performances les pratiques officielles, et donc documentées, qui permettent de fixer des objectifs et d'en suivre la réalisation, le cas échéant de prendre les mesures de régulation qui s'imposent. Dans une logique de management des performances, ces pratiques sont souvent associées à des formes de reconnaissance financières ou non financières. L'appropriation de cet outil par les acteurs rencontrés, chefs de service, cadres et collaborateurs concernés, sera investiguée lors de nos entretiens. Il se peut donc que la pratique réelle diffère sensiblement de la pratique prévue, dans un sens comme dans l'autre:

- des pratiques officielles non appliquées, en particulier si elles ne sont pas assorties de conséquences tangibles;
- des pratiques informelles existant alors même que le service n'applique officiellement aucune pratique de management des performances.

En référence aux développements théoriques exposés ci-dessus, nous distinguons dans le cadre de cette recherche:

- *Le management des performances collectives*
  Cycle de management développé au niveau du service, concrétisé par un contrat ou un mandat de prestations, assorti d'objectifs à atteindre, d'indicateurs et de tableaux de bord permettant le suivi, ainsi que de conséquences associées à l'atteinte des objectifs (incitations et/ou sanctions). Il s'agit du cycle caractéristique de la nouvelle gestion publique, en Suisse tout au moins (Emery/Giauque, 2002, Schedler/Proeller, 2000);
- *Le management des performances individuelles*
  Cycle de management orienté vers les personnes, permettant de fixer des objectifs individuels puis d'en suivre la réalisation lors d'un entretien d'évaluation, généralement annuel. De même, des incitations et/ou sanctions sont généralement liées à l'atteinte des objectifs. Il s'agit de la manifestation la plus visible de la gestion renouvelée des ressources humaines dans les organisations publiques.

Nous renonçons ainsi à distinguer davantage de niveaux dans la gestion des performances (Emery, 1997), ce qui n'aurait manqué de compliquer sensiblement notre démarche, tout en hypothéquant sérieusement la validité des traitements quantitatifs prévus.

L'existence officielle de ces deux niveaux de pilotage, collectif et individuel, sont pris comme indicateurs d'un contexte axé sur la performance. Le management des performances, collectives ou individuelles, est complet si tous ces éléments sont présents; il est partiel lorsqu'un seul niveau existe. Nous verrons qu'en pratique, un management des performances partiel correspond aux performances individuelles.

2.5 Choix des unités organisationnelles et des acteurs-cibles

2.5.1 Choix des unités organisationnelles

En fonction des unités organisationnelles susceptibles de participer à notre recherche, nous avons retenu trois domaines d'activités, intégrant la composante niveau de formation[8], qui se retrouvent typiquement dans les services publics:

- *Domaine administratif/fiscal:* l'activité est centrée sur le traitement de dossiers provenant des administrés (analyse, prise de décision, suivi). Elle représente l'une des activités les plus typiques des services publics, combinant des éléments d'autorité et d'activité de bureau[9];
- *Domaine infrastructures, entretien/ingénieurs* (formation supérieure): l'activité a une forte composante technique/technologique et consiste à étudier, mettre en œuvre ou superviser la mise en œuvre de systèmes, de technologie, de projets. Le domaine «infrastructure» représente quant à lui l'archétype de l'Etat-Providence (Finger, 2002), contribuant par ses prestations au développement et au bien-être des citoyens en fournissant des prestations de services, dans le cas présent à composante technique, et pour la catégorie suivante, à composante «production»;
- *Domaine infrastructures, entretien/CFC arts et métiers* (formation certificat professionnel): l'activité est centrée sur la réalisation, la supervision de travaux de construction ou d'entretien dans le terrain. Ce domaine occupe une portion importante d'employés publics dans toutes les administrations territoriales, des employés «visibles» dans le terrain, qui portent d'une certaine manière l'image de l'administration publique sans disposer, le plus souvent, d'un niveau de formation élevé ni d'une formation spécifique dans le domaine. Il s'agit donc d'une population particulièrement intéressante.

Le tableau 4 présente les unités organisationnelles finalement retenues dans le cadre de cette recherche (elles sont anonymisées, conformément à l'engagement pris de notre part):

8 Celle-ci étant si importante dans la «consommation» de formation, selon les enquêtes successives de l'OFS.

9 Une des origines du mot bureaucratie, initialement la table sur laquelle les robes de bure, habillant les agents publics, étaient coupées, devenant par la suite le règne des «bureaux». La bureaucratie, c'est le gouvernement par les «bureaux», c'est-à-dire par un appareil d'Etat constitué de fonctionnaires nommés et non pas élus, organisés hiérarchiquement et dépendant d'une autorité souveraine (Michel Crozier, *Encyclopedia Universalis*, 1995).

Tableau 4. Entités et unités retenues dans le cadre de cette recherche.

Unités organisation-nelles	*Domaine Administratif / fiscal*	*Domaine Infrastructures, entretien / ingénieurs*	*Domaine Infrastructures, entretien / CFC*
MP collectif et indivi-duel	*Entité 1*[10] Unité 1 (ou 1A) Responsables de taxation Formation: CFC commercial	*Entité 4* Unité 4 (ou 1 TI) Chefs de groupe Formation: ingénieur	*Entité 4* Unité 7 (ou 1 T) Chefs d'équipe Formation: CFC arts et métiers
MP individuel[11]	*Entité 2* Unité 2 (ou 2 A) Responsables de taxation Formation: CFC commercial	*Entité 5* Unité 5 (ou 2 TI) Chefs de groupe Formation: ingénieur	*Entité 5* Unité 8 (ou 2 T) Chefs d'équipe Formation: CFC arts et métiers
Pas de MP formalisé	*Entité 3* Unité 3 (ou 3 A) Responsables de taxation Formation: CFC commercial	*Entité 6* Unité 6 (ou 3 TI) Chefs de groupe Formation: ingénieur	*Entité 6* Unité 9 (ou 3 T) Chefs d'équipe Formation: CFC arts et métiers

Les entités 4 à 6 comprennent chacune deux unités d'analyse, qui se différencient par la population-cible touchée (ingénieurs, respectivement chef d'équipe CFC); elles constituent toutefois une seule étude de cas, puisque caractérisée par les mêmes variables contextuelles objectives, au sein de laquelle les différences entre populations-cibles seront le cas échéant dûment mentionnées.

10 Le terme «entité» désigne un service regroupant deux catégories d'acteurs analysés. Il ne s'agit donc pas de l'organisation plus générale dont elle fait partie.

11 Le MP partiel se révèle être, dans la pratique des services publics actuels, un management des performances individuelles. Le contraire ne paraît pas exister, ce qui signifie qu'un MP collectif est nécessairement assorti d'un MP individuel, celui-ci étant d'ailleurs fréquemment antérieur, puisque relevant de la seule logique de gestion moderne des ressources humaines, alors que le MP collectif représente la véritable spécificité de la nouvelle gestion publique.

Remarque sur le choix final des entités et services analysés

Plusieurs des organisations qui s'étaient déclaré favorables, sur le principe, à notre recherche, ont finalement renoncé à participer, invoquant diverses raisons dont le manque de temps figure en bonne place. S'il en était besoin, ce constat témoigne en tous cas d'une forme de «pression à la performance, au résultat» des organisations publiques d'une manière générale. D'autre part, les services de formation ne semblaient également pas très intéressés à une démarche touchant, nous pouvons le penser, l'un des points faibles du dispositif de «l'ingéniérie des compétences» au sens de Le Boterf (1998), par ailleurs très nettement professionnalisée depuis une dizaine d'années, à savoir la façon dont les personnes décodent et réinterprètent à leur profit le discours et les pratiques formationnelles en vigueur dans l'organisation. Comme en témoigne la (très rare) littérature sur le sujet, qui se concentre essentiellement sur des démarches normatives-prescriptives.

Dans ces conditions, nous pouvons émettre l'hypothèse que certaines unités qui ont accepté de nous accueillir, font preuve d'un intérêt particulier pour la formation continue, colorant «positivement» les constats faits dans la suite de notre travail, notamment au niveau des ressources formationnelles au plan financier ainsi qu'au niveau des temps moyens de formation des personnes rencontrées.

2.5.2 Choix des acteurs-cibles

Dans chacune des neuf unités d'analyse, nous avons voulu rencontrer six personnes, soit 54 au total (une soixantaine de personnes-cibles avec le service pilote de notre étude, destiné à affiner les outils d'analyse). Nous avons prévu une population homogène en terme de fonction et de responsabilités exercées: il s'agit de cadres de premier niveau depuis le bas de la hiérarchie ayant achevé leur formation interne obligatoire. Ce choix permet en outre de limiter l'influence trop forte, dans notre analyse, de variables individuelles fortement corrélées avec les comportements de formation, à savoir le niveau de formation de base et l'âge, cette population présentant, nous l'espérons, une bonne homogénéité à cet égard. Dans la mesure du possible, nous retiendrons des personnes cadres ayant le même niveau de formation de base, afin d'exclure la perturbation liée à cette variable. Dans le même sens, le choix des personnes interviewées inclura dans la mesure du possible la variable *genre*.

La partie consacrée au traitement quantitatif des données fournit tous les détails sur les caractéristiques des personnes finalement rencontrées. A noter que ces personnes ont pu, dans certains cas, être choisies par nos soins, mais pas toujours. Parfois, l'ensemble des personnes composant la «strate» analysée ont été interviewées, alors que dans d'autres, un réel choix a été possible. Au total, nous pensons, tout comme pour le choix des unités analysées, qu'un léger biais «positif» peut être relevé en hypothèse. Compte tenu du nombre restreint des organisations ayant accepté finalement de participer, nous avons retenu l'option de choisir deux strates de personnes, de niveaux hiérarchiques différents (1er et 2e niveau) au sein de la même entité, ce qui ne correspond pas exactement au design initial, mais nous semblait représenter un intérêt nouveau, soit la mise en perspective de perceptions propres à des catégories d'individus œuvrant dans la même entité, soumis au même contexte objectif. Des analyses seront ainsi faites dans ce sens. L'autre différence importante par rapport au design initial, que nous regrettons vivement sans avoir pu l'influencer, est la variable genre. Notre échantillon est finalement composé pratiquement que d'hommes, ce qui, au moins dans le domaine administratif/fiscal, aurait pu être théoriquement différent. Un premier paramètre négatif était lié au fait que nous recherchions des cadres, et le deuxième provenait du nombre limité d'organisations «partantes». Force est de constater que dans les services publics contactés, le nombre de femmes cadres demeurait extrêmement faible et, malgré notre demande explicite, ce critère supplémentaire n'a guère pu être pris en compte. En considérant la (grande) difficulté à obtenir l'accord définitif des organisations pour réaliser notre recherche[12], sans doute un signe des multiples changements et de la pression que doivent subir les organisations publiques actuellement, nous n'étions plus en mesure de lancer un autre appel à «terrain de recherche» sans hypothéquer sérieusement la réalisation de notre travail.

D'autres acteurs touchés par notre problématique, représentant la hiérarchie, seront choisis dans chacune des organisations retenues pour l'enquête, afin de comprendre les pratiques prônées et réelles, la culture organisation-

12 L'accord de principe, voire l'intérêt, est donné par le service du personnel/formation; mais dans les faits, celui-ci ne peut guère contraindre un service administratif – qui constitue le terrain réel de recherche – de participer à la recherche; cette décision dépend du chef de service, qui a souvent de toutes autres préoccupations.

nelle face à la formation continue. Il s'agit de prescripteurs de formation continue, les chefs de service et responsables de formation internes aux services. Nous avons finalement renoncé à rencontrer des représentants du personnel du fait que cette fonction n'est pas toujours formalisée dans les unités de service public retenues, qu'il y a une confusion fréquente entre représentants du personnel provenant des syndicats, des associations de fonctionnaires ou encore des commissions (internes) de personnel, et qu'il y a de ce fait un problème de représentativité de l'avis que nous aurions pu récolter auprès d'une personne choisie dans ce rôle.

2.6 Traitement des données

2.6.1 Traitements quantitatifs prévus

Dans une première partie, nous nous pencherons plus particulièrement sur le temps investi dans des activités de formation volontaires ou obligatoires, que ce soit des cours/séminaires ou de l'autoformation. Nous comparerons les scores aux indicateurs de formation de notre population avec les résultats d'études à plus large spectre (OFS, 1997, 2001). Le soutien apporté par l'organisation aux activités de formation continue volontaires sera également exploré. Nous détaillerons le soutien temporel; activité se déroulant partiellement ou totalement sur les heures de travail, et le soutien financier, activité financée ou organisée par l'employeur.

La seconde partie sera consacrée à la vérification du lien entre la variable «comportement actif de formation continue» et la présence ou l'absence de management des performances. Nous contrôlerons également les interactions possibles notamment avec la personnalité, le caractère qualifiant de l'organisation et le domaine d'activité, ainsi qu'avec d'autres variables individuelles ou environnementales; «pratiques objective de formation», «pression perçue à la performance», âge, niveaux d'ancienneté, niveau de formation, sexe, et domaine d'activité.

Le recueil systématique des comportements de formation doit nous permettre d'attribuer aux personnes un «score» (temps investi dans des activités de formation non-obligatoires) évaluant la caractéristique «actif» de leurs comportements de formation soit la durée des activités de formation soutenues par l'organisation non-obligatoire additionné à la durée des activités d'autoformation.

L'indicateur d'un management des performances est l'existence formelle de la mise en pratique d'outils, de procédures visant un management des performances collectives (contrat ou mandat de prestations), et/ou individuelles (système d'évaluation individuelle du travail). L'indicateur signalera trois types d'environnement, comme l'illustre le résumé méthodologique: MP -; MP +/- et MP +.

Nous rappelons l'hypothèse finalement testée: «La caractéristique active du comportement de formation est liée à la nature du management appliqué dans le service: plus le management est axé sur les performances, moins le comportement de formation continue est actif».

La perception de la pression à la performance, PPP, sera mesurée de manière subjective. Nous traiterons un score établi sur une échelle allant de 1, aucune pression perçue, à 10, pression extrême perçue.

Sous l'angle quantitatif, les pratiques objectives de formation, POF, sont évaluées au moyens d'un indicateur agrégé traduisant les dépenses effectives par personne en moyenne utilisées pour des actions de formation centralisées (POF1) et décentralisées (POF2) au sein de l'unité analysée.

Le caractère qualifiant des unités organisationnelles est évalué au moyen de notre index agrégé. Nous explorerons les liens existants entre les aspects qualifiants et les comportements de formation continue (actifs et obligatoires).

2.6.2 Traitements qualitatifs prévus

Trois niveaux d'analyse successifs sont retenus:

- Niveau individuel: détermination des profils stratégiques des acteurs rencontrés;
- Niveau collectif «unité organisationnelle analysée»: stratégie(s) collective(s) adoptée(s) au sein des services/unités analysées, intégrant les variables contextuelles et personnelles retenues;
- Niveau transversal: analyses inter-études de cas, permettant de mettre en évidence, en particulier, les tendances relatives à l'influence des pratiques de management des performances sur les comportements et stratégies face à la formation continue. Mais également, d'une manière plus

générale, les caractéristiques marquantes de ce que nous pourrions appeler le «paysage formationnel» actuel dans les services publics.

Pour le niveau d'analyse individuel

Nous voulons reconstituer les profils stratégiques des personnes-cibles en matière de formation continue, afin de comprendre la logique qui sous-tend leurs comportements de formation continue, ayant fait l'objet du relevé des actions de formation continue en 2000.

Tout d'abord, une remarque liée à l'a priori selon lequel les personnes-cibles poursuivent une stratégie en matière de formation continue: l'idée de mettre en œuvre une «stratégie en matière de formation continue» n'implique pas forcément que la personne cherche à maximiser ses activités de formation continue et à tirer le plus grand parti de ses atouts en exploitant ses marges de manœuvre. Nous aurons selon toute vraisemblance un éventail de stratégies qui, selon l'importance que la personne accorde à la formation et selon ses objectifs, iront d'une approche très passive/minimaliste jusqu'à une approche très active. Dans le même ordre d'idée, l'utilité immédiate (acquisition de compétences nouvelles) et médiate des actions de formation continue (promotion, augmentation de rémunération, développement de l'employabilité interne ou externe, autres motivations) n'est pas nécessairement en adéquation avec les objectifs de l'organisation (alignement des stratégies de FC sur le développement de l'organisation).

Les comptes-rendu d'entretien seront repris d'une part au moyen d'une grille d'analyse permettant d'aboutir à un profil-type comprenant les principales variables stratégiques pertinentes identifiées:

- Domaine de responsabilité et remplaçabilité;
- Définition et objectifs associés à la formation continue;
- Ressources formationnelles;
- Marge de manœuvre;
- Atouts/ressources;
- Contraintes/limites;
- Degré de satisfaction;
- Souhaits et projets d'avenir;
- Commentaires sur les comportements face à la formation continue

et d'autre part au moyen d'une analyse du discours général relatif à la FC, conduit sur la base d'une analyse sémantique conceptuelle simplifiée (Mucchielli, 1991) permettant de visualiser le schéma de représentations associées à ce thème pour chacun des acteurs interviewés. Le but consiste à identifier la logique d'action qui sous-tend les comportements de FC adoptés par la personne, ce qui nous aidera à commenter ses comportements en matière de formation continue (un exemple est joint en annexe 4).

Pour le niveau d'analyse de l'unité organisationnelle

Ces profils stratégiques permettront ensuite de déterminer la ou les stratégies générales face à la formation continue. A noter que nous avons défini la stratégie de FC comme une logique d'action qui sous-tend les comportements de formation identifiés auprès des acteurs interrogés. Cette logique d'action permet aux acteurs de poursuivre des objectifs concrets en matière de formation continue, en utilisant des ressources formationnelles selon la marge de manœuvre dont ils bénéficient. Cette marge de manœuvre est exploitée sur la base d'atouts et de contraintes déterminées par les acteurs et le service au sein duquel ils évoluent (voir la grille d'analyse présentée sous «étude de cas»).

Pour y parvenir, outre les profils stratégiques individuels mentionnés ci-dessus, nous résumons les *variables contextuelles* pertinentes de l'unité organisationnelle, soit: politique/règles de formation, pratiques objectives de formation continue (POF)/ressources formationnelles, caractéristiques qualifiantes de l'unité organisationnelle, culture/attitude de soutien pour la FC, pratiques de management des performances et pression perçue à la performance. Pour chacun de ces thèmes, nous synthétisons les éléments ressortant des interviews des différents acteurs-cibles, responsables de service et de formation, en soulignant les éventuelles divergences importantes de perception. Un résumé des pratiques collectives de formation continue sera établi pour chaque service/unité analysé, identifiant les principales légitimations associées à la formation continue. En effet, la dimension légitimationnelle apparaît centrale dans l'analyse stratégique des organisations (cf. ci-dessus, partie théorique), raison pour laquelle ce mode typologique paraît plus adapté qu'une présentation selon d'autres catégories actuellement utilisées.

Formations légitimées par le domaine d'activité
Pratique de formation liée au domaine d'activité ressortant à la mission du service. On parle souvent de formation «technique»

Formations légitimées par la fonction/transversales/hors du domaine d'activité
Pratique de formation liée au fonctionnement au sein du service, à l'exclusion du domaine technique (cf. ci-dessus)

Formations légitimées par l'employabilité
Pratique de formation permettant d'accroître l'employabilité du personnel (en-dehors du service, dans ou hors organisation)

Formations légitimées par des projets de l'unité
Pratique de formation liée directement à des projets mis en œuvre dans l'unité analysée (hormis formation technique)

Formations légitimées par des changements organisationnels en cours
Pratique de formation liée directement à des projets mis en œuvre dans l'organisation

Si la typologie émergente (formation formelle, non-formelle et informelle, CCE 2001) est intéressante pour des enquêtes opérant à un niveau «macro», elle n'apparaît pas suffisamment fine pour notre propos. De même, l'analyse différenciant la formation professionnelle du développement personnel (OFS, 2001) est apparue insuffisante.

Nous commenterons d'éventuels liens apparaissant entre ces types de légitimité et le management des performances.

Cette présentation est en outre assortie des rôles typiques attendus des partenaires en présence, soit:

- Rôle de l'employeur, médiatisé par la hiérarchie du service où la personne interviewée travaille;
- Rôle de la personne, selon la catégorie professionnelle et hiérarchique à laquelle elle appartient.

Nous obtenons ainsi, pour chaque étude de cas, une représentation du «système formationnel-type» en activité, appelé «résumé des pratiques collectives de formation continue», permettant une comparaison aisée inter-études de cas.

Pour le niveau d'analyse inter-études de cas

En considérant l'ensemble des études de cas réalisées, nous voulons dans un premier temps:

- mettre en exergue les tendances et particularités caractérisant chacune des variables contextuelles retenues (politique de formation continue, pratiques objectives de formation continue, culturelle formationnelle, caractéristiques qualifiantes des unités organisationnelles, management des performances, pression perçue à la performance);
- commenter quelques interactions marquantes entre les pratiques de management des performances et les autres variables contextuelles, même s'il ne s'agit pas de l'axe principal de recherche (explication de la variable dépendante), mais bien de réflexions sur des configurations particulières de variables contextuelles indépendantes émergeant de nos études de cas. Ainsi, nous discuterons les tendances éventuelles apparaissant entre pratiques de management des performances et politique de formation continue, ressources formationnelles (POF), culture formationnelle, caractéristiques qualifiantes de l'unité organisationnelle et pression à la performance.

Dans un deuxième temps, nous voulons commenter les principaux constats ressortant des résumés des pratiques collectives de formation continue, selon les types de légitimité identifiés et rôles attendus. Cette partie doit donner un aperçu caractéristique du paysage formationnel actuel des services publics; elle sera complétée par un commentaire sur d'éventuelles tendances apparaissant selon les pratiques de management des performances, avec là également, toutes les réserves d'usage étant donné qu'il ne s'agit pas de l'axe principal de recherche.

Dans un troisième temps, nous analyserons plus précisément les stratégies-types reconstituées pour les différentes unités d'analyse:

- d'une part, pour chacune des variables retenues: objectifs concrets associés à la FC, ressources formationnelles, atouts/ressources, limites contraintes, marge de manœuvre;
- en commentant une typologie des stratégies collectives reconstituées, issue de nos études de cas;
- et toujours sous l'angle particulier de l'influence des pratiques de management des performances.

Nous serons alors au cœur de l'axe principal de recherche, sous l'angle des traitements qualitatifs. Nous discuterons de l'influence émergente des pratiques de management des performances sur les comportements relevés en matière de formation continue.

Nous partons de la même hypothèse principale, à savoir que l'intensité du management des performances influence les comportements de formation continue. En fonction des différents développements qui précèdent, nous pouvons en particulier penser que:

- le management des performances (MP) induit une pression qui rend l'accès à la formation continue plus difficile;
- le MP fournit un cadre contraignant sur la base duquel l'acteur sera évalué, alors qu'il ne sera pas évalué sur ses comportements de formation continue, ce qui peut le pousser à négliger ces derniers;
- le MP au niveau collectif, pousse le service, par analogie au point précédent, à se focaliser sur ses objectifs prioritaires, reléguant la formation continue au rang de préoccupation secondaire, les ressources et le temps devant être consacrés à l'atteinte des objectifs du contrat de prestations.

2.7 Présentation des études de cas

Avant de lancer les investigations détaillées auprès des services retenus, nous avons testé l'ensemble des instruments de recueil des informations (guides d'entretiens (voir annexe 6)), relevé des actions de formation continue, questionnaire NEO-PI-R) auprès d'un office fédéral, dans la configuration-type des interventions programmées, soit: interviews enregistrées et administration des questionnaires à 6 cadres de 1er niveau, entretiens avec la direction et la personne responsable de la formation. Ceci nous a permis d'aboutir à des simplifications/clarification des questions formulées. D'autre part, nous avons réalisé une exploitation-test de l'ensemble des informations récoltées, établissant à partir des enregistrements des protocoles simplifiés d'entretiens présentant les propositions essentielles des répondants (sous la forme d'énoncés à contenu univoque ayant nécessité le cas échéant une reconstruction syntaxique et l'élimination du péri-langage), une analyse conceptuelle simplifiée permettant de visualiser le schéma de représentations associées à la formation continue pour chacun des acteurs interviewés, ainsi que deux rapports-test, soumis au groupe d'accompagnement constitué pour cette recherche: un rapport scientifique contenant toutes les informations, y compris confidentielles, destiné à l'équipe de recherche, et un rapport-résumé destiné à être remis au service analysé.

Une séance de travail a permis d'épurer et de rendre plus explicite ces rapports. Nous avons joint en annexe 5 une analyse conceptuelle anonymisée.

Les études de cas sont présentées selon le même modèle, comprenant les rubriques et les traitements suivants (voir annexe 7 pour une étude de cas «modèle»):

1. cadre et objectifs de l'étude de cas. Texte de base situant l'étude de cas parmi l'ensemble des entités et unités analysées;
2. présentation du service: éléments marquants caractérisant le service et permettant de comprendre les présentations subséquentes: mission, organisation, personnel, principes de base de fonctionnement, management des performances (éventuel), catégories d'acteurs rencontrés. Le cas échéant, exposé succinct de particularités du service susceptibles d'avoir une influence sur notre problématique;
3. recueil des données de base de l'étude de cas, selon le modèle suivant:

Acteurs	*Saisie des informations*	*Traitement brut des informations*
Personnes-cibles	X entretiens, questionnaires NEO-PI-R questionnaires sur la perception du travail actuel questionnaires sur les activités de formation en 2000	Compte-rendus résumés d'entretien Analyse sémantique conceptuelle Evaluation des NEO-PI-R Evaluation de la perception du travail actuel
Hiérarchie	X entretiens avec chef de service, dont un préparatoire	Compte-rendu d'entretien Evaluation de la perception du travail actuel Indicateurs de formation
Responsable de formation	X entretiens avec le responsable personnel et formation	Compte-rendu d'entretien Evaluation de la perception du travail actuel
«Service»	Lors des entretiens avec les responsables Site internet	Exemple: filières de formation Documents sur le management par projets (MPP)

4. Variables contextuelles au sein du service;
   Le cadre théorique de la recherche identifie un certain nombre de variables contextuelles qui influencent les comportements de formation des acteurs-cibles. Ces variables contextuelles – politique et règles formelles de formation, pratiques objectives de formation continue, culture/attitude face à la formation continue, caractéristiques qualifiantes de l'unité organisationnelle, pratiques de management des performances, pression perçue à la performance, sont présentées et commentées toujours selon la même grille, soit:
   - Tendances générales des acteurs-cibles;
   - Positions spécifiques d'acteurs-cibles, marquantes et/ou différentes de la tendance identifiée;
   - Position du chef de service;
   - Position du ou des responsables de formation.

   Chaque variable contextuelle fait ensuite l'objet d'une analyse destinée à caractériser et commenter les informations ainsi résumées.
5. Résumé des pratiques collectives générales de formation;
   Ce résumé donne une compréhension globale des domaines principaux de formation au sein de l'unité analysée en fonction de leur légitimation, sans considérer les comportements et stratégies spécifiques des personnes rencontrées, ce qui fait l'objet du paragraphe suivant (6). Le résumé présenté reflète la situation prévalant en 2000, période d'analyse; il comporte toujours les mêmes rubriques, soit:

Employeur, hiérarchie: rôles attendus	Types d'action de formation au sein du service	Personnes-cibles: rôles attendus
	Formations légitimées par le domaine d'activité	
Commentaires sur les rôles attendus	Présentation des éléments marquants	Commentaires sur les rôles attendus
	Formations légitimées par la fonction/transversales/hors du domaine d'activité	
Idem	Présentation des éléments marquants	Idem
	Formations légitimées par l'employabilité	
Idem	Présentation des éléments marquants	Idem
	Formations légitimées par des projets de l'unité	
Idem	Présentation des éléments marquants	Idem
	Formations légitimées par des changements organisationnels en cours	
Idem	Présentation des éléments marquants	Idem

6. Profils individuels et stratégies face à la formation continue;
   Dans un premier temps, les profils individuels sont présentés au moyen d'une grille d'analyse-type dont voici les rubriques essentielles, tous les points étant issus du discours de l'acteur rencontré, ventilés dans les rubriques retenues:

Acteur YX	*Explications*
Domaine de responsabilité et remplaçabilité	Précise le domaine de travail ainsi que les possibilités de se faire remplacer
Définition et objectifs associés à la formation continue	Présente les objectifs déclarés par l'acteur en matière de FC
Ressources formationnelles	Disponibles: – Mentionne les ressources générales citées par l'acteur Spécificités: – Complète par des ressources spécifiques (particulières) citées par l'acteur
Marge de manœuvre	Précise la marge de manœuvre dont dispose l'acteur pour les différents types de formation continue identifiés
Atouts/ressources	Mentionne les atouts/ressources dont dispose l'acteur pour appuyer/renforcer ses objectifs de formation continue
Contraintes/limites	Mentionne les contraintes/limites qui sont susceptibles d'empêcher l'acteur d'atteindre ses objectifs de formation continue
Degré de satisfaction	Précise le degré de satisfaction mentionné par l'acteur en relation avec la formation continue
Souhaits et projets d'avenir	Décrit les éventuels projets d'évolution mentionnés par l'acteur
Commentaires sur les comportements face à la formation continue	Ces commentaires sont destinés à rappeler et commenter de manière résumée les comportements de formation continue de l'acteur en l'an 2000 (période analysée)

Dans un deuxième temps, un tableau récapitulatif permet de faire ressortir la (ou les s'il y a plusieurs schémas-types qui se dégagent) stratégie générale face à la formation continue au sein de l'unité analysée. Ces stratégies générales sont ensuite analysées séparément et font l'objet d'une typologie commentée.

Tableau 5. Présentation résumée d'une stratégie-type par unité analysée.

Dimensions	Eléments des discours relevés	Comment.
Objectifs concrets associés à la formation continue: Recueil des objectifs des acteurs liés aux activités (ou non activité) de l'année 2000. Ne sont pas comprises les définitions de formation continue ou les objectifs liés à la formation continue en général.	Eléments marquants et récurrents des discours relevés	Les commentaires permettent de mettre en perspective les éléments du discours et/ou d'éclaircir des aspects précis
Ressources formationnelles	Citées par les acteurs – Potentiellement utilisées par les acteurs – Auxquelles les acteurs recourent effectivement Le tout différencié, lorsque cela est pertinent, en fonction des types de FC identifiés	Idem
Atouts/ressources des acteurs pour atteindre les objectifs associés à la formation continue	Nous différencions: – Les atouts liés aux personnes rencontrées – Les atouts liés aux fonctions exercées par nos interlocuteurs	Idem
Limites/contraintes dans l'atteinte des objectifs associés à la formation continue	Ces limites ou contraintes peuvent être générées par l'acteur ou non.	Idem
Marge de manœuvre	Explique le degré «d'autonomie» des acteurs face à la formation continue: choix, inscriptions, nombre, temps, domaine Le tout différencié selon les types de formation continue lorsque cela est pertinent	Idem
Stratégie(s) des acteurs: tendances communes relevées	Qualificatif global et cinq dimensions: – Finalité/utilité principale – Provenance de l'impulsion incitant à la FC – Ressources formationnelles dominantes – Orientation dans le temps – Orientation individuelle vs collective	Idem

Le tableau comprend les dimensions principales que nous avons retenues pour construire une analyse stratégique des comportements de formation continue au sein des unités. Le contenu de chacune des dimensions est formé des éléments récurrents du discours des acteurs. La dernière rubrique «stratégie(s) des acteurs» présente notre analyse/synthèse d'une ou plusieurs tendances générales mises en évidence par les différentes dimensions au sein d'une unité d'analyse donnée.
La ou les stratégie(s) représentative(s) de chaque unité est présentée par un qualificatif global et 5 dimensions particulières (cf. ci-dessus, partie théorique).
Finalement, un commentaire général permet de rendre «vivant» ce tableau récapitulatif statique.

7. Commentaires relatifs à l'influence et à l'impact des pratiques de management des performances sur les comportements formationnels;
   En relation avec l'hypothèse principale de cette recherche, ce paragraphe permet de commenter les éléments marquants de l'influence des pratiques de MP sur les comportements relevés.
8. Conclusions et recommandations;
   Une dernière partie, destinée avant tout à l'unité analysée sous la forme de feedback, présente les principales conclusions et recommandations en matière de formation continue. Les conclusions et recommandations formulées s'inspirent des constats faits lors des entretiens avec les personnes rencontrées. Il se peut que l'effet d'extrapolation qu'elles contiennent ne soit pas pertinent pour toutes les catégories de personnel.
9. Annexes.
   D'éventuelles annexes viennent en fin de chaque étude de cas. Lorsqu'elles contiennent des informations confidentielles, par respect pour l'anonymat, elles ne sont pas jointes.
   L'annexe 7 présente, à titre d'illustration «modèle», une étude de cas modèle et anonymisée.

Chapitre 3

Présentation des résultats quantitatifs

Nous avons rencontré 52 personnes-cibles, 6 par unité à l'exception de 2 unités où seules 5 personnes ont pu être interviewées. Ainsi la taille des groupes d'analyse est de 6 ou 5 individus. Sur d'aussi petits échantillons, une valeur extrême exerce une influence considérable. Cela nous a conduit, finalement, à retirer un individu au sein de deux unités pour certaines analyses (corrélations, t-test, anova). Ces deux individus ont le maximum d'heures de formation continue actives (582) respectivement obligatoires (254.5), leurs données ont été conservées dans les résultats descriptifs des variables dépendantes. Un certain nombre d'effets d'interactions entre variables n'ont pas pu être explorés, également en raison de la taille de l'échantillon.

Comme présenté dans le tableau introductif à la méthodologie (voir présentation du design de recherche), principalement 2 niveaux de formation sont représentés:

- niveau certificat professionnel (CFC commercial/arts et métiers) et;
- niveau formation supérieure (ingénieurs).

Pour le domaine d'activité infrastructures-entretien, nous avons procédé aux interviews dans une seule entité à chaque niveau de management des performances; c'est la raison pour laquelle deux niveaux hiérarchiques sont représentés. Les chefs de groupe ou cadres de 2e niveau sont le plus souvent les supérieurs hiérarchiques directs des chefs d'équipe ou cadres de 1er niveau. L'analyse descriptive de chacune de ces variables est proposée ci-dessous.

Rappelons que l'analyse des données quantitatives portera principalement sur 3 mesures révélant l'activité de formation continue des acteurs, soit:

- *Heures de formation continue obligatoires;* temps consacré par individu à des activités de formation continue imposées par son employeur;
- *Heures de formation continue actives;* comme présenté dans la méthodologie, il s'agit du temps consacré à des activités relevant de l'initiative

de l'individu, non-obligatoires. Ces activités peuvent correspondre à des cours proposés par l'organisation ou à un comportement d'autodidacte;
- *Heures de formation continue totales;* la somme des 2 mesures précédentes.

Notre intention était de croiser ces mesures avec différentes variables individuelles: âge, anciennetés (trois types), niveau hiérarchique et de formation, pression perçue à la performance et dimensions de personnalité conscience et ouverture, d'une part, ainsi qu'avec les variables environnementales suivantes: management de performance, domaine d'activité, unité d'analyse et pratiques objectives de formation, d'autre part.

Dans un premier temps, nous donnons une analyse descriptive des 3 mesures des activités de formation continue, suivra ensuite une analyse descriptive des participations aux cours/séminaires de notre population. Le nombre de participations aux cours/séminaires a été isolé afin d'élargir les possibilités de comparaisons avec les études à plus large spectre. Les comparaisons possibles avec les données des enquêtes de l'OFS sur la formation continue, publiées en 1997 et 2001, seront intégrées à ces analyses. Dans un second temps, nous présentons les analyses descriptives des variables individuelles et environnementales explorées, ainsi que les résultats des liens inférés entre ces variables et les variables dépendantes.

Remarques introductives

La difficulté de trouver des terrains de recherche et ensuite de rencontrer des personnes avec des fonctions, des niveaux de formation, et niveaux hiérarchiques comparables a quelque peu modifié certains *a priori* méthodologiques. Les modifications seront explicitées sous chaque rubrique consacrée aux différentes variables.

Les activités de formation continue relevées ont été différenciées en catégories; en l'occurrence, l'analyse de nos données nous a conduit à en définir trois. Il s'agit:

1. des cours/séminaires: ces cours sont offerts par l'organisation ou sans aucun lien avec celle-ci;
2. les conférences «tout public», les expositions, foires et visites d'organisation, d'établissements;
3. toutes autres activités d'autoformation en autodidacte; la lecture de documents, revues spécialisées, la consultation de sites sur Internet, la qualification expérientielle en informatique avec ou sans soutien et

l'enseignement assisté par ordinateur (l'utilisation d'un didacticiel a été mentionnée par une seule personne).

Dans ses analyses, mis à part les cours/séminaires, l'OFS (1997, 2001) retient comme catégories: la lecture de revues spécialisées, la participation à des colloques ou conférences, l'enseignement assisté par ordinateur ou retransmis par la radio ou la télévision, ainsi que des formations enregistrées sur cassette audio ou vidéo. La formation par des collègues sur le lieu de travail et l'apprentissage par observation du travail d'autres personnes sont intégrées uniquement dans l'enquête publiée en 2001.

Notre intérêt se portant exclusivement sur les formations à orientation professionnelle au sens large, nous n'avons pas retenu les émissions de radio ou de télévision comme média de formation. Nous n'avons pas de données directement comparables aux 2 formes d'apprentissage introduites dans la publication 2001, pour trois raisons principalement:

- nous n'avions pas connaissance lors de la construction de notre outil de recherche de l'ajout de ces 2 nouvelles méthodes de formation continue dans les enquêtes de l'OFS;
- d'autre part, notre évaluation est ciblée sur le nombre d'heures, variable difficilement mesurable pour ces formes d'apprentissage;
- et enfin, nous abordons la présence de ce type d'apprentissage en partie par notre indicateur agrégé «aspects qualifiants de l'unité organisationnelle».

Bien que nous ayons choisi la définition de l'OFS (1997) pour différencier les cours/séminaires d'autres activités de formation continue, nous n'avons pas développé le même type de calcul pour aboutir à nos résultats, la différence de taille et de nature des échantillons l'explique amplement. Dans notre étude, un cours peut être composé de plusieurs modules, de ce fait le nombre d'heures pour un cours peut aller d'une heure à plus de soixante heures. Ainsi, la distinction d'analyse entre heures consacrées à la formation continue et participation au cours apparaît d'autant plus pertinente. Notons encore que nous avons comptabilisé une journée de cours comme l'équivalent de 8 heures-leçons (6 heures pour l'OFS).

La définition donnée par l'OFS (1997)[13] apporte une certaine ambiguïté sur le caractère intentionnel de l'activité: exclut-elle les activités obligatoires ou ces dernières sont-elles considérées comme des activités soutenues?

13 L'acquisition intentionnelle de connaissances […] elle peut être générale ou professionnelle et être soutenue ou non par l'entreprise.

Dans le doute et parce que nos populations sont d'emblée différentes (représentativité des niveaux de formation (principalement 2 niveaux de formations), sexe (hommes à une exception près), domaines d'activités restreints, personnes actives uniquement), nous avons choisi de comparer les données de formation continue totale avec les résultats de l'OFS (1997, 2001) en précisant les résultats concernant les activités obligatoires et volontaires dans la mesure du possible.

Certains résultats des enquêtes de l'OFS (1997, 2001) distinguent les formations pour raisons professionnelles ou générales. Nous n'avons relevé que les formations pour raisons professionnelles, ce qui n'implique pas nécessairement qu'il existe un lien avec la fonction de la personne, l'organisation dans laquelle elle collabore ou le domaine d'activité. Il peut s'agir de formations visant le développement individuel, mais en lien avec des besoins professionnels identifiés, d'une manière assez large.

Ces différences d'appréhension de la variable formation continue et des populations de référence rendent donc la comparaison – et les interprétations qui pourraient être dégagées – limitée.

3.1 Variables dépendantes

3.1.1 Heures de formation continue totales

La moyenne des heures de formation continue investies en 2000 par notre population est de 97 heures 45 minutes. Sachant que la médiane est de 61 heures 45 minutes, nous nous rendons compte que cette moyenne est passablement influencée par les personnes ayant un investissement de longue durée ou très important, (15.5% supérieures à 161 heures, soit l'équivalent d'un mois par année[14]). Nous relevons également la dispersion importante des résultats[15]. Seules 6 personnes sur 52 (11.54%) ont indiqué ne s'être engagées dans aucune activité de formation continue sur l'année 2000.

Ci-dessous se trouvent récapitulés les résultats descriptifs principaux des variables dépendantes.

14 Cf. tableau 6: table de fréquences.

15 Cf. graphe 1: dispersion des heures de formation continue actives, obligatoires et totales.

Graphique 1. Dispersion des heures de formation continue actives, obligatoires et totales.

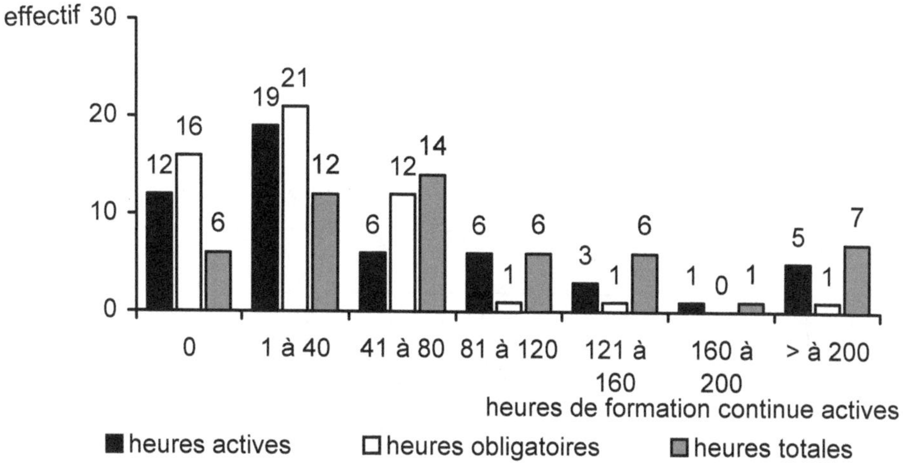

Tableau 6. Table de fréquences[16].

Heures de formation continue	Fréquences et fréquences cumulées en %					
	Actives		Obligatoires		Totales	
0	23	23.0	31	31.0	11.5	11.5
1 à 8 / 1 jour	4	27.0	6	37.0	2	13.5
9 à 16 / 2 jours	11.5	38.5	7.5	44.5	0	13.5
17 à 24 / 3 jours	7.5	46.0	7.5	52.0	7.5	21.0
25 à 32 / 4 jours	7.5	53.5	11.5	63.5	6	27.0
33 à 40 / 1 semaine	6	59.5	7.5	71.0	7.5	34.5
41 à 80 / 2 semaines	11.5	71.0	23	94.0	27	61.5
81 à 120 / 3 semaines	11.5	82.5	2	96.0	11.5	73.0
121 à 160 / 1 mois	6	88.5	2	98.0	11.5	84.5
161 à 240 / 6 semaines	7.5	96.0	0	98.0	4	88.5
> 6 semaines	4	100	2	100	11.5	100

Résultats descriptifs principaux des variables dépendantes

Précisions sur les catégories d'activités de formation continue:

- Catégorie 1: 73.28% des heures de formation continue recensées sont des cours/séminaires;
- Catégorie 2: les conférences «tout public», les expositions, foires et visites d'organisation, d'établissements concernent 2.34% des heures de formation continue;
- Catégorie 3: toutes les autres activités d'autoformation en autodidacte représentent 24.38% des heures de formation continue.

16 Arrondi à 0.5.

Nous retrouvons ces 3 catégories uniquement pour les activités de formation continue volontaires. Toutes les heures de formation continue obligatoires relevées concernent des cours et séminaires.

Graphique 2. Effectif selon la catégorie d'activité de formation

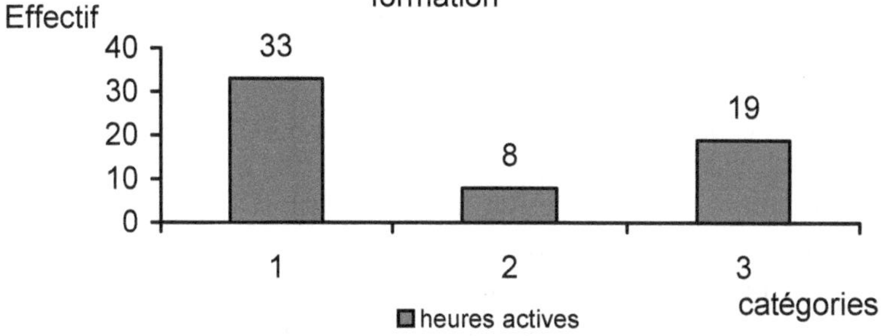

Plus de 42% de notre population ont choisi une autre forme de formation continue que les cours/séminaires. 18 personnes ont suivi des cours/séminaires et se sont également engagées dans une activité d'une autre forme, (14 par choix et par obligation, par obligation pour 3 personnes et pour 1 uniquement par choix). Seules 4 personnes se sont investies uniquement dans une activité non institutionnalisée. Ainsi 39% (18/46) des participants à des cours choisissent également d'autres méthodes de formation et il y a plus de participants de cours que de non-participants à s'investir dans une méthode non institutionnalisée.

Les données de l'OFS (1997, 2001) montrent également que les méthodes de formation continue non institutionnalisées sont plus courantes auprès des personnes qui suivent des cours qu'auprès des non-participants[17] (deux fois plus en 1996, pour 1999 l'écart s'est un peu réduit 84.5% des participants contre 52% des non-participants). Le taux de participation des hommes actifs à une autre forme de formation continue que les cours/séminaires était de 50.8% en 1996, 62.8% en 1999 (75.9% en incluant les 2 nouvelles formes d'apprentissage individuelle définies).

17 Est considéré comme participant, toute personne ayant suivi un cours/séminaire. Un non-participant a suivi aucun cours/séminaire, mais peut s'être engagé dans une autre forme de formation.

3.1.2 Heures de formation continue actives

Le nombre d'heures engagé dans des activités de formation continue actives représente 67.15% de toutes les activités de formation continue recensées. Sur 52 personnes rencontrées, *23%, n'ont déclaré aucune activité de formation continue active,* la moitié de ce groupe (6 personnes) ont par contre participé à des activités obligatoires de formation continue.

Sur les 12 personnes sans activité de formation continue actives, 10 ont un niveau de formation équivalent à la scolarité obligatoire ou à un certificat professionnel. Une personne provient du domaine d'activité infrastructures-entretien et a une formation de niveau supérieur, les 11 autres se répartissent entre le domaine d'activité administratif fiscal et le domaine infrastructures-entretien (niveau de formation certificat professionnel). Les personnes avec un niveau de formation certificat professionnel sont surreprésentées (9/33, 28%) par rapport au niveau de formation supérieure (1/15, 7%). Nous pouvons dès lors pressentir, et c'est un grand classique, une différence d'investissement dans la formation continue selon le niveau de formation.

Le nombre d'heures moyen investi dans la formation continue active est de plus de 65h30. La médiane est de 30 heures, une durée qui n'a pas été dépassée par la moitié des personnes-cibles, elle permet donc de se représenter de manière plus correcte le temps en général investi de manière volontaire. La consultation du tableau 6 et du graphique 1 mettent effectivement en évidence la grande dispersion des données. Notons pour illustrer que 17.5% des heures engagées sont supérieures à un investissement de 120 heures, soit plus de 3 semaines par année et que 36.5% de notre population a investi de manière volontaire entre 1 heure et 5 jours par an, et 40.5% ont investi davantage.

Précisions sur le soutien organisationnel

Apportons quelques précisions concernant le soutien temporel et financier apporté par l'organisation. Nous avons situé notre analyse au niveau des individus et de manière générale au niveau des heures relevées:

- Sur les 40 individus rencontrés qui se sont engagés dans au moins une activité de formation continue volontaire, 6 personnes, soit 15%, n'ont reçu aucun soutien, ni financier, ni temporel pour aucune de leur activité de formation continue volontaire;

- 55.5% des heures de formation continue actives ont été soutenues financièrement en totalité par l'organisation. Il s'agit de cours ou séminaires à 85.5%, pour 10.5% ce sont des activités en autodidacte (lecture de documents, autoformation en informatique), les visites de foires, expositions, établissements représentent 4.25%;
- 39% des heures de formation continue actives ont été réalisées pendant les heures de travail. Les cours ou séminaires représentent 78% de ces heures, 17.5% du temps est pris pour de la formation en autodidacte (lecture, autoformation en informatique), les visites de foires, expositions, organisations représentent 4.5%.

En moyenne, les 62% du temps de formation continue volontaire d'un individu ont été soutenus financièrement et environ la moitié (51.75%) de ce même temps a pu être pris sur les heures de travail.

Aucun lien statistique n'a pu être constaté entre le soutien (pourcentage d'heures de formation continue actives soutenues), qu'il soit financier ou temporel, des activités volontaires de formation continue et le nombre d'heures de formation continue actives, ni avec le rapport entre heures de formation continue actives et obligatoires. La participation au cours ne semble pas non plus influencée par le soutien de l'organisation; aucune corrélation n'a pu être mise en évidence. Comme constaté, l'engagement au sein de notre population est important. Le soutien apporté témoigne des possibilités internes offertes par l'organisation (par exemple: catalogue de cours avec invitation à s'inscrire à au moins une activité). Nous pouvons penser que sur un échantillon plus vaste et comprenant des organisations qui n'ont pas d'offres internes, les résultats auraient été différents.

Nous avons pu constater une différence en ce qui concerne le soutien temporel et le niveau de formation, les personnes du niveau certificat professionnel reçoivent en moyenne un soutien temporel supérieur (p=.042) que les personnes avec un niveau de formation supérieure. Ces derniers ont moins la possibilité de se former volontairement sur leur temps de travail, 35.82% du temps de formation continue volontaire se fait sur le temps de travail contre 59.68%, mais cette différence de soutien n'entraîne aucun effet sur l'engagement dans des activités volontaires. Ce résultat est à relativiser, dans le sens où le nombre d'heures de formation continue actives est plus grand en moyenne chez les personnes-cibles avec un niveau de formation supérieure.

Précisions selon les catégories d'activités de formation continue

Les *cours et séminaires* choisis volontairement concernent *60.2%* des heures de formation continue actives:

- 78.5% de ces heures de formation continue ont été soutenues financièrement par l'organisation, le soutien temporel représente 50.5% de ces heures;
- 63.5% des personnes-cibles ont suivi au moins 1 cours de manière volontaire;
- Sur les 68 cours choisis en 2000 par les personnes-cibles, 81% ont été soutenus totalement ou partiellement par l'organisation;
- Sur les 33 personnes ayant suivis au moins un cours de formation continue de manière facultative, 85% ont reçu un soutien financier total ou partiel, 81% ont reçu un soutien temporel total ou partiel.

Le soutien apporté par l'organisation semble être pour cette forme de formation continue davantage la règle que l'exception. Nous pouvons penser qu'une grande partie des cours mentionnés fait partie de l'offre de l'organisation, ce qui favorise certainement l'accès à un soutien. En effet, cette catégorie contient notamment les cours suivis de manière volontaire et internes à l'organisation. Au sein de toutes les unités rencontrées, un catalogue de formations internes à l'organisation était proposé aux personnes-cibles et dans la plupart des cas, elles étaient invitées à s'inscrire à au moins 1 cours de leur choix par année.

Un autre élément peut expliquer l'importance du soutien relevé: il s'agit de l'attribution par la personne-cible de la caractéristique *obligatoire*[18] ou *facultative* d'un cours/ séminaire. En effet, celle-ci n'est pas univoque pour tous les acteurs, même au sein d'une seule unité. Il se peut ainsi qu'une partie des activités volontaires bénéficiant du soutien total de l'employeur soit comprise comme obligatoire par ce dernier, justifiant de ce fait le soutien.

Une analyse de l'influence du niveau de formation est réalisée ci-dessous dans la partie consacrée au niveau de formation.

La *deuxième catégorie d'activités* (conférences, expositions, foires...) représente *3.5%* des heures de formation continue actives:

18 Nous revenons sur l'attribution de la caractéristique obligatoire en fin d'analyse dans la partie commentaires.

- 67.5% de ces heures ont été soutenues financièrement et 52% soutenues temporellement, ce soutien concerne environ 2 activités sur 3;
- 8 personnes, soit *15.5%* de la population, se sont engagées dans ce type d'activités. Les bénéficiaires de soutien ont un niveau de formation supérieure; 5 ont reçu un soutien financier et 4 ont bénéficié d'un soutien temporel pour au moins 1 activité.

Remarquons que l'engagement pour ce type d'activités est inférieur à celui relevé par l'OFS (1997, 2001), 1996 – 25.3%, 36.8% des homme actifs en 1999. La différence peut provenir de l'orientation des activités; le pourcentage annoncé par l'OFS (1997, 2001) concerne les activités à orientation professionnelle et générale, alors que les personnes-cibles ont relevé uniquement les activités à orientation professionnelle. On peut également penser à un effet lié aux domaines d'activité présélectionnés. Pour exemple, l'OFS (2001) relève que le pourcentage concernant la branche *administration publique, santé, éducation* est de 37.4% en 1996, 49.8% en 1999, par contre pour la branche *industrie construction*, le pourcentage est nettement inférieur, 15.6% en 1996 et 24.7% en 1999. Le soutien organisationnel, bien que moindre par rapport à la première catégorie, reste conséquent. Les personnes-cibles ont précisé que cette forme de formation est souvent l'unique manière d'acquérir un savoir particulier et ce fait est également reconnu par l'organisation.

La *troisième catégorie* (lecture, qualification expérientielle, didacticiel) constitue *36.3%* des heures de formation continue actives recensées:

- 15.5% de ces heures ont reçu un soutien financier et 19% un soutien temporel. Le soutien, financier ou temporel, concerne environ 1 activité sur 4;
- 19 personnes, soit *36%,* se sont engagées dans ce type de comportements de formation continue;
- 37% des personnes concernées ont reçu un soutien financier, allant de 50% à 100% des frais engendrés par l'activité et 37% également ont reçu un soutien temporel, allant de 10% à 100% du temps engagé.

Le pourcentage de la population ayant développé une activité de cette catégorie est central par rapport aux différents chiffres fournis par l'OFS (1997, 2001) détaillant les activités en autodidacte. En 1999, 51.9% des hommes actifs ont recourus aux lectures spécialisées (41.5% en 1996), 23.3% ont utilisé un didacticiel (11.9% en 1996). Concernant les 2 nouvelles formes introduites, 33.1% ont avancé des apprentissages sur le lieu de travail et

55.9% des apprentissages par observation et répétition. Contrairement à notre échantillon, ces pourcentages de l'OFS ne distinguent pas l'orientation professionnelle de l'orientation générale des activités de formation continue.

Il est possible que la méthode de récolte des données a eu une influence sur le pourcentage obtenu. Nous pouvons penser que le fait de devoir justifier le nombre d'heures a affecté à la baisse la proportion de personnes s'étant engagées dans des activités de cette catégorie. De plus, nous devons souligner les difficultés rencontrées par les personnes-cibles à appréhender cette catégorie d'activités. Pour beaucoup, elle fait partie de manière intrinsèque de leur activité et de ce fait, soit ils refusent de la nommer comme de la formation continue, soit ils estiment difficile voire impossible de comptabiliser le temps utilisé. Nous reviendrons sur ce sujet en fin d'analyse. L'entretien réalisé auprès des personnes-cibles nous amène également à supposer un probable effet de *désirabilité sociale* dans le décompte des heures de formation continue de 3e catégorie.

Le soutien accordé à cette catégorie est le plus faible. Le commentaire ci-dessus peut être rappelé pour expliquer en partie ce faible soutien; sont comptabilisées dans cette étude uniquement les activités en autodidacte que les personnes distinguent clairement de leurs activités quotidiennes. La limite se concrétise généralement par une utilisation du temps hors travail et un investissement financier personnel. D'autres commentaires peuvent être avancés, il s'agit probablement de la catégorie d'activité la plus facilement abordable de manière volontaire. Et il a été précisé à plusieurs reprises par les personnes-cibles que la pression du temps les contraignait à faire des choix dans la gestion de leur activité quotidienne, notamment à réaliser les mises à jour des connaissances sur le temps privé, bien que celles-ci fassent partie intégrante de leur fonction.

3.1.3 Heures de formation continue obligatoires

Les heures de formation continue obligatoires représentent 32.85% des activités de formation continue annoncées. 16 personnes sur 52, soit *31% n'ont participé ou n'ont dû suivre aucune activité de formation continue imposée par leur employeur.* Les individus de 2 unités, l'une du domaine administratif fiscal, l'autre du domaine infrastructures, entretien (niveau de formation certificat professionnel), sont particulièrement représentés

(10/16) dans ce groupe. Au sein de chaque unité, 5 personnes-cibles sur 6 n'ont pas participé à des activités obligatoires. Nous devons relever que ces 2 unités n'ont aucune forme de gestion des performances, ni individuelles, ni collectives. Nous pouvons également relever que les personnes avec un niveau de formation *certificat professionnel* sont ici aussi sur-représentées (11/33, 33%) par rapport aux personnes d'un niveau de formation supérieure (2/15, 13%).

En moyenne, la participation à des activités obligatoires s'élève à un peu plus de 32 heures par personne. Précisons que la médiane est de 21 heures 30 et que le maximum est de 245 heures 30.

Aucun lien n'a été trouvé entre les heures de formation continue obligatoires et les heures de formation continue actives. Nous pouvons donc penser que *l'engagement individuel dans des activités de formation continue est indépendant des heures de formation continue imposées.* Le fait d'avoir peu ou beaucoup d'heures de formation continue obligatoire semble donc n'avoir aucun impact sur l'engagement dans des activités volontaires. A la lecture de ce résultat, l'attribution de la caractéristique obligatoire, la validité et la représentativité de nos données doivent être discutées; nous renvoyons pour ce faire le lecteur à la conclusion.

Le graphique ci-dessous illustre la répartition entre les heures de formation continue actives et obligatoires, au sein de notre échantillon.

Graphique 3. Dispersion du rapport entre heures actives / obligatoires

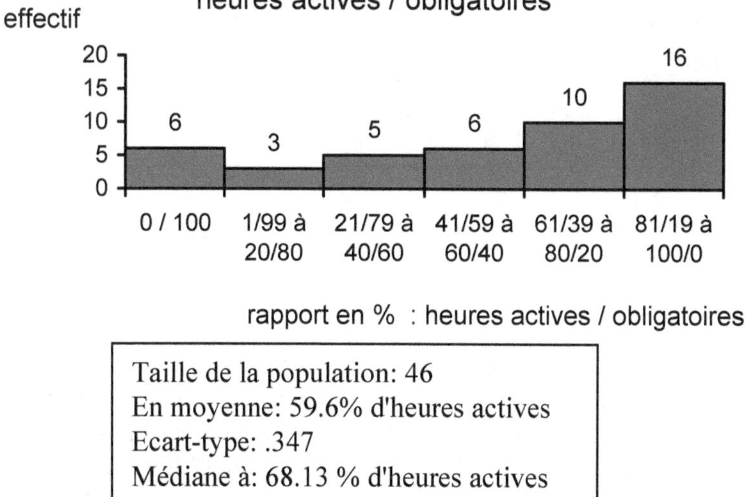

Taille de la population: 46
En moyenne: 59.6% d'heures actives
Ecart-type: .347
Médiane à: 68.13 % d'heures actives

Une majorité de personnes-cibles a investi davantage de temps dans des activités de formation continue volontaires qu'obligatoires. En moyenne 59.6% d'heures de formation continue étaient actives.

3.1.4 Participation aux cours

Nous avons choisi de revenir plus en détails sur les données concernant les cours, car une grande partie de l'analyse de l'OFS (1997, 2001) porte sur ceux-ci. En ce qui concerne la participation:

- *82.7% des personnes-cibles ont suivi au moins 1 cours*, obligatoire ou facultatif, de formation continue sur l'année 2000; 61.5% des personnes ont suivi au moins 1 cours facultatif et 69.2% ont participé à au moins 1 cours par obligation. Par comparaison, (OFS 2001) en 2000, 38.4% des hommes actifs ont participé à au moins un cours à orientation professionnelle, ce pourcentage grimpe à 54% pour les professionnels de la branche *administration publique, santé, éducation*;
- 18 personnes-cibles, soit *34.5%, ont suivi plus de 3 cours* (facultatif et/ou obligatoires). L'enquête OFS (2001) relève que 9% des participants ont fréquenté 3 cours ou plus, 20% en ont suivi 2.

Graphique 4. Participation aux cours facultatifs et/ou obligatoires

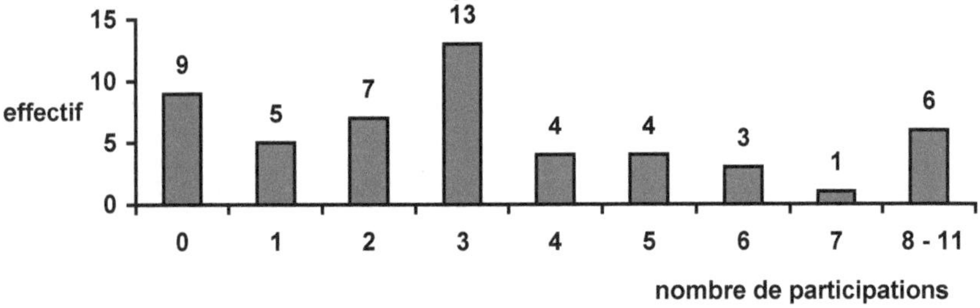

- La moyenne des heures-leçons, heures de cours obligatoires et volontaires, par participant est de 85.95 heures, médiane 55.5 heures (moyenne des heures-leçons volontaires 58.79 avec une médiane à 32 heures-leçons, moyenne des heures-leçons obligatoires 46.37 heures obligatoires, médiane 37 heures). L'OFS (2001) indique pour 1999, qu'un

homme actif occupé consacrait en moyenne 58.9 heures-leçons par année, la médiane était à 39 heures;
- Le niveau de formation semble également jouer un rôle dans la participation aux cours/ séminaires. Que ce soit pour les participations obligatoires ou volontaires, la proportion d'individus avec un certificat professionnel (niveau 2) et ne suivant aucun cours (obligatoire: 11/33, 33%, volontaire: 13/33, 39%) est plus importante que la proportion d'un niveau de formation supérieure (niveau 3: 2/15 soit 13% dans les 2 cas). L'OFS (2001) a révélé un écart d'environ 20 points dans le pourcentage de participation à des cours avec orientation professionnelle entre le niveau 2 (35.7%) et le niveau 3 (52.2%).

Le nombre moyen d'heures-leçons par participant et l'engagement dans des cours/séminaires sont plus importants au sein de notre population comparativement aux données OFS (2001). Certaines caractéristiques de notre échantillon peuvent l'expliquer: rappelons que notre population est constituée uniquement de cadres, avec un niveau de formation moyen à élevé et que tous bénéficient d'une offre de formation interne (catalogue avec invitation). De plus, comme déjà mentionné, nous pouvons accorder à certaines unités qui ont accepté de nous accueillir un intérêt particulier pour la formation continue.

Précisions sur le soutien organisationnel

- 92.3% des cours relevés ont été soutenus financièrement totalement ou partiellement par l'employeur (81.5% des cours volontaires). Les données de l'OFS (2001) indiquaient que l'employeur soutenait financièrement de manière partielle ou totale 65% des cours à orientation professionnelle en 1999 (64% en 1996);
- 91% des cours relevés ont pu être réalisés pendant le temps de travail, partiellement ou totalement (78.5% des cours volontaires). L'OFS (1997) distingue le soutien temporel total et partiel des participations: en 1996 (données indisponibles en 2001), 45% ont été réalisées pendant les heures de travail, 15% en partie pendant en partie en dehors et 36% en dehors des heures de travail;
- Plus de 80% des participants ont été soutenus par leur organisation dans le cadre d'activités volontaires. Pour 1999, l'OFS (2001) relève que 8 personnes sur 10 ont été soutenues par leur organisation.

Le soutien apporté aux cours est très élevé. Notons que les cours considérés comme obligatoires font partie de cette statistique et nous pouvons attendre le soutien de l'organisation pour ce type de cours. Concernant le soutien aux cours volontaires, rappelons le commentaire fait ci-dessus concernant le soutien aux activités volontaires. Nous pouvons penser également à un effet «service public». En effet, l'OFS (1997, 2001) a mis en évidence que les taux de participation selon le soutien étaient les plus élevés dans la branche *administration publique, santé, éducation*.

Au total, 168 cours, 98 obligatoires et 70 volontaires, ont été suivis par l'ensemble de notre échantillon. Nous avons brièvement relevé leur contenu:

- 32% concernaient le domaine d'activité des personnes-cibles (ex: droit, fiscalité pour les acteurs du domaine d'activité administration, construction, aménagement pour les personnes des domaines d'activités infrastructures-entretien), 60% étaient obligatoires, 40% volontaires;
- L'informatique concerne 27% des cours (40% obligatoires, 60% volontaires;
- Les cours pour cadres représentent le 20% des participations (91% obligatoires, 9% volontaires);
- Les 20% restants sont répartis entre des activités de développement individuel, formations liées aux changements et autres.

En comparaison avec les données OFS (2001), en 1999 sur l'ensemble des participations à des cours à orientation professionnelle, 27% des participations concernaient l'informatique, 8% des cours de cadres.

Finalement, nous avons pu constater une corrélation positive ($r=.284$ $p=.041$) entre le nombre de cours suivi par obligation et le nombre de cours suivi de manière volontaire. Une corrélation que l'on ne retrouve pas avec le nombre d'heures investies, ni entre le nombre d'heures de cours suivis de manière volontaire et le nombre d'heures de cours suivis par obligation. En résumé, nous pouvons seulement penser à un lien entre la participation aux cours obligatoires et volontaires; une personne qui suit un cours obligatoire a tendance (faible) également à participer à un cours volontaire et réciproquement.

3.2 Variables individuelles

Rappelons que nous avons considéré un certain nombre de variables individuelles pouvant influencer l'engagement des personnes-cibles dans les activités de formation continue. Il s'agit de l'âge, des anciennetés (fonction, service, organisation), du niveau de formation, du niveau hiérarchique et des dimensions *ouverture* et *conscience* de l'inventaire de personnalité NEO PI-R de Costa et McCrae.

3.2.1 L'âge

L'âge moyen de notre population est de 45,5 ans (σ=8.38, médiane: 47.00). Nous avons entrepris des analyses également selon la catégorie d'âge (20-24/ 25-34/ 35-44/ 45-54/ 55-64). La première catégorie est vide, l'effectif des autres catégories peut être consulté dans le tableau récapitulatif en annexe 3. Nous devons relever que l'âge moyen de notre population est élevé. Les classes d'âges 35-44 et 45-54 sont sur-représentées par rapport aux classes les entourant.

Les résultats de l'OFS (1997, 2001) ont montré une diminution de la consommation de formation continue à orientation professionnelle des actifs proches de la retraite (après 54 ans pour 1996, après 60 ans pour 2000) quelle que soit l'activité concernée; cours, lecture de revues, présence aux conférences/colloques ou utilisation de didacticiels. Nous n'avons pas identifié de différences significatives (one-way anova) entre les catégories d'âge et le nombre d'heures de formation continue ou le nombre de cours. Aucune corrélation entre l'âge et les heures de formation continue n'a pu être identifiée.

Les plus de 54 ans déclarent en moyenne le moins d'heures de formation continue actives (34.09 σ=66.52). Le nombre d'heures totales moyen, par contre, ne diffère pas entre les 3 catégories d'âges précitées, et la proportion de non-consommateurs (aucune heure de formation continue annoncée, obligatoire ou facultative) est équivalente entre les 3 groupes (heures de formation continue totales environ 1/9, heures de formation continue actives environ 2/9 pour les plus de 54 ans, 1/6 pour les 35-44 ans et 3/10 pour les 45-55 ans). Nous sommes dès lors assurés de ne pas être en présence d'une baisse de consommation des activités de formation continue à orientation professionnelle chez les plus de 54 ans.

Nous avons trouvé une corrélation entre le nombre de cours obligatoires et l'âge (r=.326 *p*=.018): plus une personne est âgée, plus elle annonce participer à des activités obligatoires. Nous ne retrouvons pas ce lien avec les heures de formation continue obligatoires. En observant les résultats par catégorie d'âge, nous pouvons remarquer que les plus de 54 ans ont une tendance à indiquer davantage de cours de formation continue obligatoires (*T-test:* différence significative avec la classe d'âge 35-44 ans *p*=.035), et que la classe des 45-54 ans annonce significativement (*p*=.028) plus de cours de formation continue obligatoires que la classe d'âge 35-44 ans. Nous pouvons nous demander si nous sommes en présence d'un effet d'attribution de la caractéristique obligatoire ou s'il s'agit réellement d'une augmentation de cours imposés: la question reste ouverte.

Les valeurs descriptives des heures de formation continue totales et actives des moins de 35 ans doivent être observées avec circonspection. Elles sont en effet calculées à partir de 5 données seulement, et sont fortement influencées par une valeur extrême (582 heures).

Sur un échantillon aussi réduit, il est difficile d'observer des différences quant aux méthodes de formation choisies selon les catégories d'âge. En observant malgré tout la distribution des formes expérimentées concernant les heures de formation continue actives, nous constatons que les cours représentent systématiquement la forme de prédilection, seule ou complétée par d'autres méthodes. Par contre, nous ne trouvons aucune différence sensible entre les catégories d'âges 35-44/ 45-54/ 55-64 et le choix des méthodes de formation; les cours sont choisis par ~60% des personnes de chaque classe d'âge, les conférences, colloques par ~5-10%, et les autres méthodes en autodidacte par ~33%.

3.2.2 Le niveau hiérarchique

Deux niveaux hiérarchiques sont représentés, nous parlons de cadre de 1er niveau et de cadre de 2e niveau. Nous avions pensé que seuls les chefs de groupe du domaine d'activité infrastructures-entretien devraient être considérés comme des cadres de 2e niveau. Or il n'a pas toujours été possible au sein de toutes les unités de rencontrer des personnes de niveaux hiérarchiques équivalents, y compris au sein du domaine d'activité administratif-fiscal.

Sur les 52 personnes-cibles, 34 sont des cadres de 1er niveau et 18 des cadres de 2e niveau. Seuls 2 cadres du 2e niveau proviennent du domaine administratif fiscal. Nous sommes donc en présence d'une certaine dépendance entre le niveau hiérarchique et le domaine d'activité.

Les différences de moyennes concernant les heures de formation continue entre les 2 groupes ne sont pas significatives. Nous faisons néanmoins remarquer que le nombre moyen d'heures totales de formation continue pour les cadres de 1er niveau (65.32 σ=55.76) est la moitié de celui calculé pour les cadres de 2e niveau (123.03 σ=105.46). La différence principale provient de l'investissement dans des activités de formation continue actives; cadres 1er niveau 42.39 heures (σ=54.24), cadres de 2e niveau 83.31 heures (σ=85.25).

Les différences selon le nombre de cours sont significatives (*T-test*; les cadres de 1er niveau participent en moyenne à moins de cours (2.29 σ=1.70) que les cadres de 2e niveau (5.00 σ=3.38 p=.004), qu'ils soient obligatoires (1er niveau 1.47 σ=1.5, 2e niveau 2.67 σ=2.17 p=.047) ou volontaires (1er niveau 0.82 σ=.90, 2e niveau 2.33 σ=2.00 p=.006).

Précisons que le niveau hiérarchique et le niveau de formation ne sont pas indépendants (p<.05) dans notre cas d'étude; 85% des cadres de 1er niveau ont un niveau de formation certificat professionnel et seuls 22% des cadres de 2e niveau ont un niveau de formation similaire. Nous ne pouvons donc pas attribuer les différences constatées au niveau hiérarchique, tout en sachant par de précédentes recherches que le niveau de formation est la variable influençant principalement l'engagement dans des activités de formation continue.

3.2.3 Le niveau de formation

Nous nous attendions à ce que seuls les niveaux de formation *certificat professionnel* et formation supérieure soient représentés. Nous avons néanmoins demandé aux personnes-cibles d'évaluer leur niveau de formation selon 4 degrés:

1. scolarité obligatoire;
2. certificat professionnel: apprentissage, formation professionnelle, école des métiers;

3. formation supérieure: formation professionnelle supérieure avec maîtrise, diplôme fédéral ou un titre équivalent, école technique ou professionnelle à plein temps;
4. hautes écoles: université, école polytechnique.

Notre population comporte 1 seule personne du 1er niveau et 3 du 4e niveau. Les analyses statistiques des données porteront donc principalement sur les 2 niveaux intermédiaires. Remarquons néanmoins que les 3 personnes de niveau *formation universitaire* n'ont suivi aucune formation obligatoire.

Le nombre d'heures moyen de formation continue, ainsi que le nombre de cours moyen, sont significativement différents selon les niveaux de formation *certificat professionnel* (niveau 2) et *formation supérieure* (niveau 3). Quelle que soit la modalité des variables *(T-test)*:

- heures totales: niveau 2 – 60.46 σ=50.95/niv. 3 – 147.54 σ=103.59, *p*=.009
- heures actives: niv. 2 – 38.63 σ=52.68/niv. 3 – 101.00 σ=83.68, *p*=.019
- obligatoires: niv. 2 – 21.77 σ=21.30/niv. 3 – 46.54 σ=38.33, *p*=.037
- cours total: niv. 2 – 2.39 σ=1.64/niv. 3 – 5.80 σ=3.10, *p*=.001
- volontaires: niv. 2 – 0.94 σ=0.90/niv. 3 – 2.60 σ=2.06, *p*=.008
- obligatoires: niv. 2 – 1.45 σ=1.52/niv. 3 – 3.20 σ=1.97, *p*=.002

Les personnes-cibles d'un niveau de formation supérieure investissent en moyenne davantage de temps dans des activités de formation continue actives et obligatoires et participent à davantage de cours/séminaires, que ce soit de manière volontaire ou suite à une injonction, que les personnes-cibles d'un niveau de formation certificat professionnel.

Parmi les 3 formes de formation continue actives recensées, nous trouvons une différence significative (*p*=.004) du nombre d'heures engagées selon le niveau de formation uniquement pour les cours (*T-test:* niv. 2 17.85 σ=32.00, niv. 3 52.00 σ=40.46). A nouveau, les personnes de niveau certificat professionnel engagent moins de temps dans des cours volontaires que les personnes de niveau formation supérieure. Bien que les différences de moyennes pour les activités en autodidacte et les conférences, visites, ne soient pas significatives, elles sont dans une proportion similaire (catégorie 3: niv. 2 -19.65, niv. 3 -43.36, catégorie 2: niv. 2 -1.12, niv. 3 -5.64).

En résumé, nous pouvons dire que les individus du 2e niveau de formation participent à moins de cours, passent en moyenne moins de temps en formation continue que les individus du 3e niveau de formation. Ces résultats confirment les constats habituels concernant l'influence prépondérante du niveau de formation sur la participation à des activités de formation continue.

Tout comme le montrent les enquêtes de l'OFS (1997, 2001), le niveau de formation est la variable qui semble influencer le plus fortement la participation à la formation continue. Un écart d'environ 20% de participations à des cours à orientation professionnelle a été constaté entre les niveaux de formations *certificat professionnel et formation supérieure*, en 2000 respectivement 35.7% vs 52.2% . Les différences sont également significatives en ce qui concerne le nombre d'heures-leçons moyen par participant; en 1999, 53.9 heures pour les participants d'un niveau de formation équivalent au niveau 2 (médiane 32) et 62.4 heures pour les participants de niveau équivalent au niveau 3 (médiane 40). Au sein de notre échantillon, le nombre moyen d'heures-leçons total par participant du niveau de formation 2 est de 68.51 (médiane 52.00) et de 120.93 (médiane 126.5) pour le niveau 3[19].

Les différences selon le niveau de formation ont également été relevées sur la participation aux autres formes de formation continue (OFS 2001); en 2000, 41.2% des personnes ayant un niveau de formation équivalent au niveau 2 investissaient du temps dans les lectures spécialisées, contre 72.3% pour le niveau 3 et 27.4% des personnes de niveau 2 participaient à des colloques conférences contre 55% pour le niveau 3.

Les écarts de pourcentages calculés sur notre population, bien qu'indiquant une orientation similaire, ont plus un apport informatif que vérificatif. En ce qui concerne les activités de catégorie 3 (lectures, qualification expérientielle...), 30% des personnes-cibles de niveau de formation 2 se sont engagées dans ce type d'activités, contre 47% de niveau 3. Pour la catégorie 2 (conférences, colloques, visites d'organisations...), ces activités concernent 9% des personnes de niveau 2 et 27% de niveau 3.

En conclusion, signalons que *l'investissement personnel dans des activités de formation continue et l'exigence de formation augmente avec le niveau de formation.*

19 Heures-leçons volontaires: niveau 2 – moyenne 75.86, médiane 30.00, niveau 3 – 112.54/98.00. Heures-leçons obligatoires: niveau 2 – moyenne 31.66, médiane 32.00, niveau 3 – 69.69/48.00.

3.2.4 Anciennetés de fonction, de service et d'organisation

La moyenne d'ancienneté dans la même fonction peut être considérée comme basse: 6.27 (σ=5.94, médiane 4.00); à noter que 3 unités d'analyse ont une moyenne d'ancienneté de fonction d'un an: en effet, l'année 2000 était consécutive à de grands changements entrepris dans ces 3 structures, dont une réévaluation et une redistribution des fonctions.

Nos analyses donnent une corrélation positive entre le nombre d'heures de formation continue obligatoires et l'ancienneté dans la fonction (r=.339 p=.016) et une corrélation négative entre l'ancienneté d'organisation et le nombre d'heures de formation continue actives (r=-.287 p=.045). Une ancienneté de fonction élevée s'accompagnerait d'une imposition supérieure d'heures de formation continue et l'ancienneté d'organisation serait liée à l'engagement volontaire: plus on est «ancien» moins on est actif. L'absence de lien avec le nombre de cours et les constats faits concernant l'âge nous ont conduits à supposer *un effet d'âg*e dans les corrélations observées (corrélation âge/ ancienneté organisation r=.52 p=.001, âge/ ancienneté fonction r= .423 p=.002). Effectivement, en enlevant l'effet de celui-ci, les corrélations ne sont plus significatives. Comme nous n'avons trouvé aucune corrélation entre l'âge et l'engagement dans des activités de formation continue actives, nous pensons à nouveau que l'attribution du caractère obligatoire peut avoir un effet sur le rapport trouvé entre ancienneté et heures de formation continue.

Dans le tableau récapitulatif des résultats, nous présentons les moyennes des heures de formation continue et du nombre de cours pour 5 classes d'anciennetés d'organisation, de service et de fonction. Aucune différence de moyennes n'a été observée entre ces différentes classes.

L'ancienneté au sein d'une organisation, d'un service ou d'une fonction ne semble donc pas être lié à l'engagement des individus dans des activités de formation continue.

3.2.5 Personnalité

Les personnes-cibles ont répondu aux items permettant de mesurer les facettes des dimensions ouverture et conscience du NEO PI-R de Costa et McCrae. Les scores individuels bruts aux facettes que nous avons identifiées précédemment comme susceptibles d'influencer l'engagement dans des activités de formation continue, le score individuel brut global pour chaque dimension, ont été retenus pour les analyses, ainsi que les scores individuels par niveaux sur les facettes et les deux dimensions.[20]

Le seul résultat qui peut être mentionné est une corrélation entre le nombre d'heures de formation continue actif et les scores bruts individuels à la sous-échelle «ouverture au valeurs» (r =.341 *p*=.007), une facette que nous n'avions pas isolée comme significative dans notre exploration du lien personnalité et engagement dans des activités de formation continue. L'ouverture aux valeurs témoigne de la disposition à remettre en question les valeurs sociales, politiques et religieuses. Les individus avec un score faible auront tendance à accepter l'autorité et à respecter les traditions. Ainsi une personne qui a tendance à remettre en question les valeurs enseignées et apprises aura tendance à davantage s'engager de manière active dans des activités de formation continue, qu'une personne respectant l'autorité et les traditions.

L'analyse des résultats non par scores bruts, mais par niveaux, ne donne aucun résultat pertinent. Soulignons que notre échantillon comporte uniquement 52 personnes et que 83.7% des scores se répartissent sur les 3 niveaux centraux des 5 niveaux des échelles du NEO PI-R. Néanmoins, le lien isolé entre l'ouverture aux valeurs et les heures de formation continue actives encourage à poursuivre l'exploration de l'influence de la personnalité sur les comportements de formation continue. D'autres investigations seraient nécessaires pour approfondir ces liens.

3.2.6 Pression perçue à la performance (PPP)

Nous avons utilisé les réponses de 37 personnes-cibles seulement pour procéder aux analyses. Parmi les 15 données manquantes, certains interlocuteurs n'ont pas pu ou souhaité répondre, d'autres nous ont fourni un chiffre qui se rapportait à une pression différente de celle que nous voulions appréhender. Nous rappelons qu'il s'agissait de la pression à atteindre et rendre compte d'objectifs.

La moyenne de la pression est de 6.68 sur 10 (σ=2.32), la médiane à 7.50. Dans l'ensemble, la pression ressentie est moyenne à forte. Nous

20 Chaque facette et dimension peut être mesurée par un score brut. La distribution des scores bruts a été répartie en 5 niveaux connotant la présence de la facette ou de la dimension chez un individu, de très faible à très élevé.

avons recherché les liens potentiels entre la pression perçue à la performance et les mesures de formation continue: aucune corrélation n'a été trouvée, ni avec les heures de formation continue (actives, obligatoires, totales), ni avec les cours (volontaires, obligatoires, total).

Nous avons exploré les rapports de la pression perçue à la performance avec le niveau hiérarchique, le niveau de formation, le domaine d'activité, la variable management des performances, les anciennetés, l'âge et les dimensions *ouverture* et *conscience* de l'inventaire de personnalité NEO PI-R. Nous n'avons trouvé aucune différence ou lien entre la pression perçue à la performance mesurée et les variables énumérées ci-dessus, exceptions faites de l'ancienneté de fonction ($r=.395$ $p=.015$) et de service ($r=.337$ $p=.042$). La pression perçue à la performance a tendance à être liée à l'ancienneté dans la fonction et dans le service: plus l'ancienneté est importante, plus la pression ressentie est grande. Nous précisons que le nombre de données recueillies ne nous a pas permis de vérifier de manière statistique les différences entre unités.

En résumé, notre mesure de pression perçue à la performance est indépendante de l'engagement dans des activités de formation continue. Elle n'est pas non plus liée au management de performance, comme nous l'avions supposé.

3.3 Aspects qualifiants de l'unité organisationnelle

Nous avons choisi de prendre en considération les aspects qualifiants de l'organisation comme une dimension incontournable de la formation continue au sein des organisations (cf. partie théorique). Après avoir regroupé les informations de différents auteurs consacrées à l'organisation qualifiante, nous avons extrait les 4 dimensions principales de notre questionnaire (voir annexe 2):

- leadership développeur: items 1-6-9-13-19;
- structuration qualifiante du travail: items 2-7-12-14-18;
- communication et partage du savoir-faire: items 3-8-11-15-19;
- changement, apprentissage organisationnel: items 4-5-10-16-20.

Il est évident que ces dimensions bien qu'essentielles à l'existence d'une organisation qualifiante, ne sont pas pour autant exclusives à ce type d'organisation. L'identification de dimensions exclusives, nous permettant de différencier de manière significative le degré de développement des aspects qualifiants au sein d'une unité, aurait demandé une recherche préalable.

3.3.1 Commentaires sur la reconstruction de l'échelle

Nous avions pensé établir un score regroupant les 4 dimensions. Lors de l'analyse statistique de nos résultats, nous n'avons pas retrouvé ces dimensions comme 4 facteurs distincts. Le nombre restreint de questionnaires (66) sur lesquels ces analyses ont été conduites est à prendre en considération, mais avant tout, la construction des items et des dimensions doit être mise en cause. En effet, il apparaît que les dimensions ne mesurent pas un seul et même objet, certains items sont construits sur une causalité et plusieurs propositions sont parfois intégrées. De plus, le répondant n'a pas toujours la même position, le même rapport avec l'objet à évaluer. Toutes ces distorsions ne peuvent qu'entraîner un manque d'homogénéité entre items d'une même dimension. Pour les mêmes motifs, il est difficile de signifier les facteurs identifiés grâce à l'analyse factorielle.

Pour toutes ces raisons, suite à la confrontation de l'analyse factorielle, d'une analyse sémantique des items retenus et de la fiabilité des sous-échelles, nous avons choisi de modifier quelque peu le regroupement des items en unités de sens plus restreintes. Nous pouvons regretter un manque de validation des sous-échelles, les coefficients de validité oscillant entre α=.52 et .745. Néanmoins, c'est une solution qui nous permet d'obtenir des sous-échelles qui ont davantage de sens que le regroupement selon les facteurs identifiés par l'analyse factorielle (peu pertinent considérant la taille de la population).

Quatre dimensions ont été finalement retenues pour évaluer le degré d'implantation des aspects qualifiants au sein des unités. Bien que certains facteurs issus préalablement de la littérature ont été conservés, nous avons choisi de renommer les dimensions sélectionnées, afin d'éviter toutes confusions:

- *La dynamique de développement:* les items 12,13,16, 20 (α=.745) mesure la dynamique de développement consenti par l'organisation, dans une optique d'apprentissage et d'implication des collaborateurs. Cette dimension reflète la maxime: «nous bougeons, nous apprenons», dynamique sous-tendue par une implication réflexive dans le changement organisationnel;

- *L'affectation des ressources humaines:* les items 2, 14, 18 (α=.595) évalue la capacité de l'organisation à maximiser l'utilisation de toutes les compétences de ses employés. L'intérêt se porte sur l'utilisation de pratiques de GRH par les compétences et favorisant la réalisation d'une organisation qualifiante. Elle permet une certaine approche de la souplesse et de l'adaptabilité de l'organisation, versus sa rigidité et son immuabilité;
- *La circulation des informations:* Constitué des items 3, 8, 10, 11 et 15 (α=.52). Les items 3, 8, 15 concernent les pratiques d'échanges de savoirs et d'informations, alors que les items 10 et 11 sont plus centrés sur les possibilités d'échanges de savoir et d'accès à l'information. C'est un facteur que l'on peut qualifier de «cognitif/informationnel»;
- *L'encadrement/responsabilisation:* les items 5,6,9,17,19 (α=.626) reflètent la compréhension et la perception des conditions cadres du répondant. Conditions que l'on peut imputer au leadership, à l'encadrement de l'équipe.

3.3.2 Résultats

Nous disposons d'un indicateur agrégé par unité organisationnelle, influencé, comme nous le souhaitions (cf. design de la recherche) par le *degré de concordance* des réponses obtenues par les acteurs répondant au questionnaire (personnes-cibles, chef de service, responsable de formation) et d'un score individuel. Le petit nombre de données par unités et une variance des réponses intra-unité importante ont passablement limité notre proposition méthodologique d'obtenir un score global pondéré par unité et son utilisation. Les scores obtenus sont avant tout informatifs quant aux développements des aspects que nous avons relevés.

Le score individuel nous informe non pas de l'état qualifiant de l'unité organisationnelle à laquelle appartient l'individu, mais doit nous permettre d'explorer le lien entre l'appréciation des aspects qualifiants relevés et les comportements de formation continue (nombre d'heures et de cours).

3.3.3 Scores agrégés par unité et pondérés selon la concordance

Pour chaque unité, nous disposons donc d'un score par dimensions présentées précédemment et d'un score moyen. La liste exhaustive des scores peut être consultée dans le tableau de l'annexe 3. Nous devons souligner que la formule[21] de calcul choisie influence fortement le résultat: ainsi plus le score est bas, plus il faut considérer que la concordance était faible:

- *La dynamique de développement:* les scores varient de 1.93 à 3.29. Pour l'ensemble des unités, nous pouvons considérer que l'implication et l'apprentissage dans le changement sont perçus comme peu voire moyennement présents (moyenne 2.82 σ=.36). Sans pondération et retenant uniquement les données des personnes-cibles, les scores moyens des unités se répartissent entre 2.71 (σ=.843) et 4.375 (σ=.627);
- *L'affectation des ressources humaines:* les scores s'étendent de 0.81 à 1.57. L'utilisation de pratiques de GRH par les compétences semble peu voire pas présente au sein des 9 unités analysées. C'est la dimension obtenant en moyenne les scores les plus bas (1.25 σ=.28). Les scores moyens des unités sans pondération varient de 1.33 (σ=.47) à 3.2 (σ=.90);
- *La circulation des informations:* Les scores varient de 1.97 à 2.85. Les pratiques et les possibilités d'échanges de savoirs et d'informations sont évaluées comme peu à moyennement présentes au sein des 9 unités (moyenne 2.49 σ=.31). Les scores moyens des unités, sans pondération se répartissent entre 2.72 (σ=.50) et 3.72 (σ=.52);
- *L'encadrement/responsabilisation:* les scores agrégés s'étendent de 2.65 à 3.6. Les conditions favorisant une organisation qualifiante pouvant être imputée à l'encadrement représentent la dimension obtenant en moyenne le plus haut score (3.00 σ=.30); elles sont évaluées comme moyennement présentes à assez présentes au sein des 9 unités. Sans pondération, le score moyen est de 3.765 (σ=.669);
- *Score agrégé et pondéré par unité:* la moyenne des 4 dimensions varie de 1.95 à 2.66 (moyenne 2.4 σ=.20). L'analyse des corrélations[22] entre les heures de formation continue et le score agrégé permet de supposer une tendance entre les aspects qualifiants mesurés et l'engagement dans des activités de formation continue (heures totales r=.292 p=.01), en

21 $\xi = 1/n \, \Sigma \, (1- \sigma^2/\Sigma\sigma_i) \, \xi_{i:}$ i=1 ->n, n= nombre de répondants de l'unité, ξ est la moyenne pondérée de l'item pour l'unité.

22 Kendall: sur les rangs et avec correction pour *ex aequo*.

particulier obligatoires (r=.340 p=.01, volontaires: r=.210 p=.05)[23]. Ces résultats sont à considérer avec prudence; les coefficients de corrélation sont calculés sur un petit nombre de données, la variation intra-unités est importante alors que la variation inter-unité obtenue par le score pondéré est faible.

Les écarts entre unités, que ce soit pour le score agrégé ou les 4 dimensions, sont faibles. Le choix d'introduire une pondération selon la concordance a lissé passablement les moyennes obtenues pour les différentes unités.

3.3.4 Scores individuels

Nous avons choisi d'explorer le lien potentiel entre l'appréhension des aspects qualifiants relevés et les comportements de formation continue au niveau individuel. Aucun résultat pertinent n'est à signaler pour les dimensions 1. Ci-dessous, nous présentons des constats pour les dimensions 2, 3 et 4:

- *L'affectation des ressources humaines:* Les scores se différencient selon le domaine d'activité, les collaborateurs du domaine «administratif/financier» ont un score inférieur (1.902) aux collaborateurs du domaine «technique», qu'ils soient de formation supérieure (2.451 p=.04) ou du niveau certificat professionnel (2.706 p=.012);
- *La circulation des informations:* Nous avons pu constater une différence selon la présence ou l'absence d'un management de performances, les unités sans aucune forme de management de performances ont un score moyen inférieur (MP-: 2.775) aux unités ayant un management de performances individuel et/ou collectif (MP+/-: 3.49 p=.001). Le nombre de cours obligatoires et total corrèle avec cette dimension (r_{obg}=.312/ r_{tot}=.300 p=.05): plus le nombre de participations d'une personne-cible à des cours de formation continue obligatoires est important, plus elle a tendance à évaluer de manière élevée la circulation des informations, les possibilités d'échanges de savoir et d'accès à l'information;

23 Nous trouvons des corrélations positivement significatives avec le nombre de cours quelque soit la modalité (volontaires r=.442 p=.01, obligatoires r=.625 p=.01, total r=.691 p=.01).

- *L'encadrement/responsabilisation:* une différence selon le niveau hiérarchique a pu être observée; les cadres de 1er niveau (3.6 σ=.68) ont un score moyen inférieur au score des cadres de 2e niveau (4.07 σ=.55 p=.011). Les conditions cadres favorisant les aspects qualifiants imputables à la hiérarchie sont davantage relevées en moyenne par les cadres de 2e niveau;
- *Score moyen individuel:* l'âge corrèle avec le score individuel moyen (r=.366 p=.01), plus une personne-cible est âgée plus elle a tendance (faible) à évaluer de manière élevée les aspects qualifiants. Aucune différence de moyenne entre unités n'a pu être mise en évidence.

Nous n'avons constaté aucune corrélation entre les scores individuels par dimensions ou global et les heures de formation continue. Il n'y a donc pas de lien entre l'appréciation individuelle des aspects qualifiants de l'unité et l'engagement dans des activités de formation continue.

3.3.5 Commentaires et conclusion

Nous n'avons constaté qu'un lien faible entre le score agrégé et pondéré par unité et les comportements de formation continue et aucun lien entre l'appréciation individuelle des aspects qualifiants et les comportements de formation continue. Il se peut que ces variables relevant de la gestion du savoir soient indépendantes l'une de l'autre, néanmoins notre démarche visant la construction de notre instrument de mesure et celle-ci ont certainement un poids considérable dans les résultats obtenus.

La difficulté de différencier les groupes de population selon notre instrument a plusieurs origines:

- le manque de pertinence de validité des sous-échelles; dispersion et ambiguïté de sens;
- la taille restreinte des groupes;
- le manque de spécificité des dimensions choisies; des caractéristiques plus ou moins présentes de fait dans toutes organisation, bien que la littérature ait insisté sur ces points. Un calibrage de l'outil, par une analyse de validité concurrente, aurait été intéressante, et bien entendu indispensable s'il s'était agi de notre variable principale;
- le mode de construction de l'index: les aspects qualifiants de l'organisation ne pouvant être appréciés que si les 4 dimensions sont présentes;

– la grande variabilité intra-unité.

Demander d'évaluer non pas une pratique mais sa formalisation, ou de commenter son organisation, nous aurait permis sans doute de mieux cibler les évaluations et de ce fait, de différencier de manière plus adéquate les unités. Des questions ouvertes auraient permis d'apporter davantage d'informations centrées sur l'appréhension construite de l'organisation qualifiante.

Notre questionnaire intègre la double perspective des conditions et des conséquences. Certains items sont liés à la responsabilité individuelle, aux pratiques individuelles, alors que d'autres se rapportent aux conditions cadres organisationnelles. Il est donc nécessaire, pour poursuivre sur cette voie qui se révèle fort prometteuse, d'identifier d'une part sur le terrain les conditions organisationnelles indispensables et d'autre part, les conséquences spécifiques au niveau des individus.

3.4 Variables environnementales

3.4.1 Domaine d'activités et niveau de formation

Deux domaines d'activités ont été choisis pour réaliser notre étude. Le domaine administratif est représenté par 3 unités de l'administration fiscale, les collaborateurs rencontrés ont en général un certificat professionnel. Les unités du domaine infrastructures-entretien sont scindées en 2 groupes, l'un est constitué de chefs de groupe (cadres de 2e niveau, généralement de formation supérieure, ingénieurs) et l'autre de chefs d'équipe (cadres de 1er niveau, généralement dotés d'un certificat professionnel). Nous avons recherché les différences entre ces 3 groupes; (1) administration fiscale, infrastructures, entretiens: chefs de groupe (2), chefs d'équipe (3), au niveau de leur engagement dans des activités de formation continue mesuré par les heures investies et le nombre de participation à des cours/séminaires.

Que ce soit pour la formation continue obligatoire, active ou totale, le groupe formé d'ingénieurs (groupe 2) a systématiquement un nombre d'heures consacré aux activités de formation continue, ainsi qu'un nombre de participations au cours, plus élevés que les 2 autres groupes:

– heures totales: la différence de moyenne est significative entre le groupe 2 et les groupes 1 et 3. Le groupe 2 passe plus de temps en formation continue que les groupes 1 et 3. *T-test*: gr. 2 – 136.63 σ=100.50/gr. 1 – 64.28 σ=67.24/gr. 3 – 57.81 σ=41.23, $p<.05$

- heures actives: la différence est significative entre les 2 groupes issus du domaine infrastructures-entretien. Le groupe 2 investit plus de temps que le groupe 3. *T-test:* gr. 2 – 92.87 σ=83.52/gr. 3 – 30.72 σ=42.24, $p=.017$
- heures obligatoires: le groupe représentant l'administration fiscale (gr1) a un nombre d'heures moyen de formation continue obligatoire significativement inférieur du groupe formé d'ingénieurs (gr2). *T-test:* gr1-16.61 σ=18.14/gr2 – 43.77 σ=38.68, $p=.007$
- cours *total*: le groupe 2 a un nombre moyen de participations plus élevé que le groupe 1 et 3. *T-test:* gr2-gr1 $p=.001$/gr2-gr3 $p=.003$
- cours volontaires: les individus du groupe 2 participent en moyenne à plus de cours volontairement que les individus du groupe 1 et 3. *T-test:* gr2-gr1 $p=.004$/gr2-gr3 $p=.005$
- cours obligatoires: La participation à davantage de cours a été en moyenne exigée auprès des individus du groupe 2 qu'auprès des individus des groupes 1 et 3. *T-test:* gr2-gr1 $p=.011$/gr2-gr3 $p=.045$

Les individus issus du domaine infrastructures-entretien de formation supérieure s'engagent en moyenne davantage dans des activités de formation continue que les individus du domaine administratif fiscal et du domaine infrastructures-entretien avec une formation certificat professionnel. Par contre, aucune différence significative n'apparaît entre les deux derniers groupes. Les personnes-cibles de ces deux groupes ont un engagement dans la formation continue similaire.

L'absence de différences significatives entre le groupe 1 et le groupe 3, de domaines d'activités différents, mais de niveau de formation équivalent, et la consommation de formation continue systématiquement dominante du groupe 2, de formation supérieure, nous permettent de penser que le niveau de formation a davantage d'influence sur l'engagement dans des activités de formation continue que le domaine d'activité. Cette conclusion se rapporte avant tout à notre étude. En effet, nous rappelons que dans le cadre de celle-ci, ces 2 variables sont dépendantes.

3.4.2 Unités d'analyse

En croisant les 3 groupes issus des domaines d'activités décrits ci-dessus et les 3 niveaux de management de performance, nous nous sommes «rendus» auprès de 9 services d'analyse. La moyenne d'heures de formation continue, quelle que soit la modalité, varie grandement entre les services, pour les formations actives, la différence entre 2 services peut être d'un facteur 5 (de 16.54 σ=23.24 à 117.40 σ=79.43), pour les activités obligatoires d'un facteur 8 (1.33 σ=3.26 à 88.60 σ=28.35), heures totales d'un facteur 5 (de 38.67 σ=60.38 à 206.00 σ=90.67).

Le nombre d'interlocuteurs au sein de chaque service étant seulement de 6, voire de 5, et la variation intra-service pouvant être importante, les différences entre services ne sont pas significatives, à une exception près. Le service 4 représentant le croisement domaine d'activité infrastructures-entretiens/ niveau de formation supérieur et management de performance collectif et individuel (MP+) a un nombre d'heures moyen de formation continue obligatoires supérieur aux autres services (*Anova:* p=.05), à l'exception du service faisant partie du même service et regroupant les individus de niveau de formation certificat professionnel.

La variation intra et inter-services du nombre de cours est également conséquente. Le service 4, citée ci-dessus, se différencie significativement de plusieurs autres services sur chacune des modalités relevant de la participation à des cours (*Anova:* volontaires – services 1 et 7, obligatoires: 3 et 9, totales – 1,2,3,5,7,9 $p<.05$).

La différence importante des données du service 4 a probablement une influence considérable sur d'autres variables. Pensons au niveau de formation: ces données représentent 1/3 des données de la modalité niveau 3 de formation, de même pour le niveau hiérarchique ou le groupe 2 de la variable domaine d'activité.

En résumé, l'importante variation intra-service des résultats conjuguée au petit nombre de données ne nous permettent pas de différencier les services selon le nombre moyen d'heures de formation continue investies ou le nombre moyen de participations réalisées.

3.4.3 Organisation

Certains des 9 services d'analyse font partie de la même organisation; canton, ville, entreprise publique[24]. Nous avons exploré les différences qui pouvaient survenir entre organisations au niveau de l'engagement dans des activités de formation continue.

Nous observons des écarts principalement au niveau des heures de formation continue obligatoires, mais encore une fois, la taille de l'échantillon et les écarts types ne nous permettent pas d'interpréter plus en avant ces résultats. Nous signalons les différences significatives au niveau des heures de formation continue obligatoires; le canton 1 (*Anova:* nombre d'heures moyen de formation continue obligatoire 51.85 σ=33.46, p=.05) se différencie du canton 2 (6.67 σ=16.33) et de la ville (7.25 σ=10.49). Les individus du canton 1 ont en moyenne un nombre d'heures de formation continue obligatoire supérieur au canton 2 et à la ville.

Au niveau du nombre de cours, nous pouvons mettre en évidence des différences significatives entre le canton 2 et les cantons 1, 3 et l'entreprise publique en ce qui concerne le nombre de cours total, plus particulièrement le nombre de cours obligatoires. Les personnes-cibles issues du canton 2 ont un nombre moyen de cours obligatoires et total inférieur aux personnes-cibles issues du canton 1 (*T-test:* cours obligatoires p=.001, cours total p=.01), du canton 3 (*T-test:* c.obg p=.014, c.tot p=.05), de l'entreprise publique (*T-test:* c.obg p=.004, p=.009).

Les résultats sont à considérer avec beaucoup de précautions, en effet, le nombre de personnes-cibles représentant chaque organisation varie de 6 à 18 et elles ne sont pas représentatives de la diversité des métiers et fonctions d'une organisation.

3.4.4 Pratiques objectives de formation continue (POF)

Les chiffres que nous avons pu obtenir sont très approximatifs et varient dans leur contenu même. Leur apport principal est informatif, l'utilisation comme variable statistique est peu fiable. D'autant plus que nous ne possédons pas les chiffres centrés uniquement sur les unités et que le type et le nombre de données sur la formation continue ne sont pas représentatifs du

24 Cf. tableau récapitulatif des unités sélectionnées, présentation du design.

niveau central de l'organisation. Nous avons retenu malgré tout 2 chiffres par organisation: il s'agit du budget /dépenses effectives de formation continue centralisé et spécifique (au service) par salarié (POF1) et du budget/ dépenses effectives de formation continue centralisé par salarié (POF2). La variable POF1 varie du simple au quadruple de 330.– à 1221.– et POF2 de 72.– à 845.–. La liste exhaustive des données et les commentaires s'y rapportant se trouvent dans le tableau récapitulatif en annexe 3.

L'analyse des corrélations (Kendall) entre POF1 et les heures de formation continue engagées par les individus met en évidence un lien probable entre les heures de formation continue totales (r=.221 *p*=.05) et obligatoires (r=.296 *p*=.01). Mais aucun lien avec le nombre d'heures de formation continue actives. Nous trouvons une corrélation négative entre POF 2 et le nombre d'heures obligatoires (r=-.327 *p*=.01). En ce qui concerne les cours, les 3 modalités corrèlent avec POF1 (cours volontaires r=.264 *p*=.05, cours obligatoires r=.264 *p*=.05, cours total r=.320 *p*=.01). Aucune corrélation n'apparaît entre POF2 et le nombre de cours.

Ainsi, l'engagement dans des activités de formation continue, plus particulièrement obligatoires, est lié au budget/dépenses de formation continue spécifique. Nous pouvons penser que le budget/dépenses effectives centralisées n'a pas d'influence sur la consommation de formation continue au sein des unités. Ces résultats sont à considérer avec prudence; les coefficients de corrélation sont faibles et nous pouvons douter de la représentativité des unités, et davantage encore de celle des personnes-cibles rencontrées.

3.4.5 Management de performances

Nous rappelons que nous avons différencié les unités d'analyse selon 3 types de gestion; une absence de management de performances (MP-), la présence de management de performance au niveau individuel (MP+/-) et la présence d'un management de performances collectives et individuelles, ou management des performances «complet» (MP+).

Nous avons pu constater un effet du type de management de performance sur le nombre d'heures de formation continue obligatoires moyen. Un individu collaborant dans une structure MP + est engagé dans un nombre supérieur d'heures de formation continue obligatoires qu'un individu collaborant au sein d'une structure MP- ou MP+/- (*1way-Anova*: MP+

51.38 $\sigma=34.21$/MP- 7.03 $\sigma=12.44$/MP+/- 25.23 $\sigma=18.73$ $p=.001$). Bien qu'importante, la différence entre les unités d'analyse MP+/- et MP- n'est pas significative. Nous devons relever que les effets du niveau de formation et du type de management de performances se cumulent pour les individus issus d'unités sous MP+ ou MP- *(2way-Anova)*. Le nombre d'heures de formation continue obligatoire ne varie pas, ou a tendance à diminuer, selon le niveau de formation (formation supérieure < certificat professionnel) chez les personnes-cibles sous MP+/-.

Au niveau de la participation au cours, nous avons également trouvé un effet du type de management de performances sur la participation obligatoire et totale. Nous constatons des différences significatives du nombre moyen de participations entre les modalités MP+ et MP-. Un individu d'une unité sous MP+ participe à davantage de cours qu'un individu d'une unité sous MP- (*T-test:* MP+ 4.44 $\sigma=3.07$/MP- 1.76 $\sigma=2.33$, $p=.007$), son engagement est supérieur en particulier sur les cours obligatoires (*T-test:* MP+ 2.83 $\sigma=1.85$/MP- 0.82 $\sigma=1.55$, $p=.001$). Nous remarquons également au niveau du nombre de cours obligatoires et total que l'effet du MP et celui du niveau de formation se cumulent chez les personnes-cibles issues des unités sous MP+ et MP-, alors que le nombre de cours obligatoires et total des personnes-cibles sous MP+/- ne varie pas selon le niveau de formation ou aurait même tendance à diminuer (niv3<niv.2, *2way-Anova*).

En résumé, nous *constatons que le management de performance n'est pas lié à l'engagement dans des activités de formation continue volontaires. Nous remarquons un lien uniquement avec l'imposition de formation continue.* Un management de performances collectives et individuelles s'accompagne d'un nombre d'heures et de participations à des activités obligatoires plus important que dans le cas d'unités sans aucune forme de gestion de performance.

Nous avons signalé précédemment que l'année 2000 était consécutive à une réévaluation et redistribution de fonctions pour 3 unités. La moyenne d'ancienneté de fonction de ces individus est généralement de 1 an. Nous pouvons penser que ces changements ont pu influencer les comportements de formation continue, en augmentant l'accès ou en imposant certaines activités, par exemple. Après vérifications statistiques, nous n'avons trouvé aucune différence entre les moyennes des heures de formation continue et du nombre de cours, quelles que soient les modalités, de ces 3 unités avec les 6 autres unités de notre étude.

3.5 Refus

Cinq personnes sur 52 ont annoncé un ou plusieurs refus de la part de la hiérarchie pour une participation dans une activité de formation continue. Les personnes concernées sont dispersées sur 4 unités. Ces personnes ont participé à au moins une activité de formation continue durant l'année 2000, 1 personne a suivi uniquement une formation obligatoire et 1 autre a participé uniquement à des activités volontaires. Il n'y a pas de similarité de contenu entre les cours refusés. Nous n'avons relevé aucun facteurs communs sensibles entre ces personnes.

3.6 Commentaires

Peu de résultats concluant ont été relevés. Un certain nombre d'éléments dont la représentativité et la validité de nos données, doivent être discutés. En choisissant de s'ouvrir à une définition large de la formation continue, nous avons été confrontés à un certain nombre de difficultés lors du recueil de données et de l'analyse. Nous avons souhaité ne pas réduire la formation continue à des activités structurées. Le temps consacré à la lecture de documents, l'apprentissage en autodidacte des outils informatiques (avec ou sans didacticiels), l'information collectée sur Internet, la visite d'expositions et la présence à des conférences devaient être intégrés à condition que la finalité première de ce temps engagé fut la formation continue. Dans certains cas, il n'y a que peu de différentiation entre l'activité quotidienne de la personne et la formation continue, le métier ou la fonction ayant une valeur formationnelle intrinsèque. Pensons à la réalisation de projets nouveaux et évolutifs, où l'aspect formationnel est extrêmement présent au quotidien.

Le critère de finalité première nous a contraint également à ne pas intégrer certaines activités bien que notées au premier abord comme telles par les personnes rencontrées. Il s'agit d'activités, de démarches qui sont considérées comme d'un grand apport formationnel, parfois *a posteriori*, comme prendre un rôle de formateur, les réunions d'associations professionnelles, la participation à une conférence en tant que conférencier, etc. Dans ce type de situation, la finalité première de l'activité n'est pas la formation continue, mais celle-ci construit malgré tout la formation continue de la personne. Et ce de deux manières: d'une part la construction de l'exposé demande des démarches d'informations, de construction de savoir et d'autre part l'écoute, les échanges avec les autres intervenants permet également d'enrichir ses connaissances.

Avoir rencontré les personnes-cibles courant 2001 n'a pas facilité le relevé des activités de formation continue, plus particulièrement en ce qui concerne les formes d'autoformation. Il n'a pas toujours été possible pour les personnes de se souvenir du temps investi en 2000 dans des lectures ou à l'audition de conférences, par exemple.

Nous restons persuadés que la culture formationnelle de l'unité, son historicité ont une influence considérable sur le type de comportements de formation continue développé, plus particulièrement en ce qui concerne le savoir et le savoir-faire lié au domaine d'activité. Certaines unités auront tendance à favoriser, encourager le développement de savoir de manière informelle sur le temps de travail, contribuant à ce qu'une partie de l'activité de formation continue fasse partie intégrante de l'activité quotidienne. Ces heures de formation continue ne se retrouvent pas dans nos relevés; pour plus de détail, voir l'analyse qualitative.

De surcroît, nous avons pu constater que deux personnes pouvaient évaluer de manière très différente le temps consacré à une même activité de formation continue. Nous avions précisé que ce temps devait comprendre le temps de préparation, mais pas le temps de déplacement. Nous attribuons donc ces différences à l'investissement personnel anticipant l'activité ou y faisant suite. Sur une population aussi petite, l'impact de ce type de variation est considérable.

Nous tenons à revenir sur la caractéristique *obligatoire* de la formation continue. Rares sont les organisations différenciant très clairement les activités obligatoires de celles qui ne le sont pas de manière formelle, par exemple par le biais d'une convocation. L'attribution de la caractéristique obligatoire est le plus souvent laissée au jugement de chacun. Ainsi, dans le cadre de notre étude, le caractère obligatoire ou volontaire d'une formation a été évalué par les acteurs eux-mêmes. Dès lors, l'attribution du caractère obligatoire ne revêt pas une définition univoque même au sein d'une unité; une activité peut être considérée obligatoire par un acteur et ne pas l'être par son collègue, même si le processus de choix et d'inscription a été similaire. Nous avons choisi d'intégrer cette variation d'attribution par l'individu, plutôt que de développer un système différenciant strictement les 2 types d'activités. Les organisations n'ayant pas de systèmes formalisés les différenciant, il aurait été tout autant arbitraire que nous choisissions nous-mêmes les éléments les spécifiant.

L'attribution du caractère obligatoire ou volontaire peut être influencée par différents aspects. Elle peut être liée au parcours professionnel de chacun, par exemple une activité est perçue obligatoire par une personne suite à sa nomination à une responsabilité nouvelle, ce qui n'est pas le cas de ses collègues. Ils la considéreront alors comme un complément. L'évaluation des conséquences d'une non-participation peut guider l'attribution, et dans ce cas aussi, cette évaluation est totalement personnelle, 2 collègues pourront aboutir à des conclusions forts différentes. La relation avec la hiérarchie peut avoir une influence. Chacun peut interpréter de manière différente une proposition de la hiérarchie, comme une obligation ou comme une invitation. La marge de manœuvre de chaque acteur doit alors jouer un rôle important. Ces différents constats tendent à indiquer que la distinction obligatoire/ volontaire souhaitée informe davantage des perceptions individuelles que de faits organisationnels.

Notre proposition d'évaluer le soutien de l'organisation aux activités de formation continue manquait de précision dans la consigne. Une activité de formation continue relevant d'un cadre officiel et programmé peut être financée par l'organisation à 100% de prime à bord, des frais contigus non compris peuvent toujours être identifiés (marge avec repas pris hors du domicile, fournitures). Nous pouvons penser que la majorité des personnes n'ont pas tenu compte de ces frais annexes, le soutien annoncé variant entre deux pourcentages, principalement 50% et 100%, seules 4 personnes ont annoncé des soutiens financiers variant entre 70% et 90%, voulant de ce fait intégrer leur apport en dehors des coûts fixes de l'activité.

De même, en ce qui concerne le soutien en temps, l'organisation peut offrir le temps nécessaire pour suivre l'activité de formation continue en tant que telle, le cours, le séminaire, mais pas nécessairement le temps pour la préparation de l'activité ou le déplacement. L'analyse des pourcentages de soutien aux activités est donc à interpréter avec précaution.

3.7 Conclusion

Les variations importantes constatées sur un échantillon aussi restreint rendent difficile toute interprétation des résultats. En effet, les valeurs extrêmes ont un poids considérable sur certains groupes formés pour l'analyse, d'autant plus que ces groupes sont de tailles limitées. Malgré tout, nous pouvons conclure que le niveau de formation est la variable qui influence le plus l'engagement des individus dans les activités de formation continue, que celles-ci soient volontaires ou obligatoires. Nous avons trouvé une seule influence spécifique aux activités volontaires (actives): il s'agit d'une corrélation avec la facette de personnalité *ouverture aux valeurs*: les personnes disposées à remettre en question les valeurs sociales, politiques et religieuses auraient tendance à s'engager de manière active dans des activités de formation continue.

Nous avons pu constater une influence probable de la gestion des performances sur les activités de formation continue obligatoires. Une gestion des performances collectives et individuelles semble s'accompagner d'un nombre d'heures et de cours de formation continue obligatoires supérieur aux unités ne possédant aucune gestion des performances. Le nombre d'heures supérieur consacré aux activités obligatoires ne semble pas avoir d'influence sur l'engagement dans des activités volontaires. Nous pouvons penser que la différence constatée peut trouver son origine dans l'attribution du caractère *obligatoire*. Dans les unités sous MP+, les formations sont généralement discutées voire négociées avec le supérieur hiérarchique. Cette démarche peut entraîner une augmentation des activités de formation continue par une identification plus systématique des besoins, mais également une attribution plus importante de l'impulsion à l'employeur, représenté par le supérieur hiérarchique. L'absence de différences au niveau des heures de formation continue totales, et la différence significative du nombre de cours obligatoires et total, par contre, nous laissent penser à une conjugaison des deux effets.

Nous nous représentions la variable *pression perçue à la performance* (PPP) comme indicatrice d'un effet possible du management de performances (MP) sur l'individu. Nous n'avons constaté aucun lien entre PPP et MP. Nous devons faire remarquer que nos interlocuteurs ont parlé de pressions d'origines diverses, le fait de devoir atteindre et rendre compte d'objectifs ne faisait que rarement partie des pressions identifiées. Nous nous attendions à un tel résultat pour les personnes issues d'unités sous MP-, car elles ne possèdent en général pas d'objectifs à réaliser sur un laps de temps explicitement défini. Ce qui n'est pas le cas pour les personnes issues d'unités sous MP+/- ou MP+. Nous avons pu constater qu'au sein de ces unités, les objectifs sont rarement considérés comme tels. Ils ne constituent pas des bornes de repères permettant l'auto-évaluation de son activité. Ils résultent d'une discussion annuelle avec le supérieur hiérarchique et dans la plupart des cas, sont ensuite oubliés, «mis au fond du tiroir» pour le reste de l'année. Les objectifs suivis sont généralement personnels, établis à partir de leur propre évaluation des contraintes et nécessités des activités quotidiennes.

Chapitre 4

Analyses transversales inter-études de cas

4.1 Analyse des variables contextuelles retenues: tendances, éléments spécifiques

Les tendances relevées ci-dessous, ainsi que les particularités relevées, apparaissent dans une lecture transversale de l'ensemble des études de cas. Si elles ne constituent pas l'objet d'analyse à proprement parler de notre recherche, elles apportent à notre sens une indéniable valeur ajoutée favorisant une meilleure compréhension du «paysage formationnel» actuel des services publics en Suisse. En effet, sur bon nombre de points, des lignes-forces peuvent être mises en exergue, laissant penser qu'au-delà du faible échantillonnage analysé, à considérer davantage comme le traitement de quelques cas emblématiques, plutôt que le choix méthodique de services représentatifs du secteur public, nous avons identifié des traits marquants illustrant certaines tendances typiques des services publics en matière de formation continue.

A noter que les informations récoltées, bien que portant avant tout sur la situation en 2000, portent aussi parfois sur les évolutions en cours au moment des entretiens, donnant ainsi un aspect dynamique au portrait quelque peu statique de la situation 2000. Le cas échéant, nous avons intégré ces informations évolutives puisque nous parlons de «tendances».

4.1.1 Politiques de formation continue

Très clairement et de manière quasi-unanime, les acteurs rencontrés n'ont pas connaissance d'une politique de formation continue au sein de leur service, même si dans la plupart des organisations, il existe une politique «centralisée» et que dans certains cas, le service analysé a établi sa propre politique. Des règles ou des normes, qui peuvent provenir du statut du personnel, du catalogue de formation continue interne à l'organisation, ou encore d'arrangements liés à la culture d'entreprise, sont mentionnés en qualité de politique FC, mais les avis exprimés, du fait de la situation floue constatée, ne sont généralement pas concordants. Le besoin de disposer d'une politique, hormis auprès de certaines directions, n'est pas non plus exprimé.

L'existence d'un programme de formation spécifique au service, lié à son domaine d'activité et/ou à un système de management introduit, a tendance à être assimilée à la «politique» de formation, alors que celle-ci devrait comprendre les principes, règles et conséquences associés à un tel programme. Lorsque ce programme spécifique est de surcroît obligatoire, il ne laisse quasiment pas de latitude aux acteurs pour orienter activement leurs choix de formation. Même lorsque de tels programmes existent, ils ne correspondant encore guère, aux dires des personnes rencontrées, à un véritable management stratégique – anticipatoire et focalisé – de la formation continue (Meignant, 2002).

La non-connaissance, ou l'inexistence d'une politique de FC conduit en principe les acteurs à recourir à la FC selon des logiques très différenciées, où le responsable direct (sa conception, sa vision de la FC) joue un rôle déterminant; parmi les tendances figurant dans les politiques des unités analysées: le vœu de responsabiliser le personnel vis-à-vis de sa propre formation continue, «se prendre en main», et dans une moindre mesure, le fait que les responsables hiérarchiques sont responsables du développement de leur personnel (compétences), et pas seulement de la réalisation du travail (performances). L'outil d'évaluation des performances individuelles est l'instrument par excellence permettant de mettre en œuvre de tels buts. La tendance à responsabiliser la hiérarchie, que l'on retrouve plus clairement dans des politiques du personnel d'entreprises privées (Emery/Lambelet, 2000) apparaît encore largement futuriste pour les services publics. Cela étant, dans cette perspective et en l'absence d'une politique formalisée de FC, l'on s'achemine vers la prolifération de «micro-arrangements formationnels» faisant la part belle aux stratégies des acteurs en présence.

4.1.2 Pratiques objectives de formation continue

Trois axes principaux caractérisent les pratiques de formation continue (POF):

- Des cours spécifiques aux services analysés, à orientation technique ou fonctionnelle (informatique), établis le plus souvent par la direction du service qui identifie les besoins, en sollicitant le cas échéant les cadres intermédiaires pour le faire auprès de leur personnel, ou en réagissant à des exigences nouvelles intervenues (nouvelle législation, système informatique); rarement, ces besoins résultent d'un processus généré par la base qui, ayant identifié un besoin, parvient à le faire entendre auprès de la direction du service. Ce programme est ensuite «fortement» proposé, voire imposé au personnel, selon les fonctions exercées, même si il n'y a généralement pas de sanctions liées à une éventuelle non-participation. A noter que cette forme d'imposition peut venir s'inscrire en paradoxe par rapport à la volonté de responsabiliser à la fois les personnes et leur hiérarchie dans la gestion de leur formation (cf. ci-dessus), ce qui peut créer un certain malaise.
  Ces cours spécifiques font dans bien des cas largement appel aux personnes spécialisées travaillant au sein du service, avec l'avantage de diminuer sensiblement leurs coûts, mais l'inconvénient d'un manque de professionnalisme pédagogique et d'une disponibilité qui, parfois, fait défaut, rendant ces cours peu fiables. Le retour, le transfert lié à ces cours, est par contre important puisqu'ils sont censés répondre concrètement et à court terme, à des besoins identifiés;
- Selon les projets développés spécifiquement au sein du service (réorganisation, nouvelle pratique de management – TQM, NPM – ces programmes peuvent comporter un volet touchant uniquement les cadres, voire une catégorie de cadres (par ex.: les chefs d'équipe), illustrant le besoin de compléter leur profil de compétences – avant tout techniques – par des compétences managériales et d'encadrement, une dimension souvent insuffisamment développée dans les services publics. Dans ce cas, les animateurs sont recherchés en dehors du service, précisément pour introduire de nouvelles pratiques et un état d'esprit neuf; si le projet n'est pas spécifique au service mais se retrouve dans l'organisation, il se peut que l'ensemble des actions de formation soit pris en charge par le service central de la formation;
- Des cours, organisés par le service central de l'organisation, publiés le plus souvent sous la forme d'un catalogue circulant au sein du service. Cette offre peut être négociée avec la hiérarchie, en théorie au moins (cf. infra, pression à la performance), mais elle est souvent perçue comme quelque peu éloignée des préoccupations du service, et destinée surtout

au personnel «administratif» et aux cadres. Les coûts liés à ce type de formation ne sont pas imputés au service, ou alors sous une forme fictive, ce qui contribue à alléger les dépenses de FC; d'un autre côté, le service n'investissant que le temps de travail de ses participants, l'effort consenti est moindre et le souci du «retour», du transfert dans le service, est peu présent au point que dans certains cas, la direction le considère purement comme une affaire relevant de la sphère privée.

Lorsque l'organisation toute entière introduit de nouvelles méthodes de gestion, des formations centralisées sont alors imposées pour certaines catégories de cadres et peuvent représenter un investissement considérable, en temps tout au moins, pour les personnes touchées.

D'une manière générale, les formations externes, de courte et a fortiori de longue durée, sont réservées aux personnes ayant des responsabilités (cadres, voire cadres moyens et supérieurs); ou alors, elles sont considérées comme relevant de la sphère personnelle et donc pas supportées par l'employeur. Il importe généralement aux intéressés de repérer activement ces formations, puis de les négocier selon des conditions qui peuvent être, pour les formations longues, très précises (contrat assorti d'une obligation de rester au service de l'employeur plusieurs années après la fin de la formation). Dans un des cas, un conseil/appui auprès du service du personnel a été mentionné, uniquement pour les cadres supérieurs. A ces formations externes, qui peuvent se révéler très coûteuses et grever de manière prépondérante le budget de formation du service, il convient d'associer diverses autres ressources formationnelles externes telles que manifestations, conférences, foires, etc. Ces événements paraissent toutefois être davantage considérés comme des formes de «récompenses», réservées à la hiérarchie intermédiaire et supérieure, que comme de véritables ressources dont il faut attendre un retour, comme en témoigne le peu d'intérêt à exploiter les éventuelles compétences ou connaissances qu'elles auraient permis de générer. Dans des environnements où l'utilité fonctionnelle est érigée en principe fondateur de la culture formationnelle (cf. infra), ce manque d'intérêt ne peut que renforcer l'interprétation proposée ici.

Quant aux ressources telles que revues/ouvrages, elles ne sont pas citées de manière régulière et paraissent souvent «ajoutées» en fin de liste, laissant penser – mais il s'agit d'une impression, étayée par les relevés de formation continue traités dans la partie quantitative de nos analyses, plus que de faits étant donné que nous n'avons pas pu vérifier leur pratique – que ces ressources formationnelles ont été mentionnées par une forme de désirabilité sociale. Dans de rares cas, il existe une documentation opérationnelle possédant un réel pouvoir qualifiant et constituant ainsi une ressource formationnelle additionnelle précieuse pour les acteurs concernés.

Soulignons que le processus conduisant à l'acceptation de cours proposés par le personnel est le plus souvent perçu comme peu clair, voire flou, phénomène renforcé par l'opacité entourant le budget de formation et son utilisation effective (cf. ci-dessous). De plus, ces demandes de formation exprimées sont prises dans un double flux contradictoire: une approche «top down», résultat d'une évaluation collective, plus ou moins participative, des besoins de formation du personnel, et une approche «bottom up», résultat des micro-relations ayant lieu entre chaque personne et son responsable, particulièrement là où il existe un entretien d'évaluation enjoignant d'aborder la formation continue.

Finalement, les ressources financières attribuées à ces POF constituent sans doute la partie la plus opaque du processus. Outre le fait que nous n'avons guère pu obtenir tous les chiffres souhaités pour notre analyse (cf. ci-dessous, commentaires spécifiques sur les indicateurs POF), nous devons relever les points suivants:

- aucun service ne dispose d'une comptabilité analytique complète permettant d'appréhender de manière fiable l'ensemble des coûts de formation continue, soit l'ensemble des cours suivis (internes au service, internes ou externes à l'organisation) ainsi que le temps de travail du personnel[25]. Ce *a fortiori* si le personnel s'investit également en qualité de formateur interne. C'est dire que la direction du service ne dispose déjà pas de toutes les informations pertinentes pour réellement piloter ce processus;
- les budgets de FC, et leur utilisation, représentent une information qui ne circule guère, constituant une forme de «secret» détenu par la direction des services. Ainsi, jouant plus ou moins ouvertement avec cette source de pouvoir, cette direction peut accepter ou refuser des demandes de formation continue en invoquant ce paramètre difficile à contrôler, parlant par exemple du besoin de «limiter» les coûts de façon générale, ce qui peut conduire à des comportements d'auto-limitation auprès du personnel (intégration d'une norme de la direction);

25 Pour être complets, comme nous avons tenté de le faire dans la saisie des indicateurs quantitatifs des POF, il s'agit d'ajouter encore les coûts de la structure interne traitant des questions de formation au sein de l'organisation ou de l'unité analysée.

– tout ceci explique que, d'une manière générale, les acteurs rencontrés ne savent guère quelles sont les ressources financières à disposition, et se font par conséquent une image faussée de la situation réelle, ce qui biaise leur évaluation. A la question «estimez-vous que les moyens investis dans la FC sont suffisants?», les réponses sont contrastées, parfois positives dans les systèmes où un management des performances complet est appliqué, mais plutôt à tendance négative; par contre, les directions des services estiment généralement que les ressources sont suffisantes, parfois même très importantes! Outre le fait que les bases de comparaisons de ces groupes d'acteurs ne sont pas les mêmes, il y a un besoin manifeste de plus de transparence.

Si les pratiques objectives de formation continue mettent incontestablement l'accent principal sur les cours de différentes natures, obligatoires, proposés ou acceptés, internes ou externes, certifiants ou non, nous devons relever que l'échange et la transmission de connaissances entre collègues – compagnonnage moderne, ou encore apprentissage informel collectif[26] – subsistent dans bien des contextes, tout en étant menacés de disparition par le fait d'une structuration et d'une centralisation progressives des POF, qui d'une certaine façon se professionnalisent.

Cette professionnalisation est caractérisée par la définition de profils et de filières de compétences, par la définition des règles d'accès et de progression au sein de ces filières, par les formes de reconnaissances et de progression professionnelle qui leur sont associées. Ainsi, le danger est bien réel de voir une pratique qui, dans plusieurs unités analysées, a constitué le cœur historique des POF – les cours n'étant que très épisodiques – disparaître, aboutissant à une perte importante du potentiel qualifiant de l'organisation (voir également le point traitant des caractéristiques qualifiantes de l'organisation). Dans le même ordre d'idée, notons que l'évaluation et le suivi des compétences acquises par le personnel ne sont encore guère pratiqués; lorsque c'est le cas, c'est davantage dans une logique de contrôle permettant de repérer les abus que d'une véritable gestion des compétences.

26 A noter que cet apprentissage informel peut avoir, ou non, un caractère intentionnel, mais le plus souvent, il est non intentionnel (COM, 2001).

4.1.2.1 Commentaires sur les POF, indicateurs et pilotage

Une des approches initiales a consisté à évaluer les ressources formationnelles affectées aux POF, ressources des organisations potentiellement visées par la recherche. Ci-dessous, un tableau synoptique comparant les ressources de formation continue au sein de différentes organisations contactées, informations obtenues parfois après plusieurs contacts insistants:

Tableau 7. Tableau comparatif des ressources affectées aux pratiques objectives de formation continue.

	Canton 1	Canton 2	Ville 1	Canton 3	Ville 2	Canton 4	Entreprise publique
Formations centralisées et spécifiques gérées séparément	oui	Oui (en partie)	oui	oui	Non (finances)	oui	oui
Budget de formation continue (centralisée et spécifique) par salarié (en CHF)	948.40	330.00	429.46	332.33	627.87	440.00	1221.01
Budget de formation continue centralisée par salarié (en CHF)	72.09	290.00	240.27	80.79	250.37	160.00	845.50
Budget de formation continue (centralisée et spécifique) en pourcents de la masse salariale	1.389%	0.317%	0.504%	0.327%	0.910%	0.489%	1.25%
Budget de formation continue centralisée en pourcents de la masse salariale	0.106%	0.279%	0.282%	0.080%	0.363%	0.178%	0.87%
Jours par an dont disposent les salariés pour se former (norme ou droit)	-	2 j. (droit)	~3-5j. (norme)	2 demandes, 1 acceptée	~5 jours (norme)	6 j.	Ni norme, ni droit, mais au besoin
Jours de formation continue (centralisée et spécifique) suivis par salarié en 2000 en moyenne	-	-	-	-	-	-	1.5-2.5
Jours de formation continue centralisée suivis par salarié en 2000 en moyenne	0.2	1.18	~0.1	2.3	1.07	1	1.6
Pourcentage du personnel ayant suivi une formation continue (centralisée et spécifique) en 2000	-	-	-	-	-	-	25-30%
Pourcentage du personnel ayant suivi une formation continue centralisée en 2000	9.8%	29.60%	Participation =88%	-	29.04%	Participation =25%	20-25%

Commentaires sur le tableau ci-dessus

Il apparaît que les informations que les organisations contactées sont en mesure de fournir, sur la base de leurs systèmes de comptabilité, sont peu nombreuses et n'englobent guère l'ensemble des actions de formation. Il ne sera ainsi pas possible d'obtenir des informations précises, cela nécessiterait des recherches que nous ne sommes pas en mesure «d'exiger» des organisations ayant accepté de participer à notre enquête.

Le «Budget de formation continue» correspond au montant budgété ou aux dépenses effectives; il comprend les salaires du personnel en charge de l'organisation et de la coordination de la formation continue. Tout ce qui concerne la formation des apprentis, en revanche, en a été exclu, étant donné que nous considérons celle-ci comme de la formation professionnelle de base.

L'insuffisance des systèmes de comptabilité analytique a déjà été relevée ci-dessus. Les chiffres obtenus semblent toutefois se situer dans la partie inférieure de la fourchette relevée dans d'autres enquêtes (voir par ex: Diagne, 2002, De Brier, 2002, où les chiffres oscillent entre 0.1% et 4%). Notons encore l'absence de données sur les journées effectives de formation continue, a fortiori du temps effectif consacré à la formation continue par d'autres ressources telles que l'auto-formation (revues, etc.), sur le pourcentage de personnes touchées, autant d'informations cruciales pour le pilotage d'un processus formationnel qui serait axé sur la réduction des écarts entre les personnes, mis en évidence au niveau des enquêtes plus générales auprès de la population (OFS) et qui nous ont été systématiquement confirmés par les responsables de formation (sentiment que ce sont toujours les mêmes personnes qui se forment). A ce stade, nous pouvons dire qu'il manque un cadre conceptuel reconnu permettant de saisir et de comparer de manière systématique entre les organisations les efforts formationnels consentis, y compris sous l'angle des individus *acteurs* de leur formation continue (von Bardeleben *et al.*, 1996). Par ailleurs, nous assistons à l'introduction de systèmes de management comportant un potentiel formateur indéniable, parfois explicitement voulu, qui se substitue en partie au compagnonnage classique, et vient relativiser (ou complexifier) encore, si besoin en était, le pilotage du processus formationnel. En considérant les importants investissements consentis dans ce domaine – deniers publics – l'on ne peut qu'appeler de tous nos vœux une professionnalisation non seulement de la formation elle-même, mais aussi du pilotage de celle-ci.

4.1.3 Culture formationnelle

Les cultures formationnelles inférées des propos tenus par nos interlocuteurs sont manifestement en transition, reflet des transformations plus générales que vivent toutes les institutions publiques, qu'il s'agisse de l'introduction de nouvelles méthodes de gestion ou, plus simplement, de l'évolution de leur domaine d'activités. Cette transition est soulignée notamment par le fait que pendant longtemps, la formation continue occupait une place fort modeste dans la gestion des services, y compris au niveau budgétaire, ou était réservée à une frange très spécifique du personnel. Aujourd'hui, ces deux caractéristiques ont considérablement évolué, mais, nous le verrons ci-dessous, la transition n'est guère achevée et il reste des relents de l'ancienne culture, dont l'orientation était essentiellement technique et marquée par une certaine méfiance face à la formation continue.

Ces cultures sont bien sûr, dans leurs subtilités et leur prégnance, différentes dans chacune de nos unités d'analyse. Malgré tout, un certain nombre de caractéristiques fortes peuvent être identifiées, de manière générale. Nous qualifions donc par les épithètes suivantes les cultures formationnelles rencontrées: ouvertes, intégrées au changement, décentralisées, fonctionnelles-réactives, passives.

Tout d'abord *ouverte*, dans le sens où, sur le principe, les directions des services rencontrés sont le plus souvent acquises à la nécessité de la formation dans l'environnement actuel et ne peuvent plus guère imaginer que, sans un apport spécifique de compétences nouvelles, le service puisse continuer à remplir sa mission de manière satisfaisante. Cette ouverture de principe est aussi renforcée par le lien très fort entre formation continue et changement. Pour certains services analysés, non seulement le changement ne peut-il être introduit qu'avec un effort massif en formation continue (nouvelle législation, nouvelles technologies, nouvelles méthodes de management, etc.), mais pour d'autres encore, la formation continue (permanente) fait-elle intimement partie du changement, elle en est en quelque sorte l'un des traits marquants, ce qui conduit également à une frontière de plus en plus floue entre activités de production et activités de formation, point sur lequel nous reviendrons dans les principales conclusions de cette recherche.

Troisièmement, une culture formationnelle *décentralisée*, qui implique une diversification et une réinterprétation du message émis par la direction des services analysés. Cette décentralisation, voulue et renforcée dans la plupart des services sous l'impulsion de méthodes de gestion inspirées de l'*empowerment* et de l'*intrapreneurship* (Pinchot, 1986, Spreitzer, 1995), doublée d'une volonté parfois dûment formalisée de responsabiliser les cadres dans la formation de leur personnel, génère nécessairement un foisonnement de sous-cultures qui font la part belle à la hiérarchie de proximité. Cette dernière voit alors son pouvoir et sa conception personnelle de ce qu'est la formation continue prendre une importance considérable, parfois en dynamisant encore l'ouverture de principe de la direction, dans d'autres cas en la contrecarrant de manière décisive. Dès lors, la capacité de la personne concernée à négocier avec son supérieur immédiat peut s'avérer cruciale pour obtenir, le cas échéant, l'accès aux ressources formationnelles souhaitées. Dans les grands services, cette décentralisation est à lire dans la problématique plus vaste – et classique – de la tension «centre-phériphérie» (cf. ci-dessous).

Une culture ensuite pouvant être qualifiée de *fonctionnelle-réactive*, mettant en exergue le fait que, dans tous les services analysés et pour différentes raisons, la culture formationnelle véhicule le message de l'utilité (immédiate) que doit remplir les activités de formation continue, leur «return» dans le travail à court terme, leur caractère fonctionnel qui, logiquement, est orienté avant tout sur le court terme; cette orientation rend toute démarche pro-active, autant individuelle que collective au niveau du service, problématique, montrant encore une fois le décalage pouvant exister entre la littérature spécialisée (Favry, 1993, Schöni, 2001) et les pratiques actuelles des organisations publiques. Mais il faut y voir l'une des conséquences fréquemment évoquées en relation avec le management des performances (Holloway *et al.*, 1995).

Finalement, nous osons utiliser le qualificatif de «passif» pour souligner le fait que, dans le quotidien des acteurs rencontrés, la perception de la culture actuelle est majoritairement passive face à la formation continue. Au regard des importants efforts, de réflexion, de méthodes et de ressources financières, mis en œuvre récemment dans ces services pour renouveler profondément la formation, le mot «passif» paraît incontestablement exagéré. Mais à y regarder de plus près, cette offensive de formation continue, concrétisée souvent par des programmes imposés au personnel, contraste avec l'attitude au quotidien de la hiérarchie, prise dans l'écheveau complexe de ses impératifs de production.

Cette passivité est renforcée par les principes de l'individualisation et de la responsabilisation personnelle face à la formation continue, une tendance plus large de la gestion des ressources humaines en général (Gilbert, 2002), qui tous deux placent l'initiative de l'impulsion formationnelle sur les épaules de la personne plutôt que sur celles de son employeur. Dans ces circonstances, la personne souhaitant investir à plus long terme dans des activités de formation continue visant davantage son employabilité (Emery/ Huerlimann, 2002) devra être très fortement motivée et tenace pour parvenir à ses fins, hormis bien sûr si elle le fait en-dehors du temps de travail.

De fait et au-delà des qualificatifs retenus, plusieurs dynamiques marquantes contribuent à forger ces cultures formationnelles en transition, générant des messages contradictoires, comme le fait la nouvelle gestion publique de manière plus générale (Emery/Giauque, 2002):

- une dynamique «tradition/expertise de terrain – structuration et professionnalisation de la formation continue». Nous prenons ici toute la mesure de la transition, qui tend à relayer le «technicien», «l'expert», des profils traditionnellement forts dans la culture du travail suisse (Bergmann, 1994), et spécialement dans les services publics (Farnham *et al.*, 1995), au second rang par rapport au profil de «manager», mais qui surtout tend à substituer la tradition de la culture avant tout technique, inspirée du compagnonnage, à savoir la transmission et la valorisation de l'expérience de terrain selon des modes essentiellement informels, par une structuration et une décentration progressives du processus formationnel, pris en charge par des responsables du personnel (ou de la formation) rattachés à la direction. Cette tension sur laquelle nous reviendrons dans les conclusions peut aboutir à une perte du pouvoir qualifiant du micro-environnement de travail, fort dommageable à l'ensemble des acteurs;
- une dynamique «centre-périphérie» favorisant l'émergence de sous-cultures très différenciées, parfois totalement antinomiques. Dans plusieurs cas, cet éclatement en sous-cultures produit une mosaïque de discours formationnels pour le moins désorientant pour le personnel, en précisant que celui qui, pragmatiquement, exerce un rôle prépondérant est avant tout celui de la hiérarchie de proximité. Certains des comportements relevés tendent d'ailleurs à montrer que cette hiérarchie immédiate, en cas de blocage, peut être court-circuitée afin d'accéder néanmoins aux ressources formationnelles souhaitées. Du point de vue de la direction, la mise sur pied de processus collectifs de management des compétences (détermination de profils de compétences, évaluation des besoins, conception et mise en œuvre de programmes de formation), qui

sont ensuite imposés au personnel, est l'une des réactions les plus classiques pour tenter d'homogénéiser ces sous-cultures et d'orienter, malgré la délégation poussée des responsabilités, le comportement des cadres intermédiaires;

- une dynamique «culture technique – culture managériale». Egalement évoquée ci-dessus, cette dynamique caractérise plusieurs des services analysés, surtout au niveau de cadres de 1er ou de 2e niveau hiérarchique, une population promue et formée pendant très longtemps exclusivement sur des critères de compétences techniques. Aujourd'hui, cette valeur ajoutée des personnes expérimentées restent valorisée par le service, qui sollicite ces personnes pour animer des séminaires techniques internes, mais elle a tendance à être supplantée par l'importance accordée aux compétences managériales, au savoir-être et aux qualités de leadership (EPA, 2002); en effet, ces derniers critères sont de plus en plus utilisés pour sélectionner, reconnaître et promouvoir les cadres dans le service. Il n'est alors pas rare que cette dynamique produise une forme de clivage basé sur l'âge ou l'ancienneté dans l'organisation, les personnes plus anciennes voyant leur statut et leur légitimité s'éroder, voire dans des cas plus rares être reniés, alors que les plus jeunes, ayant obtenu récemment leur diplôme dans la formation de base et ayant suivi un cursus interne de formation au management, sont très nettement favorisés;
- une dynamique «responsabilisation personnelle – prise en charge par un processus formationnel renforcé». Sur ce point également, la situation peut aboutir à une forme d'injonction contradictoire (Watzlawick, 1979) pour le moins perturbante, puisque le discours sur la responsabilisation se heurte à une prise en charge parfois extrêmement poussée du processus formationnel officiellement mis en place dans le service – sous la forme de filières technique ou managériale – un système réduisant très fortement la latitude d'action des personnes concernées;
- enfin, une dynamique «culture de formation – culture de performance» sur laquelle nous revenons ci-dessous, qui est en partie liée à la problématique «court terme – long terme». En effet, l'utilité fonctionnelle à court terme souvent recherchée, le besoin d'atteindre ses objectifs et celui de réduire les coûts rendent toute démarche formationnelle à plus long terme fort délicate: la personne intéressée ne peut ainsi guère compter sur l'appui de son service et doit disposer d'une forte motivation pour obtenir un soutien (en temps et/ou en argent). Quant aux démarches formationnelles collectives, qui résulteraient d'une réelle ges-

tion anticipée des emplois et des compétences (Batal, 1997), elles demeurent largement théoriques et nous n'avons guère pu les observer dans nos études de cas.

N'oublions toutefois pas que le *fond culturel* face à la FC est nettement positif, porté par des directions de service conscientes que la formation continue représente un atout, voire un levier essentiel de l'amélioration et de la modernisation. Cependant, cette attitude de fond positive n'est pas nécessairement traduite activement dans le fonctionnement du service, et le principe de la responsabilisation individuelle («prends-toi en charge») demeure prépondérant. Une forme «d'ouverture passive» qui résonne parfois désagréablement dans le concert de l'action quotidienne, marquée par des impératifs de production et de qualité rendant l'accès réel à la formation continue difficile, dans certains cas franchement illusoire, source évidente de frustrations. Source aussi d'un certain malaise auprès de la hiérarchie de proximité, contrainte d'exercer à la fois sa fonction de management des performances orientée vers la productivité, et celle de relais du message formationnel très optimiste de la direction du service. Ce point est discuté dans le paragraphe consacré au lien entre pratiques de management des performances et comportements de formation continue.

4.1.4 Caractéristiques qualifiantes des unités analysées

Sur ce sujet, la tradition du compagnonnage, agissant avant tout dans le micro-environnement de travail et pour les connaissances de base du métier ou de la fonction exercée, demeure fréquemment citée par nos interlocuteurs. Une tradition largement auto-organisée, recourant par la force des choses au potentiel des personnes plus expérimentées, et fonctionnant surtout pour les nouveaux collaborateurs, moins entre collègues déjà formés. Dans bien des cas, ces derniers se sont plaints qu'aucune pratique formalisée n'existe une fois que le métier de base est acquis, laissant apparaître un grand vide que seule une volonté personnelle affirmée peut permettre de combler. Cela dit, la situation est en train de changer durablement.

Avec les différentes réformes en cours, cette tradition du compagnonnage est progressivement destructurée, puisqu'elle est remplacée par une formalisation de l'échange des savoirs, organisée par les directions de service, lesquelles semblent peu conscientes de l'impact potentiellement très négatif sur les modes traditionnels de transmission des savoirs. Dans plusieurs unités analysées, des processus de redéfinitions des fonctions et des responsabilités aboutissent à attribuer à quelques personnes dûment identifiées le rôle de transmettre leurs connaissances aux nouvelles recrues – sous la forme de parrainage par exemple. Cet effort de rationalisation paraît légitime dans le but d'accroître l'efficience de fonctionnement, tout en valorisant concrètement – cela peut influencer le salaire – ce nouveau rôle attribué; le danger vient plutôt du fait que d'une part, ces nouvelles pratiques ne sont pas pensées dans leur interaction avec cette forte tradition qualifiante, et que d'autre part, elles ont tendance à démotiver et inhiber le partage spontané des savoirs acquis dans le terrain, ce qui ne peut qu'aboutir à un appauvrissement important du pouvoir qualifiant de l'organisation.

Comme l'on pouvait s'y attendre, la culture formationnelle paraît dépendre des particularités des domaines d'activités. Globalement, relevons la (quasi-)absence d'orchestration collective et consciente de la part des directions des aspects qualifiants du travail. Dans les domaines d'activités où l'expertise ne peut s'acquérir à l'extérieur puisqu'il n'existe pas de formations développant ce type de compétences, celle-ci est forgée de l'intérieur en recourant à certains spécialistes membres de l'unité pour animer des cours internes, partageant ainsi leurs connaissances pointues. Cette pratique apparaît marquée dans le domaine administratif/financier, alors que dans le domaine technique/entretien, ce sont plutôt les échanges de proximité au sein de l'équipe de travail qui prévalent. Cette équipe, qui est davantage responsabilisée et invitée à exercer une polyvalence accrue dans son fonctionnement, sous l'impulsion parfois de responsables d'équipe dûment formés à l'animation et à l'encadrement du personnel, demeure le lieu par excellence des échanges qualifiants; par contre, ces équipes fonctionnement souvent, à en croire nos interlocuteurs, de manière très cloisonnée face au reste du service, un cloisonnement que seules des initiatives personnelles et spontanées de la hiérarchie de proximité sont amenées à rompre. C'est dire que, sur ce point aussi, les responsables directs exercent une influence déterminante. Différentes pratiques mentionnées dans la littérature, destinées à développer le potentiel qualifiant (rotation des postes, systèmes de partage des connaissances, etc.) ne sont guère mises en place à l'heure actuelle.

Soulignons encore que la dynamique provoquée par les changements importants touchant nos unités d'analyse génère en elle-même un effet d'apprentissage (Knoepfel, 2000), dans le sens où ces nouvelles pratiques de management ne sont guère stabilisées et comportent de nombreuses incertitudes, malgré les programmes de formation qui les accompagnent, obligeant ainsi les acteurs impliqués à «apprendre sur le tas». Au moment où la formation technique est structurée et la hiérarchie de proximité dépossédée, en partie au moins, de son rôle de «maître», il faut y voir une renaissance de l'apprentissage dans l'action, portant cette fois sur des modes d'organisation et de management, et non sur le métier. Mais cette nouvelle dynamique qualifiante ne produira pleinement ses effets que si elle est intégrée dans un concept plus large d'organisation en apprentissage, ce qui paraît devoir être le cas dans les unités travaillant sur la base d'approches collectives de management (cf. ci-dessous, lien entre MP et caractéristiques qualifiantes).

4.1.5 Management des performances

Rappelons que dans le design de la recherche, nous avions défini les pratiques de management des performances (MP), tant individuelles que collectives, comme des pratiques formalisées aboutissant à la détermination d'objectifs, à leur évaluation et aux ajustements nécessaires, le cas échéant, aux formes de reconnaissance (rémunération, promotion, etc.) prévues à cet effet. Sur le papier, toutes les unités sélectionnées correspondent à ces critères. Les unités sans MP n'ont pas de systèmes de management formalisé, encore que des pratiques d'évaluation individuelles sont progressivement introduites, mais pas pendant la période d'analyse retenue (2000). Quant aux autres unités, elles disposent des pratiques prévues, mais leur application effective s'est révélée n'être pas aussi systématique que nous l'aurions souhaité. Une seule entité, comportant deux unités d'analyse, fonctionne selon un système correspondant en tous points à la nouvelle gestion publique; l'autre unité ayant un MP complet, dispose d'une planification stratégique définissant des objectifs à cinq ans, ainsi que d'un système de management des objectifs collectifs portant avant tout sur des quotas de production.

Concernant le management des performances collectives, le domaine d'activité «administratif/financier» doit être traité séparément de celui de la «technique/entretien». En effet, il représente un travail «à la pièce» marqué par des quotas de production aisément déclinables depuis le service jusqu'à l'individu, puis ensuite agrégés dans l'autre sens, ce qui fait dire à certains de nos interlocuteurs qu'ils se trouvent «à l'usine». Cette focalisation sur des objectifs exclusivement quantitatifs, critiquée par certains estimant qu'elle agit au détriment de la qualité du travail (qui dans le cas d'espèce signifie également «égalité de traitement» pour les citoyens-contribuables) rend le pilotage des prestations théoriquement très aisé, même en l'absence d'un système de MP individuel (entretien); cependant, la seule existence de ces objectifs ne suffit pas à apprécier la marge de manœuvre de l'acteur qui doit y faire face, deux autres paramètres s'avèrent très importants:

- d'une part, le fait que les quotas de production soient purement individuels et qu'aucun système de remplacement – ou d'aide réciproque – n'existe. Dans ce cas de figure, il appartient à chaque personne d'atteindre ses quotas de production en ne comptant strictement que sur elle-même, et tout empêchement, tel qu'une absence pour fréquentation d'un cours, la pénalise personnellement. Une des parades relevées consiste alors à négocier un quota plus faible afin de disposer malgré tout d'une latitude d'action suffisante (forme de mou, *organizational slack*). Très différente est la situation où une entraide existe, assurant une liberté d'action qui autorise l'intégration d'événements mangeurs de temps;
- d'autre part, la présence d'un système de controlling enregistrant la progression du travail (par informatique). Un tel système produit un feedback constant qui, plus que de faire intervenir la hiérarchie en cas de retard accumulé, génère une forme d'auto-contrôle pouvant, le cas échéant, générer une forte pression sur les objectifs de production. La soupape qui subsiste est alors celle de la profondeur et du soin dans le traitement des dossiers, surtout qu'il s'agit là d'une dimension nettement plus complexe à contrôler.

Dans le domaine «technique/entretien», la situation est assez différente. Relevons tout d'abord qu'à notre niveau d'intervention (cadres de 1er et de 2e niveau), le management des performances collectives n'exerce qu'une influence minime, et en aucun cas dans le travail quotidien réalisé. Outre le fait que les personnes rencontrées soulignent la difficulté à faire le lien entre leurs objectifs et ceux, plus généraux du service, elles indiquent que la seule conséquence concrète et visible à leur niveau – et encore pas dans tous les cas – est le fait d'une délégation financière plus bas dans la hiérarchie. Les objectifs du service, qui parfois sont déclinés de façon quelque peu «forcée» au plan individuel, paraissent à la fois trop généraux et non pertinents pour les personnes concernées; d'autre part, ils ne sont pas réellement suivis et paraissent ainsi très éloignés de la réalité de nos interlocuteurs, résonnant plutôt comme des lignes directrices décrivant les changements en cours.

Par contre, le MP collectif conduit, dans nos cas d'analyse, à une augmentation considérable des ressources formationnelles, ainsi qu'à une forme de structuration, ou de formalisation, des filières de formation (souvent imposées); leur influence n'est donc qu'indirecte.

Quant au MP individuelles, le moins que l'on puisse dire est qu'il s'agit d'une pratique en rodage, dont les objectifs théoriques – notamment la clarification des objectifs, la motivation et la reconnaissance (Williams, 1998 – performance management) – sont loin d'être atteints. Ces systèmes sont récents, et malgré la formation dispensée spécifiquement à cet effet, ils demeurent fort délicats à mettre en œuvre de manière convaincante, nécessitant de réelles compétences de communication, voire de psychologie que le personnel «évaluateur» ne maîtrise pas encore. De plus, certains liens prévus avec la rémunération font l'objet d'une opposition de principe dans les services analysés, créant des tensions entre les évaluateurs et leurs personnels, ainsi qu'entre les personnes de même niveau hiérarchique; ou alors ces systèmes ont donné lieu à des promesses qu'il n'était pas possible de tenir, rejoignant ainsi les constats faits dans d'autres recherches (Emery/Giauque, 2002). Ainsi, la finalité d'une démarche qui, de surcroît, génère un réel travail supplémentaire, n'est pas encore acquise.

Les objectifs fixés ne semblent guère avoir d'impact sur le travail quotidien, mais leur discussion permet de se forger une meilleure compréhension des évolutions générales en cours au sein du service. S'il est en principe prévu d'aborder les questions de formation continue lors des entretiens d'évaluation, la manière dont cela est mis en œuvre varie considérablement d'un responsable hiérarchique à l'autre, laissant apparaître là aussi leur grand pouvoir d'influence. Quoi qu'il en soit, les formations discutées ne portent que sur l'année à venir et le système exclut, aux dires de nos interlocuteurs, toute discussion à plus long terme, les mesures qui en découleraient ne pouvant être intégrées dans le cycle annuel prévu. La perception de la latitude d'action des éventuelles formations discutées et convenues fait parfois l'objet d'interprétations différenciées: les évaluateurs estiment qu'elles sont le fruit d'une réelle négociation laissant le choix aux personnes concernées, alors que ces dernières les voient avant tout comme des formations imposées, ce qui illustre le manque de clarté des «règles du jeu» formationnelles, reflet également de l'absence de politique de formation (cf. ci-dessus) ainsi que de directives généralement floues.

4.1.6 Pression perçue à la performance

Malgré la clarté apparente de la question posée, il faut avouer qu'à l'analyse, la pression perçue à la performance, que nous avons demandé à nos interlocuteurs de quantifier sur une échelle de *0 = pas de pression du tout à 10 = très forte pression constante*, puis de commenter, donne des résultats si différents qu'il ne peut s'agir que d'un problème d'interprétation. En effet, les difficultés suivantes apparaissent en compulsant les réponses obtenues:

- Il ne s'agit pas toujours de pression à la performance, soit selon notre définition d'une pression qui découle des objectifs à atteindre, mais d'une pression résultant de divers autres facteurs exogènes ou endogènes;
- Parmi les principaux facteurs exogènes: pression de l'environnement et des utilisateurs aux attentes grandissantes, réorganisation associée à des réductions d'effectifs et de coûts, nouveaux rôles et responsabilités, nécessitant un important apprentissage, gestion déficiente des priorités «tout est important»;
- Parmi les principaux facteurs endogènes: pression autogénérée par souci ou tradition de «bien faire», par professionnalisme ou interprétation des attentes plus ou moins diffuses associées au service public;
- Il n'y a souvent que peu de lien entre les chiffres annoncés pour quantifier la pression, et les commentaires fournis, ce qui signifie que ces chiffres doivent être interprétés avec beaucoup de prudence.

Ce que l'on peut d'ores et déjà relever, c'est le fait que la pression perçue à la performance dépend bien davantage du référentiel à travers lequel la personne évalue ses conditions d'action, que de paramètres objectifs par ailleurs quasiment impossibles à évaluer; ce qui explique un écart-type important, signifiant que dans un même service, cette pression est très différemment perçue. Elle semblerait traduire davantage une réceptivité générale face à la mutation de l'environnement professionnel, tantôt perçue comme un fardeau supplémentaire insupportable, tantôt comme une redéfinition qualifiante de l'emploi occupé. A l'appui de cette hypothèse, nous pouvons relever le fait que par rapport au même «stimulus», soit la fréquentation obligatoire d'un cours de formation continue, des individus réagissent aussi différemment que cela: pour certains, il s'agit d'une opportunité de mieux connaître et ainsi d'appréhender avec plus d'atouts les changements à venir dans l'organisation, alors que pour d'autres, il s'agit du véhicule que la direction utilise pour faire passer «ses» nouvelles exigences, qui seront autant de facteurs alourdissant et/ou complexifiant le travail à effectuer. On le voit aussi dans les résultats de l'enquête réalisée en Allemagne par von Bardeleben *et al.* (1996), où parmi les motifs principaux empêchant les gens de participer à une activité de formation continue figure moins le facteur «temps» en tant que tel, mais bien, comme réponse ayant la plus grande fréquence de citation, le fait qu'à côté du travail, cette formation continue représente une trop grande «charge» au sens le plus large du terme; constat fait aussi, dans une moindre mesure, dans l'enquête préliminaire de Diagne *et al.* (2002). Ainsi, la formation continue est-elle une charge supplémentaire ou un moyen de mieux affronter le futur? A ce stade, la question demeure ouverte et dépend beaucoup de «l'individu en situation».

Après avoir résumé les caractéristiques marquantes des variables contextuelles, nous commentons ci-dessous quelques liens apparaissant entre pratiques de management des performances et autres variables décrites, avec les réserves d'usage.

4.1.7 Liens entre management des performances et autres variables contextuelles: tendances constatées

Les tendances commentées ci-dessous ne sont en aucun cas à considérer comme démontrées; elles se dégagent d'une analyse transversale des études de cas et représentent autant d'hypothèses qu'il s'agirait de démontrer au moyen d'un design adéquat. En fonction de l'axe principal de notre recherche, il est intéressant de se demander si l'introduction du management des performances opère dans des contextes spécifiques (configurations de variables associées), respectivement si le MP entraîne des modifications sur d'autres variables contextuelles (causalité). Les informations en notre possession ne permettent pas de trancher pour l'une ou l'autre des hypothèses, mais simplement de relever des tendances.

Lien entre MP et politique de formation

La littérature parle du management des performances d'une part, et du management des compétences d'autre part, comme deux paradigmes opposés (Emery/Gonin, 1999). L'on pourrait dès lors penser que les services disposant d'un management des performances, particulièrement dans sa version complète (MP +, à la fois collectif et individuel) se focalisent essentiellement sur ce point et délaissent le développement des compétences. Que montre notre recherche sur ce point? La tendance qui se manifeste va en réalité dans le sens contraire. En effet, si dans l'ensemble des unités analysées, les acteurs n'ont en principe pas connaissance d'une politique de formation, les unités MP + disposent d'une politique de formation spécifique, venant compléter celle de l'organisation, et définie selon leurs besoins spécifiques. Cette politique n'apparaît toutefois pas clairement communiquée et concerne plutôt les instances dirigeantes du service. Les unités disposant d'un management des performances uniquement individuel (MP +/-) ont émis l'intention de formaliser une politique du personnel, sans avoir encore pu le faire, alors que les unités sans management des performances fonctionnent en s'appuyant sur un système de «droit» à la formation continue, exprimé en nombre de jours ou de cours par année, librement «consommé» par le personnel.

L'on ne peut bien sûr généraliser ces quelques points. Ils indiqueraient toutefois que l'introduction d'un MP complet pousserait les directions à formaliser le contenu et les règles d'accès à la formation continue, car elle constitue l'un des leviers essentiels à l'amélioration des performances, à condition cependant d'y associer le principe de *l'utilité fonctionnelle*, c'est-à-dire le retour probable attendu de la formation suivie, soit pour la fonction occupée, soit plus généralement pour le service. Au niveau du MP +/-, en l'absence de politique du personnel, le rôle déterminant du responsable direct est encore renforcé du fait de l'entretien d'évaluation des prestations qu'il doit conduire de manière formalisée.

La conjugaison d'une absence de politique de formation continue et de management des performances produit un flou certain, fait de fausses certitudes et de compréhensions différenciées des règles, ce qui conduit les acteurs à utiliser les ressources formationnelles disponibles de façon extrêmement variable, selon *leur* conception personnelle de la FC.

Lien entre MP et POF/ressources formationnelles

Le MP aboutit-il à un accroissement ou à une diminution des POF? La littérature est ici partagée, en ce sens que le MP peut limiter les ressources à celles qui sont directement opérationnelles pour atteindre les objectifs, à travers une focalisation sur l'efficience productive (Schedler/Proeller, 2000). Un autre point de vue consiste à dire que le MP, par le cycle d'évaluation et d'apprentissage qu'il introduit, favorise une réflexion sur les compétences et serait donc susceptible d'accroître les POF (Sanderson, 2001). Qu'en est-il dans notre recherche? La tendance qui apparaît indique que dans les services ayant un MP complet, les acteurs interrogés estiment les ressources formationnelles offertes bonnes à très bonnes, sans disposer toutefois de chiffres précis. Dans les services disposant d'un MP +/-, l'offre est également estimée bonne, mais les ressources financières attribuées sont perçues comme restreintes. Finalement, les personnes travaillant dans des services n'ayant pas mis en œuvre de MP ont tendance à estimer les ressources formationnelles moyennes, voire faibles, tout en ne disposant pas du tout d'informations à ce sujet, et parfois en contradiction avec l'avis du chef de service. L'effet constaté s'oriente donc dans le sens d'un impact positif des pratiques de MP sur les ressources formationnelles disponibles, sur l'offre. Elle s'explique par deux facteurs qui agissent de manière conjointe:

- un système de management permettant de dégager des ressources additionnelles affectées à la formation continue;
- des besoins nouveaux en compétences, surtout au niveau des cadres, pour mettre en œuvre ces nouvelles pratiques de management des performances, initiant des programmes parfois très denses de formation, selon une logique d'auto-alimentation qui, si elle n'est pas couplée à une amélioration de l'efficacité et de l'efficience des prestations fournies, pourrait bien se révéler stérile et fort coûteuse du point de vue de l'employeur.

Lien entre MP et culture formationnelle

Quel lien entre MP et soutien réel, importance réelle accordée à la formation? La culture formationnelle dépend plutôt, selon la littérature, du domaine d'activité et de la «culture professionnelle» qui légitime plus ou moins les activités de FC. Est-ce que nous trouverons également un lien avec MP dans notre recherche? Sur ce thème, il n'est pas vraiment de tendances claires qui émergent, puisque les différentes caractéristiques que nous avons retenues se retrouvent pratiquement dans toutes les unités analysées. Tout au plus pourrions-nous noter que dans les unités sans management des performances, l'orientation culturelle perçue par les acteurs rencontrés fait finalement peu de place à la formation continue, l'important étant plutôt de réaliser le travail («on est là pour bosser avant tout»). A notre sens, ce constat s'explique par le fait que la culture se développe dans la durée et qu'ainsi, en pleine phase de transition, il est trop tôt pour en apprécier les effets durables.

Lien entre MP et caractéristiques qualifiantes de l'unité organisationnelle

Le MP forçant en principe à optimiser l'utilisation des ressources pour atteindre les objectifs fixés, laisse-t-il moins de place à des caractéristiques qualifiantes, qui correspondent à des formes *d'organizational slacks* (March, Simon, 1958, Scharpenkamp, 1987) a priori non productives? En effet, l'apprentissage organisationnel et l'utilisation qualifiante des feedbacks issus de la réalisation du travail nécessitent du temps (Uebelhart, 2001), lequel peut constituer une ressource rare lorsque le management des performances introduit une pression trop importante. Que pouvons-nous tirer de nos études de cas?

Sur ce sujet, l'éviction progressive du compagnonnage au profit d'une structuration des pratiques qualifiantes est particulièrement intéressante. En effet, dans les unités disposant d'un management des performances complet, cette transition représente le passage d'un mode d'organisation présentant un pouvoir qualifiant circonscrit à l'environnement immédiat et limité à l'acquisition du métier, à un mode d'organisation tablant de manière programmée et intentionnelle sur le pouvoir qualifiant de nouvelles approches de management: qu'il s'agisse de projets menés transversalement au niveau du service, ou de redéfinition des modes de travail au sein d'équipes polyvalentes visant à développer des compétences collectives, ces systèmes reflètent une première volonté de la direction de valoriser davantage les compétences acquises dans le terrain, au contact quotidien des missions à réaliser, alors que pendant longtemps, ces compétences sont resté enlisées dans un fonctionnement cloisonné favorisant le «chacun pour soi».

Dans les unités sans management des performances par contre, cette prise de conscience de la direction n'est pas présente de manière claire, tout au plus pouvons-nous dénoter le souci d'exploiter les spécialistes internes pour animer des cours spécialisés.

Quant aux unités disposant d'un MP individuel, leurs interlocuteurs soulignent le caractère intrinsèquement qualifiant des nouvelles méthodes de management introduites pour les niveaux d'encadrement spécifiquement visés – les chefs d'équipe – puisqu'ils sont amenés à suivre un cursus *ad hoc* de formation. Pour les autres catégories de personnel par contre, les pratiques qualifiantes demeurent l'apanage d'initiatives spontanées et non d'une stratégie organisationnelle consciente.

Nous pouvons donc penser, mais cela demeure une hypothèse à vérifier, que l'introduction de pratiques de MP au niveau collectif favorise une réflexion en termes de «macro-compétences» (Itami, 1991) ou de compétences collectives (Amherdt *et al.*, 2000), ce qui, à son tour, interpelle les directions sur les modes d'apprentissage collectifs (Sanderson, 2001).

Lien entre MP et pression perçue à la performance

Au-delà des origines et des significations quelque peu différentes associées à la pression à la performance, nous devons relever la tendance suivante: la pression ressentie par nos interlocuteurs est moyenne à faible dans les unités sans management des performances, mais avec des évaluations présentant un fort écart-type, alors qu'elle est forte dans les autres unités. Il apparaît toutefois clairement que cette corrélation apparente, non significative statistiquement, n'est probablement pas due à une influence unique du MP sur la pression perçue, mais bien à une multitude d'autres facteurs tout aussi, voire plus importants: des efforts généraux de rationalisation, conduisant notamment à une réduction des effectifs dans les unités analysées, des citoyens-clients aux attentes nettement renforcées – en particulier là où ils paient directement leurs prestations (une des unités analysées), et une comparaison – réelle ou annoncée – avec les entreprises privées. Dans ce contexte, la pression provenant directement de la hiérarchie de proximité n'est citée que de façon épisodique, moins souvent que la pression *auto-générée*, par défi personnel, conscience professionnelle ou encore assimilation du discours général sur l'importance de l'efficience ou du service public.

Cela étant, le changement issu de l'introduction de nouvelles méthodes de gestion, souvent associé à des réorganisations, provoque une réelle pression puisqu'il s'agit d'assumer ses tâches quotidiennes tout en «apprivoisant» des pratiques le plus fréquemment imposées «d'en haut», générant dans certains cas un travail administratif supplémentaire considérable.

En conclusion, c'est moins le MP en tant que tel qui induit une pression à la performance, comme cela semble le cas a priori, que l'ensemble du dispositif introduit, des caractéristiques contextuelles en profonde évolution, et surtout, du référentiel permettant de donner sens et intensité à cette pression. Le fait que les personnes présentant le plus d'ancienneté dans leur fonction ressentent le plus de pression – seul lien statistiquement significatif – atteste de la probabilité de cette hypothèse, puisqu'elles sont davantage susceptibles de voire leur expérience remise en cause.

4.2 Analyse portant sur le résumé des pratiques collectives de formation continue

Si le chapitre précédent a mis en exergue la diversité des pratiques de formation continue des unités analysées, selon leurs propres conceptions, nous les avons résumées dans un schéma unique facilitant la comparaison. Ce schéma est tout d'abord basé sur une typologie des pratiques de FC en fonction de leur légitimité, convenant mieux à notre analyse que les typologies en vigueur recourant soit à la désormais obsolète distinction entre formation professionnelle et développement personnel (Bodart Senn/Schräder-Naef, 2000), soit aux types de ressources employées (cours, ouvrages, foires, etc.), soit encore au niveau de formalisation (formelle, non-formelle, informelle, CCE, 2000). En résumant les POF développées dans nos unités d'analyse, une catégorisation tenant compte de la *légitimité* est apparue la plus pertinente, notamment parce qu'elle permet de mettre en exergue de manière suffisamment fine les liens avec les processus de modernisation en cours, et de différencier le soutien organisationnel sur lequel elles pourront s'appuyer (cf. partie théorique).

4.2.1 Constats globaux, en relation avec les rôles typiquement attendus

Un certain nombre de constats globaux sont préalablement présentés, puis repris dans les discussions faisant référence aux différents types de légitimité de la formation continue:

- Il est tout d'abord frappant de constater qu'à quelques exceptions près, la formation continue est avant tout synonyme de «cours», quelque soit la forme que peuvent prendre ces derniers: cours communs imposés au sein du service, cours choisis dans le programme de formation de l'organisation, puis «négociés» avec la hiérarchie, cours «repérés» à l'extérieur et assumés essentiellement sur le temps privé, telles sont les formes les plus répandues de ce moyen somme toute bien classique d'acquérir de nouvelles compétences, un moyen que certains spécialistes évaluent comme peu performant en regard d'autres ressources formationnelles (Sékiou *et al.*, 1993). Ainsi, parmi les faiblesses relevées, la présence d'une structure autoritaire entre formateur et participants, diminuant l'auto-contrôle de l'apprentissage, la pertinence réduite de la matière enseignée, la transmission verbale d'informations limitant fortement l'apprentissage. Un des arguments fréquemment avancés par nos interlocuteurs se réfère précisément à la pertinence réduite des cours proposés – dans une moindre mesure des cours imposés – laquelle hypothèque d'emblée la motivation à l'apprentissage. Est associé à ce point le sentiment que la méthode elle-même du «cours» s'adresse plutôt à des cadres et/ou au personnel administratif, moins aux gens du terrain, qui se sentent ainsi parfois prétérités;

– Clairement et contrairement à une vision anticipatrice de la formation continue, qui serait alors l'un des atouts essentiels d'un management par les compétences (Batal, 1997, Guillot/Rouquié, 1996), la légitimité principale sous-jacente aux différents types que nous avons retenus est liée à l'utilité «fonctionnelle», au sein de la fonction exercée, du secteur ou du service. D'un côté, ce filtre essentiel, conjointement avec les budgets alloués à la formation continue, permettant à la hiérarchie de proximité – mais surtout à la direction du service – d'attribuer ou de refuser la formation continue soutenue par l'organisation, est bien compréhensible au moment où les ressources sont le plus souvent fort limitées pour atteindre les objectifs du service (cf. ci-dessus, indicateurs des POF); il s'agit en quelque sorte de parer au plus pressé. D'un autre côté, la prégnance de ce filtre fonctionnel signifie que les démarches de formation continue entreprises sont concentrées sur le court (éventuellement le moyen) terme, dans une optique réactive ou *d'anticipation concomitante* du changement, relayant au rang de théories par trop novatrices tous les modèles de formation «stratégique» destinés à soutenir les grands axes de développement retenus. Outre la difficulté inhérente à la gestion prévisionnelle des compétences (Tremblay, 1997), et contrairement à certains discours tenus par les directions rencontrées, il apparaît que la formation continue qui s'inscrirait dans une optique élargie «d'employabilité» repose avant tout sur l'initiative individuelle et fait appel ainsi à des compétences «vocationnelles» (Super, 1974), soit:

1. «self-insight», c'est-à-dire la capacité de s'introspecter, de se percevoir avec objectivité, de se connaître (compétences, personnalité, intérêts);
2. capacité à formuler un projet professionnel, et à le traduire en cibles plus précises;
3. capacité à analyser l'environnement, à déceler les opportunités professionnelles, en particulier en investiguant le marché «gris», ce marché des postes en émergence, qui n'existent pas encore officiellement «noir sur blanc» dans la presse par exemple; et dans cette perspective, capacité à identifier les ressources formationnelles pertinentes.

qu'il appartient à chacune et chacun de maîtriser. A l'évidence, ces compétences ne sont, à l'heure actuelle, ni identifiées ni formalisées ni travaillées au sein des organisations investiguées, si ce n'est à travers des cours très spécifiques à audience réduite. De plus, l'investissement qu'il convient alors de consacrer à la formation continue non directement fonctionnelle est important et déborde largement, parfois totalement, sur le temps privé. Le fait de s'investir sous cette forme devient un signe concret de la motivation, susceptible d'être relevé par le service dans le cadre de décisions ultérieures concernant la personne;

– Si le rôle de l'individu est crucial, celui de la hiérarchie de proximité ne l'est pas moins, puisque la voie hiérarchique, hormis pour la formation imposée et pour la formation «droit» sur laquelle nous reviendrons ci-dessous, est le canal retenu pour obtenir un accord sur le projet formationnel envisagé. En l'absence de politique de formation continue formalisée, et même lorsque des entretiens d'appréciation du personnel ont lieu, la hiérarchie de proximité joue un rôle décisif et extrêmement variable, source évidente d'inégalité de traitement. A tel point que dans certains services, un programme prioritaire et obligatoire de formation au management a été introduit pour les chefs d'équipe, la direction ayant estimé qu'ils exercent un rôle pivot dans le processus de modernisation en cours.

Voyons maintenant plus spécifiquement les types de formation continue selon leur légitimité.

4.2.2 Formations légitimées par le domaine «technique»

La légitimité première concerne la mission remplie par le service, son domaine d'activité, sa dimension *«technique»*. Historiquement au cœur de la formation continue et des pratiques d'acculturation, elle se trouve aujourd'hui en profonde transformation sous l'impulsion conjointe des mutations des domaines d'activités respectifs, et de la professionnalisation des approches qui sous-tendent la transmission des savoirs. Au moment où la dimension «technique» a tendance à être reléguée au second plan au profit du management, quelles sont les tendances pouvant être relevées?

Tout d'abord, cette dimension est certes toujours présente dans les services analysés, mais elle montre un degré de complexité très variable, et donc, prête le flanc de manière différenciée à l'évolution intrinsèque qui la caractérise. L'on retrouve ici les spécificités des domaines d'activité retenus, fort différents l'un de l'autre.

Dans *le domaine administratif/financier*, la spécificité très forte du domaine technique, couplée à la quasi-impossibilité d'acquérir le métier en dehors des services administratifs concernés, rendent ce domaine très sensible car il constitue la colonne vertébrale de ces services. En la matière, l'an 2000 est une période charnière et si nous nous basons uniquement sur ce qui se passait à ce moment, l'on trouve un dispositif de formation technique classique, laissant une large place aux échanges entre collègues, peu formalisés, et complétés par des cours de base ou de mise à niveau obligatoires. En somme, un dispositif montrant que la direction de ces services n'était guère consciente du caractère stratégique des compétences techniques, mais assurait le minimum.

Si l'on intègre au contraire les tendances décrites par nos interlocuteurs, des tendances en partie déjà mises en application au moment des entretiens (mi-2001), l'on observe une prise en main ferme de la part de la direction de cette formation technique, une direction soucieuse de structurer, de modulariser et de rendre obligatoire un dispositif formationnel traduisant une professionnalisation du métier exercé; cet effort, comme nous l'avons déjà évoqué, tend à briser les logiques informelles de compagnonnage qui prévalaient, au risque d'amoindrir le potentiel qualifiant de l'organisation. D'autre part, cette professionnalisation qui, dans certains cas aboutit à des certificats officiels, induit paradoxalement une mobilité accrue à l'extérieur de l'organisation, auprès d'entreprises privées actives dans des domaines connexes et qui sont capables d'offrir de meilleurs conditions salariales.

D'une certaine façon, ce dispositif nouveau *individualise* et rend *visible* le portefeuille de compétences détenu par chaque membre du personnel, avec les conséquences apparentes suivantes:

- Des personnes plus conscientes de leurs atouts sur le marché de l'emploi;
- Des personnes fonctionnant selon une logique davantage individualiste, ce qui amoindrit voire brise les processus d'échanges qualifiants entre collègues

le tout posant de nouveaux problèmes aux directions respectives, puisqu'elles ne disposent que d'une marge de manœuvre réduite en ce qui concerne les conditions de travail offertes par l'application obligatoire du statut du personnel. Dans cette perspective, d'autres formes de reconnaissance et d'ancres motivationnelles que l'ancre *technique* au sens de Schein (1978) devront être trouvées.

Dans le *domaine technique*, les constats pouvant être formulés dépendent davantage du niveau hiérarchique:

- Pour les ingénieurs, la palette de cours disponibles est en partie voire en majorité fournie par des acteurs externes, écoles spécialisées et associations professionnelles offrant des cours de perfectionnement. La spécificité de la matière rend une appropriation du processus formationnel par le service, contrairement au domaine administratif/financier, très difficile. Par contre, cette formation peut être clairement imposée par la direction qui mandate des fournisseurs externes à cet effet, ce que l'on observe pour l'entité sous management des performances complet. La marge de manœuvre des ingénieurs demeure toutefois plus importante que pour leurs chefs d'équipe, car ils ont accès à une offre extérieure spécialisée moyennant la capacité à la négocier (voir ci-dessous, analyse des stratégies collectives des acteurs);
- Pour les chefs d'équipe CFC, la situation ressemble à celle de leurs collègues ingénieurs, sauf que l'accès à des programmes extérieurs, en plus de l'éventuelle formation technique obligatoire, demeure plus difficile à négocier, lors même que le message donné par la direction est celui de la prise en charge personnelle. Plus difficile car ces formations sont généralement coûteuses, et qu'il leur faut négocier avec un échelon hiérarchique supplémentaire par rapport au niveau décisionnel.

4.2.3 Formations légitimées par la «fonction» transversale

La légitimité accompagnant naturellement la dimension technique peut être résumée sous *légitimité fonctionnelle*. Elle touche des aspects non-liés au métier, donc non-techniques, mais néanmoins indispensables pour pouvoir accomplir concrètement le travail et exercer pleinement sa fonction. Ces aspects souvent transversaux et concernent plusieurs fonctions connexes, l'exemple le plus typique étant ici l'informatique. Dans un environnement faisant la part belle au critère de fonctionnalité immédiate (cf. ci-dessus, culture formationnelle), ce type de formation devrait s'imposer naturellement, et c'est bien le constat que nous pouvons faire. A l'aune de l'utilité dans la fonction exercée, plus rarement celle de l'utilité dans le service, ce type de formation continue est accordé sans difficulté majeure. Par contre, il est intéressant d'observer de plus près le processus de détection et d'approbation des besoins en formation continue.

Dans pratiquement tous les services analysés, il revient à la personne concernée d'identifier ses besoins en formation continue «fonctionnelle», alors que dans la plupart des cas, elle n'a pas toutes les informations en sa possession. On le voit par exemple à travers l'introduction de l'informatique, où certaines personnes disent s'être vu refuser des formations qu'elles avaient anticipées, sous prétexte qu'elles ne disposaient pas encore de l'outil informatique, puis par la suite ces mêmes personnes ont reçu un jour leur matériel et ont dû «courir» après la formation, le cas échéant en constatant qu'aucune place n'était plus disponible dans les cours concernés. Il y a là manifestement un problème *de planification* de la formation, qui provient en partie du fait que l'introduction de nouvelles technologies ou programmes informatiques est pilotée par d'autres services, transversaux de l'organisation, et que l'information est fournie souvent très tardivement. En d'autres termes, il est demandé au personnel de détecter ses besoins en formation continue «fonctionnelle», mais sans en avoir les moyens. Notons au passage qu'à notre connaissance, trop de projets de changement, quels qu'ils soient – introduction du nouveau matériel, de nouvelles méthodes ou principes de management – sont planifiés sans que la formation correspondante, parfois indispensable, ne soit prévue; il faut alors agir en catastrophe et en dernière minute. Par souci d'économie, ou tout simplement par manque de pragmatisme, cette formation nécessaire est oubliée, ce qui représente en fait un gaspillage de ressources important puisque les éléments introduits ne peuvent pas être utilisés par le personnel.

Ainsi, dans le même ordre d'idées, la décision de préaviser ou d'accorder ce type de formation ne devrait pas être exclusivement attribuée à la hiérarchie de proximité, qui ne dispose à son tour que d'informations partielles. Il s'agit bien d'une démarche dont la responsabilité première devrait reposer sur les épaules de la direction et des états-majors planifiant l'introduction de changement.

4.2.4 Formations légitimées par l'employabilité

A l'inverse de la précédente, la formation légitimée par l'employabilité, dans l'optique du personnel, devrait conduire au contraire à acquérir des compétences qui ne sont pas nécessairement utiles dans la fonction ni même dans le service au sein duquel la personne travaille, mais permettre d'accroître les chances du personnel de trouver un emploi ailleurs. Le terme d'employabilité signifie toujours plus clairement la capacité de l'individu à trouver un emploi (Barjou 1997, Pelosse *et al.* 1996), à être attractif et savoir «vendre» ses compétences. Dans une vision large de ce sujet, nous pourrions naturellement considérer que tous les types de formations suivies permettent d'accroître l'employabilité; la typologie adoptée ici prend au contraire une acception étroite orientée vers la mobilité interne ou externe. On voit l'employabilité apparaître en tête des motivations citées dans l'enquête de von Bardeleben *et al.* (1996), plus exactement «bessere berufliche Leistungsfähigkeit», «interessantere oder anspruchsvollere Tätigkeit», ou encore «bessere Auftiegschancen», autant d'arguments qui ne relèvent pas de la performance immédiate dans le poste, mais bien de l'élargissement des «possibles» professionnels. Dans les faits, au travers des études de cas réalisées, cette tendance se concrétise-t-elle?

Les différentes variables contextuelles décrites (politiques et cultures formationnelles avant tout) contribuent à introduire un décalage entre les valeurs prônées et les valeurs en action:

- D'un côté, un message absent, ou promouvant l'employabilité, dans le courant plus général favorisant l'évolution professionnelle et la mobilité;
- De l'autre côté, une attitude passive, voire bloquante, face aux propositions du personnel allant dans ce sens. En clair, il s'agit d'un domaine qui ne regarde en fait guère le service, pour ne pas dire qu'il le considère comme un danger potentiel. Plusieurs motivations ont été avancées,

en marge de l'argument principal consistant à supporter uniquement la formation qui servira dans le service où la personne travaille: faibles possibilités de reconnaître financièrement les nouvelles compétences acquises du fait du statut du personnel, rigidité de la structure en place ne permettant d'attribuer facilement des responsabilités nouvelles à la personne (poste «sur mesure»), crainte de perdre la personne sur laquelle l'employeur a par ailleurs investi, etc.

Deuxièmement, l'employabilité n'apparaît nullement conceptualisée, ni du côté de l'employeur ni du côté de l'employé. Tout se passe comme si, à de rares exceptions[27], elle ne représentait guère une préoccupation actuelle de nos différents interlocuteurs, entièrement accaparés par le présent, par la réalisation des missions et fonctions actuelles. L'on ne peut que relever la distance importante qui existe entre certains écrits (Barjou, 1997, Boyé/Ropert, 1994) et la réalité du personnel dans les services publics en Suisse. L'absence de référentiels de compétences officiellement gérés au sein des organisations analysées, de même que de systèmes d'informations permettant d'accéder aux profils de postes potentiellement visés – des fonctionnalités offertes par les nouveaux systèmes d'informations du personnel – sont autant de freins à cette idée véhiculée par la littérature spécialisée, idée que l'on retrouve en particulier au moment où les personnes se trouvent en rupture de carrière et réalisent des bilans de compétences (Amherdt, 1999, Emery, 1998).

4.2.5 Formations légitimées par des projets du service

Les formations légitimées par les projets du service sont liées à des développements qui ne touchent pas le métier de base du service, mais d'autres éléments de son organisation ou de ses pratiques de management; en ce sens, elles incarnent plus particulièrement les processus de modernisation

27 Ces exceptions concernent des personnes bénéficiant de «filières» de formation continue, le plus souvent conceptualisées par le service central des RH de l'organisation. Dans ce cas, un effort parfois très important peut être consenti par l'employeur (par le service d'accueil), mais une forme de «retour sur investissement» est prévue puisque la personne est destinée à un poste précis (promotion) et que, de plus, un contrat obligeant la personne à rester au service de son employeur pendant une durée égale à celle de la formation, doit être signé.

en cours actuellement dans les organisations publiques, et devraient ainsi être d'autant plus importantes que le stade de modernisation est avancé.

La majorité des entités analysées utilisent ce levier pour introduire, par des cours obligatoires, une forme de modernisation de leur activité. L'on retrouve ici un panorama des approches en vogue dans les services publics: management par projet, par la qualité, nouvelle gestion publique, nouvelle gestion du personnel et encadrement. Autant la formation technique peut être dispensée par des personnes provenant du service, autant ce type de formation tire sa légitimité de ressources (personnes) formationnelles externes, qui amènent un savoir et une expérience qui ne sont pas disponibles au sein du service. Dans cette optique, l'offensive de formation imposée dans un service peut être associée à la volonté de transformer en profondeur la culture et les pratiques du service, en bousculant quelque peu les personnes en place; il s'agit sans aucun doute d'un des moyens les plus efficaces dans ce sens.

A noter que les approches légitimées par des projets du service peuvent:

- Compenser l'absence de processus de modernisation au sein de l'organisation dans son ensemble. Dans ce cas, la direction du service exerce une forme de leadership et utilise la marge de manœuvre qui lui est donnée, ainsi que les ressources disponibles, pour promouvoir une approche spécifique. Ce genre de pratiques est de plus en plus officiellement offert aux services, invités à développer leur propre système de management[28]. L'avantage évident: il est adapté aux particularités du service; l'inconvénient: il peut s'inscrire en porte-à-faux par rapport aux principes plus généraux de l'organisation;
- Compléter une approche organisationnelle focalisée sur certains aspects, ou laissant une marge d'adaptation au service. Il en va ainsi typiquement des outils de gestion du personnel qui sont proposés centralement, alors que d'autres aspects du management font l'objet d'un développement ad hoc dans le service;
- Concurrencer les approches développées par l'organisation. Plus rare et problématique, cette situation n'apparaît pas immédiatement à la lecture des études de cas réalisées. Cependant, à partir du moment où plusieurs des programmes spécifiques aux services touchent des aspects d'encadrement, une analyse plus fine permettrait sans doute de mettre en exer-

28 C'est le cas par exemple à la Confédération, où les offices sont invités à développer leur «Modelamt», une interprétation des outils développés centralement par l'Office du personnel, adaptés en tenant compte des spécificités de l'office.

gue certaines incongruences avec les principes et outils de l'organisation; cette affirmation, basée sur notre expérience dans la mise en place de processus de management dans plusieurs services publics, demeure cependant au stade de l'hypothèse. En tous les cas, les membres du personnel qui sont amenés à changer de services au sein de la même organisation, mesurent à quel point les principes peuvent diverger d'un service à l'autre.

4.2.6 Formations légitimées par des changements organisationnels

Finalement, les projets légitimés par les changements organisationnels en cours comprennent des actions formationnelles de plus grande ampleur touchant plusieurs services (dans le cas de stratégies «pilote»), voire l'ensemble des services en cas d'implémentation globale des nouvelles pratiques concernées. L'on touche ici à des processus formationnels qui, au-delà de leur finalité première, visent à développer des pratiques communes et ainsi, faire partager une certaine culture d'entreprise.

Dans le cadre des services investigués, il ne s'agit pratiquement que de gestion des ressources humaines, et plus particulièrement de formation à l'entretien d'évaluation, l'une des pierres angulaires du management des performances individuelles (cf. partie théorique). En effet, ce type d'outil ne saurait être développé à l'intérieur d'un service uniquement, au risque d'aboutir à une multiplication de systèmes coexistants, établis sur une base vraisemblablement non-professionnelle, et non intégrés à la gestion du personnel centrale. Dans les environnements soumis à un management des performances complet, s'y ajoutent les cours touchant les outils de nouveau management public. Le tout peut signifier, pour certaines catégories de cadres, un «pensum» important de cours imposés (plus d'une semaine par année) qui hypothèquent même la maintenance des compétences techniques, au moment où ces dernières sont parfois fortement évolutives (domaine administratif/financier).

L'on comprend mieux, dans ce contexte, le caractère assez théorique du discours plaidant pour une responsabilisation individuelle face à la formation continue et au besoin de cultiver soi-même son employabilité.

4.2.7 Commentaires sur les liens avec le management des performances

La tendance qui semble se dégager de cette analyse qualitative est celle d'une prise en main progressive de l'identification, de l'organisation et de la validation des cours par la direction – tant la direction des services que la direction plus globale de l'organisation – pour les services sous management des performances. Cette tendance de la direction des services à s'approprier le processus formationnel peut être expliquée par plusieurs facteurs complémentaires.

Tout d'abord, la ressource formationnelle est fréquemment utilisée, sous la forme d'un programme obligatoire ou fortement recommandé, destiné à l'ensemble du personnel, à certaines fonctions ou niveaux hiérarchiques, dans le but d'imprimer au service un concept technique ou managérial particulier, ce dernier étant fréquemment en lien avec un projet organisationnel de plus grande envergure. Dans plusieurs cas d'ailleurs, surtout là où le management des performances est complet, ces deux niveaux de management se superposent, aboutissant à la mise en œuvre d'un projet ou d'un concept spécifique au service d'une part, et à la conduite d'un projet de changement organisationnel d'autre part. Les deux grands volets observables dans le changement organisationnel, à l'image des tendances développées dans la partie théorique, recouvrent la nouvelle gestion publique d'une part, et son cortège d'instruments d'analyse et de pilotage parfois très sophistiqués, et la gestion renouvelée des ressources humaines d'autre part, débouchant sur la formalisation de profil de compétences pour les cadres, ainsi que d'outils d'encadrement tels que système d'évaluation des performances.

Cette prise en main, qui revient de fait à monopoliser tout ou une grande partie des ressources formationnelles disponibles, réduit à la portion congrue les compléments formationnels individuellement choisis, contrastant ainsi fortement avec le message général de responsabilisation personnelle face à la formation continue. Ce paradoxe n'est d'ailleurs pas le seul, mais s'inscrit dans une forme «d'empowerment surcontrôlé» *(overcontrolled empowerment)* (Emery/Giauque, 2002) caractéristique de la nouvelle gestion publique en général.

D'autre part, cette mainmise progressive de la direction sur les ressources formationnelles vise également à contrôler l'un des canaux essentiels à la dissémination d'une culture d'entreprise propre, soutenant certains choix techniques ou de gestion qui sont ainsi inculqués au personnel, le cas échéant au moyen de tiers (formateurs externes) venant légitimer les choix internes de la direction.

Finalement, last but not least, le fait que les directions disposent de budgets pour la formation continue qui sont plus clairement identifiés, et sur lesquels elles sont devenues responsables, avec parfois une bonne marge de manœuvre dans leur utilisation (selon les principes la nouvelle gestion publique), contribue à notre sens à cette prise en main. Celle-ci se traduit par l'inversion du sens prioritaire dans lequel se développe le processus formationnel globalement considéré:

– Dans l'ancien système, que l'on trouve en partie encore dans les services sans management des performances, il relevait essentiellement d'une logique *bottom up*, où la direction, sur la base d'un certain nombre de besoins du personnel, trie et valide les demandes du personnel, des demandes surtout individuelles mais aussi parfois issues d'une analyse des besoins collectifs. Ce tri opère soit selon un système de préavis progressifs accordés aux différents niveaux hiérarchiques, soit selon un système de «droit» à la formation continue, laissant au personnel la possibilité de choisir n'importe quelle formation offerte par l'organisation, même sans aucun lien avec le poste actuellement occupé, ce d'autant plus que les coûts formationnels ne sont guère imputés au service;
– Dans le nouveau système, où le service dispose d'un budget formationnel souvent nettement plus substantiel sur lequel il est responsabilisé, la logique prépondérante est une logique *top down*, où le staff de direction, comprenant une personne spécialiste en ressources humaines, voire en formation continue – ou encore un groupe ad hoc constitué de cadres des différentes sections du service – conçoit et met en œuvre un programme, plus rarement des cours isolés, qui s'impose au personnel, réduisant d'autant leurs possibilités de concrétiser le message de «responsabilisation individuelle» par ailleurs distillé.

De notre point de vue, cette inversion du processus formationnel n'est pas, ou pas encore, le reflet d'une direction convaincue du rôle stratégique de la formation continue, puisque celle-ci est encore et avant tout orientée, selon le critère de l'utilité fonctionnelle, sur des besoins immédiats ou à court terme. Elle traduit bien davantage un renforcement de la composante managériale de la direction, autrefois basée surtout sur l'expertise technique. Aujourd'hui, cette expertise «descend» de plus en plus au niveau des échelons inférieurs, où des collaboratrices et collaborateurs très qualifiés, en partie grâce à la professionnalisation décrite ci-dessus, effectuent les missions techniques qui leur sont confiées. Ainsi la direction voit-elle cette source fondamentale de pouvoir (Crozier/Friedberg, 1977, Pfeffer, 1981) lui échapper en partie, ce qui la conduit à tenter de la compenser par la maîtrise renforcée du processus managérial, qui n'est rien d'autre qu'une forme de pouvoir institutionalisé se traduisant en autorité formelle et en règles officielles (Mintzberg, 1989).

Du point de vue de l'acteur, un management des performances complet signifie donc une augmentation de la formation imposée et une difficulté souvent nettement plus importante d'y adjoindre encore des actions de formation personnelles (comportement actif au sens où nous l'avons défini), hormis bien entendu en y consacrant d'importantes ressources personnelles, en argent et surtout en temps (hors travail). L'employabilité prônée par certaines directions, associée à une prise en charge personnelle de soi et de sa formation continue, et par le message plus général de la gestion des ressources humaines, apparaît ainsi aux yeux du personnel comme une forme d'injonction contradictoire:

- La personne est invitée à se prendre en charge sur ce point, mais sa marge de manœuvre s'en trouve sérieusement réduite puisqu'elle est prise dans un processus formationnel *top down*;
- D'un autre côté, son employabilité peut effectivement s'améliorer, puisque les actions de formation continue parfois importantes qu'elle doit suivre contribuent à accroître son professionnalisme et ses compétences de management public[29].

Gageons que dans quelques années, lorsque cette phase de transition sera achevée, les processus formationnels auront mûris et permettront aux directions de les intégrer véritablement dans un management stratégique de leurs services, tout en plaçant le personnel en réel *acteur* de sa formation et de son évolution professionnelle. Mais pour ce faire, encore faut-il développer une compréhension fine des comportements stratégiques des acteurs face à la formation continue, ce à quoi nous allons nous employer dans les paragraphes suivants.

29 Ce constat est valable au niveau d'analyse que nous avons retenu, soit des cadres. Toutefois, il est à noter que dans certaines administrations publiques telles que la Confédération, la tendance est à ouvrir les cours de base pour les cadres, autrefois réservés à ces derniers, à l'ensemble du personnel, dans l'optique de développer des «intrapreneurs» y compris parmi le personnel de base (Emery/Huerlimann, 2002).

4.3 Analyse portant sur les stratégies-types par unité organisationnelle, selon les variables retenues

Au-delà des variables stratégiques individuelles, nous avons reconstitué les stratégies-types émergeant au sein des services analysés. Ces stratégies sont une interprétation de notre part, tenant compte des informations fournies par les acteurs rencontrés, inspirée de l'analyse stratégique des acteurs.

4.3.1 Constats globaux

Tout d'abord, deux constats peuvent être faits à travers l'exercice d'identification des stratégies-types:

- Dans la plupart des unités analysées, la mise en évidence d'une stratégie commune ne relevait pas de l'équilibrisme, mais se dégageait assez naturellement des données en notre possession. A ce niveau d'analyse, qui n'intègre pas toutes les variables stratégiques (cf. présentation du design de la recherche), les paramètres contextuels et la fonction exercée, identiques sauf exception pour les personnes rencontrées, semblent bien induire suffisamment d'éléments communs entre les individus pour pouvoir, de manière crédible, parler de stratégie-type;
- *A contrario*, venant tempérer quelque peu le constat du point précédent, nous devons relever le fait que, dans les entités où nous avons rencontré deux catégories d'acteurs occupant des niveaux hiérarchiques différents, les stratégies-types identifiées ne se recoupent pas nécessairement avec ces deux catégories d'acteurs, montrant ainsi l'importance de variables individuelles telles que la perception des changements en cours et la capacité (ou la volonté) de les intégrer dans son propre développement. Nous ne pouvons que relever ce point sans être en mesure de l'analyser plus à fond, en rappelant que l'analyse quantitative a mis en exergue le lien entre «ouverture aux valeurs» et comportements actifs de formation continue.

4.3.2 Objectifs concrets associés à la formation continue

Rappelons tout d'abord que ces objectifs ne correspondent pas au discours général des acteurs, souvent abstrait et idéalisé, recueilli notamment à travers la question «que signifie la formation continue pour vous?». Nous avons voulu ici ancrer résolument l'analyse dans l'action, en synthétisant les objectifs réellement et concrètement poursuivis par les acteurs rencontrés, à travers leurs comportements de formation continue.

Or le premier point qui frappe est celui de la distance, parfois du fossé, qui sépare le discours général tenu sur la formation continue, et les objectifs concrètement poursuivis par les personnes, lesquels transparaissent à travers leurs comportements effectifs pendant l'année écoulée (nous le verrons également ci-dessous avec l'utilisation effective des ressources formationnelles). En grossissant quelque peu le trait, la tendance suivante apparaît:

- Un discours général plaidant pour une formation continue «indispensable» à l'époque actuelle, sorte de complément inévitable à l'exercice d'une activité professionnelle «responsable», une formation continue très importante pour rester ouvert sur le monde et au fait de ses derniers développements, une formation continue «qui apporte toujours quelque chose»;
- Des objectifs réels très fortement focalisés sur l'utilité fonctionnelle à court terme, lesquels, dans bien des cas, sont le fruit d'une démarche que les personnes ne maîtrisent que très partiellement, parfois pas du tout. Si les objectifs à moyen terme ne sont pas légion, ils peuvent toutefois être observés chez un certain nombre de personnes, pour des motivations très diverses (cf. ci-dessous).

Cette focalisation principale sur le métier de l'organisation, ou son domaine technique, se trouve également dans d'autres enquêtes récentes en Suisse (Bach, 2000). Elle peut aboutir, contrairement au constat fait par Bodart Senn/Schräder-Naef (2000), non pas à pousser les personnes à se former davantage, mais bien à restreindre leurs possibilités en la matière.

Deuxième élément frappant: les objectifs poursuivis, à quelques exceptions près, sont uniquement ancrés dans le domaine d'activité actuel, voire dans la fonction actuelle. Dans cette perspective, la formation continue est un levier, actionné par la personne ou par sa hiérarchie (cf. ci-dessous, stratégies-types), afin de répondre à plus ou moins court terme aux exigences de son poste. A court terme, nous trouvons des motivations plutôt réactives, la formation continue servant à:

- Actualiser les connaissances professionnelles, être à jour;
- Acquérir les connaissances fonctionnelles (devenues) indispensables à l'exercice de sa fonction;
- Rester efficace à court terme, améliorer sa performance;
- Rester crédible, vis-à-vis de soi-même (confiance en soi) et des autres (dans notre cas, des subordonnés qu'il s'agit d'encadrer de manière compétente), ne pas être disqualifié.

A moyen terme (plus d'une année), les motivations sont davantage pro-actives ou anticipatrices, par exemple pour:

- S'ouvrir des perspectives professionnelles, à l'intérieur du domaine d'activités, progresser, même en l'absence d'une promotion programmée;
- Garder de l'intérêt, de la motivation dans son travail;
- Pouvoir développer un projet ou une attente tout à fait personnelle, qui s'orientent dans des directions très spécifiques, en lien ou pas avec le travail, mais dans ce dernier cas sans que cela ne corresponde au souhait de changer d'orientation professionnelle; il s'agit plutôt de «changer de registre», de voir autre chose, etc.;
- Nous le verrons, les objectifs à court terme correspondent surtout à une stratégie-type «passive» et réactive; cependant, même dans ce cas, l'identification des besoins et la formulation des objectifs peuvent être initiés par l'individu agissant, plutôt que par sa hiérarchie. Quant aux objectifs à moyen terme, ils se révèlent avant tout le fait de l'acteur, de sa conception professionnelle et personnelle et, en ce sens, sont souvent présentés comme une affaire «privée». La seule exception à ce constat vient de situations où la personne est intégrée dans une filière de développement officielle et promise à une fonction supérieure; il s'agit alors d'un cursus de formation de plus longue durée et qualifiant. L'on est donc très loin du principe de carrière propre à d'autres systèmes de fonction publique (Germann, 1996).

Dans l'esprit d'un managérialisme introduit au sein des services publics, et fortement critiqué par certains auteurs traitant d'ailleurs autant du management privé que public (Pollitt et Bouckaert, 2000, Lane, 1997), la gestion publique actuelle paraît bien conduire à focaliser sur des résultats, respectivement sur une utilité à court terme, au détriment de perspectives à plus long terme, nécessaires dans une vision organique et développementale tant de l'organisation que des individus, confirmant d'autres enquêtes sur ce sujet (Bach, 2000). Ce dernier point est laissé quasi-entièrement aux personnes, qui peuvent développer un projet personnel autant dans des environnements disposant d'un management des performances que dans ceux n'en disposant pas. Au moins au stade des objectifs, l'intensité du management des performances ne semble pas jouer de rôle prépondérant.

Quant à l'organisation, à travers les services analysés tout au moins, relevons qu'elle ne pratique guère la gestion prévisionnelle des emplois et des compétences (Batal, 1997), laquelle paraît encore bien théorique au vu des constats faits à ce stade.

Si la formation continue, en-dehors de l'utilité fonctionnelle immédiate, peut donner lieu à un éventail large d'objectifs personnels, notons finalement qu'elle n'est pas utilisée comme acte-moyen au sens de Nuttin (1980) pour accéder à d'autres récompenses clairement identifiées, financières ou non financières[30]. Nous pouvons l'expliquer d'une part à travers la place encore en devenir de la formation continue auprès des directions, et d'autre part par un système de gestion des ressources humaines encore peu dynamique et intégrant difficilement les performances et les efforts (formationnels) particuliers[31].

4.3.3 Ressources formationnelles

Les ressources mentionnées sont classiques et peu diversifiées:

- Cours et séminaires internes au service: mentionnés dans tous les cas;
- Cours offerts sur catalogue par l'organisation: pratiquement toujours mentionnés, mais avec une double réserve. L'accès à l'information n'est pas toujours aisé (catalogue ne circulant pas), et d'autre part, tout spécialement pour la population «CFC» mais pas uniquement, le sentiment est exprimé que ces cours s'adressent à d'autres (cadres, personnel administratif) et sont donc de peu d'utilité;

30 Voir à ce sujet la modélisation du processus formationnel développé dans la partie théorique.

31 Cet argument a été mentionné à de nombreuses reprises par des personnes un peu «frustrées» de constater que les efforts en matière de formation continue, très conséquents pour des cursus longs, sont parfois tout simplement ignorés par la direction.

- Cours externes «repérés» par les personnes intéressées, par une initiative et une démarche personnelles. Il s'agit autant de cours de courte durée, ponctuels, que de filières longues, officielles et qualifiantes (formation formelle). L'accès à ces cours semble toutefois limité, parfois conçu comme une forme de récompense, voire de privilège réservé à une catégorie de cadres moyens;
- Manifestations diverses, foires, journées d'associations, etc. comportant une dimension formationnelle indirecte. Là aussi, au vu des frais occasionnés, beaucoup de nos interlocuteurs ont déclaré ne pas avoir accès à ces ressources qui revêtent un caractère de «privilège»;
- Lecture de documentation (livres, revues, etc.), documentation le plus fréquemment acquise par la personne en l'absence d'un processus formalisé (bibliothèque par exemple[32]);
- Echanges avec les collègues et apprentissages «sur le tas»: ce dernier point est également mentionné dans tous les cas, montrant l'importance que les personnes accordent à un élément de transmission traditionnel du savoir qui, dans plusieurs situations, est en voie de déstructuration (cf. ci-dessous, analyse des stratégies-types).

Le potentiel formateur de nouvelles approches de management, utilisées dans plusieurs unités, n'est pas vraiment reconnu par nos interlocuteurs, même s'il est parfois fortement mis en avant par la direction, qui l'utilise consciemment comme une ressource formationnelle importante (par exemple le «management par projets»).

La même remarque introductive que pour les objectifs doit être faite: dans bien des cas, les ressources formationnelles mentionnées par les personnes rencontrées sont bien plus nombreuses et diversifiées que celles auxquelles elles recourent effectivement, en l'occurrence le programme de formation interne au service, souvent obligatoire. Il y a donc une conscience des sources formationnelles, ce qui est réjouissant, mais une utilisation plutôt pauvre. Si l'on pense que nous avons affaire à des cadres, ce constat est d'autant plus préoccupant, car l'on peut penser que ce constat s'aggrave sensiblement pour le personnel non-cadre.

En résumé, les ressources formationnelles sont avant tout localisées dans l'environnement de travail, immédiat (collègues) et du service; dans

32 Lorsqu'il existe une bibliothèque, celle-ci n'est pas facilement accessible, localisée au «siège» du service, et souvent, son existence est tout simplement ignorée. L'on est donc très loin d'un système intégré de management des connaissances.

une moindre mesure au niveau de l'organisation, et encore moins à l'extérieur. Plus la ressource est intégrée au service, plus celui-ci est susceptible d'y apporter son soutien (financier et temporel, cf. ci-dessus, présentation des variables contextuelles), plus elle est légitime, et plus son utilisation correspond au critère de l'utilité fonctionnelle immédiate. On aurait pu penser que la formation externe jouit d'une légitimité ou d'un pouvoir d'attraction plus important, en interprétant l'adage «nul n'est prophète dans son pays», mais cela n'est point le cas.

4.3.4 Atouts/ressources des acteurs

Les atouts mentionnés par nos interlocuteurs pour faire valoir leurs objectifs en matière de formation continue (recours accru à la formation continue, ou évitement) peuvent être catégorisés ainsi, par analogie aux sources de pouvoir (French/Raven, 1959):

- Les atouts liés aux personnes: leurs compétences, leurs comportements, leur ancienneté;
- Les atouts liés à la fonction et aux rôles exercés.

A quoi il convient d'ajouter:

- les atouts liés au réseau de relations, hiérarchiques et transversales;
- les atouts liés aux méthodes de management;
- les atouts liés au contenu de la formation continue.

Précisons d'emblée que ces atouts ont été certes indiqués, mais ils ne sont pas nécessairement utilisés par les acteurs, puisque les comportements effectifs dépendent de l'ensemble des variables stratégiques présentées dans cette partie.

Parmi les principaux atouts liés aux personnes, celui de l'investissement professionnel au travail (se montrer intéressé, curieux, prendre des initiatives, aller au-delà des attentes, en «vouloir», etc.) est pratiquement toujours cité. Le but consiste d'une part à se faire «repérer» par sa hiérarchie, et d'autre part, montrer d'une certaine façon que l'investissement formationnel vaudra la peine. Cet investissement professionnel peut être complété par un investissement personnel hors du temps de travail, allié à une certaine souplesse qui favorise la réalisation d'action de formation continue; cet argument demeure toutefois minoritaire. Comme le souligne Mintzberg (1983) en matière de pouvoir, le fait de disposer d'un atout n'est guère suffisant, encore faut-il l'utiliser. En l'occurrence, les compétences de négociation, la capacité à «présenter de manière logique et cohérente» une demande de formation continue, un argument également cité dans une moindre mesure, doivent alors être dynamisées par un esprit d'initiative permettant de déclencher l'action.

Dans plusieurs situations rencontrées, la formation continue est bloquée parce qu'entre le responsable et la personne concernée, il y a mésentente: chacun des deux pense que c'est l'autre qui prendra l'initiative dans ce domaine, à la manière des dysfonctionnements typiques de la communication interpersonnelle (Salomé, 1982). A noter que les capacités de négociation peuvent s'exercer également dans le sens de diminuer sa charge de travail, son quota de production, en arguant du fait que, dans la position de cadre exercée, les tâches administratives et d'encadrement prennent du temps; cette charge réduite permet ensuite un meilleur accès aux ressources formationnelles. Finalement, les atouts liés à l'ancienneté dans la fonction d'une part, et une certaine «habitude» de la formation continue d'autre part, sont anecdotiques. Leur utilisation est à double tranchant: favoriser l'accès ou l'évitement de la formation continue, en prétextant dans ce cas avoir «fait» le tour de l'offre pertinente dans son domaine; cet argument a été finalement peu cité, alors que les comportements de formation continue réellement observés peuvent laisser penser (voir traitements quantitatifs des données) qu'en fait, il joue un rôle plus important en pratique.

Les atouts liés à la fonction et aux rôles exercés sont typiques pour ce niveau hiérarchique d'encadrement: il ressort clairement, dans les entités où nous avons rencontré deux niveaux hiérarchiques différents, que les cadres de 2e niveau disposent sur le principe d'une capacité et d'une autonomie d'action accrues dans leur travail, qui se répercutent aussi sur la question de la formation continue. Alors que les cadres de premier niveau peuvent invoquer leur rôle d'encadrement[33] pour solliciter de la formation continue, dans bien des services, ils font d'ailleurs l'objet d'un programme obligatoire et conséquent de FC, portant surtout sur la management et l'encadrement, ceux du 2e niveau bénéficient, en plus, d'une influence accrue sur les décisions du fait de la proximité qu'ils entretiennent avec la direction. Dans

33 En Suisse, le rôle d'encadrement est encore fortement lié à l'idée non pas d'exercer un pouvoir, mais bien à celle d'être exemplaire pour ses subordonnés (voir par ex. Bergmann, 1986, mais aussi les principes d'encadrement de nombreuses administrations publiques, par exemple au sein de la Confédération: politique du personnel de la Confédération, 1999).

certains cas, ils développent un programme de travail ou une activité particulière qui leur permettent ensuite d'ancrer plus aisément leurs demandes de FC; parfois même, des ressources financières leur sont déléguées à cet effet. En théorie au moins, nous constatons donc qu'à des responsabilités accrues correspondent des possibilités et une légitimité augmentées d'accéder à la formation continue. Celles-ci peuvent encore être accrues au moment où la personne exerce un rôle connexe à sa fonction de cadre, qui vient se rajouter à ses responsabilités de base: par exemple le rôle de formateur interne ou externe (expert au sein de formations formelles), ou encore le rôle d'adjoint/remplaçant de son responsable hiérarchique supérieur. Dans ce cas, outre le fait que ces rôles sont qualifiants en eux-mêmes, la personne possède des arguments «lourds» pour accéder à la formation continue.

Les atouts liés au réseau de relations, hiérarchiques et transversales, permettent de mettre en exergue l'importance de la hiérarchie de proximité, confirmant des résultats de recherche antérieurs (London/Smither, 1999). Il s'agit d'un argument majoritairement mentionné, dans la double perspective de la hiérarchie immédiate et de la direction du service: il s'agit de bien s'entendre avec son responsable direct afin que ses demandes «passent plus facilement», mais il s'agit également de bénéficier d'une hiérarchie ouverte, voire acquise, quand ce n'est pas promouvante, en matière de formation continue. En l'absence d'une politique formelle et face à des moyens limités, ces atouts potentiellement mobilisables sont donc très inégalement répartis au sein des sections et équipes formant les services analysés, produisant de fait une forme d'inégalité de traitement.

A cette situation de fait, l'acteur peut également ajouter un réseau de relations transversales, cultivé de manière active, notamment en étant impliqué dans des projets ou des groupes de travail, ou encore en développant ses échanges au sein du service, avec d'autres collègues exerçant des responsabilités similaires. L'intégration dans ce type de réseaux représente un atout à plusieurs titres, outre leur composante qualifiante: accès facilité à des informations ou des ressources formationnelles, légitimité supplémentaire pour y accéder, ou encore, mais il s'agit là d'un cas de figure rarement mentionné, possibilité de former des alliances entre personnes autour d'un objectif formationnel commun. Dans ce cas, l'identification d'un besoin collectif et la capacité à le faire «remonter» au niveau de la direction sont des arguments de poids pour obtenir une décision positive de cette dernière, ce d'autant plus dans un environnement marqué par le trend culturel de «l'utilité fonctionnelle à court terme». Ainsi, les coalitions d'acteurs, tant internes qu'externes, présentées comme l'un des modes d'action stratégiques fondamentaux (Mintzberg, 1983), ne sont guère présents dans nos études de cas, ou alors notre méthode d'investigation n'a-t-elle pas permis de les mettre en évidence. Toute se passe comme si, en l'état actuel, les logiques d'action impulsées par les individus sont avant tout personnelles, se faisant l'écho d'une tendance très claire à l'individualisation de la gestion du personnel dans les services publics (OCDE, 1997a). La mainmise progressive de la direction sur le processus formationnel constitue sans doute une autre partie de l'explication (cf. discussion des variables contextuelles).

Les atouts liés aux méthodes de management tournent autour de l'autonomie et de la délégation accrue des responsabilités d'une part, et de modes d'organisation qualifiants d'autre part. Sans revenir sur les arguments déjà présentés dans l'analyse des variables contextuelles, nous devons ici relever que les nouvelles méthodes de gestion publique (NPM) et d'encadrement favorisent l'aplatissement de la hiérarchie et l'*empowerment*, tout en distillant le message de la «responsabilisation individuelle», y compris en matière de formation continue. Dans ce contexte, les acteurs disposent d'un levier de choix pour appuyer, dans un sens comme dans un autre, leurs objectifs formationnels. Quant aux modes d'organisation qualifiants, parfois pensés comme tels par la direction mais pas nécessairement, ils contribuent à créer des réseaux de relations de manière formalisée et orchestrée par la direction, ce qui génère les mêmes atouts que ceux mentionnés dans le point précédent. Dans des structures qui demeurent fréquemment cloisonnées, l'introduction d'une forme de collaboration transversale produit des rencontres et tisse des liens qui n'auraient, en mode de fonctionnement classique, jamais pu être développés.

D'autre part, dans certains services disposant d'un processus fonctionnel[34] de management des performances individuelles comportant une partie «formation», l'entretien d'évaluation a été mentionné à plusieurs reprises comme l'un des leviers mobilisables pour exprimer ou faire accepter une demande de formation. En effet, cet entretien fournit un cadre institutionnalisé et légitime pour aborder de manière structurée cet aspect, un cadre que la hiérarchie de proximité ne peut guère éviter. L'introduction d'un mana-

34 Ces outils d'évaluation individuels, en particulier l'entretien de collaboration, demeurent l'un des points faibles de la modernisation, leur mise en œuvre n'étant, pour le moment, pas convaincante (Emery/Giauque, 2002).

gement des performances est ainsi perçue ici comme un soutien, alors que, nous le verrons ci-dessous, le processus en lui-même de management des performances, peut également intervenir comme un frein.

Finalement, les atouts liés au contenu de la formation continue, lesquels constituent une forme d'auto-réalisation, ou de réflexivité de la formation continue sur elle même, font appel à ses contenus orientés à court terme. Dans le contexte culturel maintes fois décrit, il est évident que les formations conçues pour répondre à des besoins immédiats (nous utilisons à dessein le mot «conçues» puisque le transfert et le suivi de la pertinence des formations ne sont pas précisément les points forts du processus de pilotage de la formation continue, cf. ci-dessous) portent en elles-mêmes une source fondamentale de légitimité aux yeux de la hiérarchie et par conséquent, pourront être «vendues» beaucoup plus facilement. C'est un atout qui, a contrario, constituera d'ailleurs une des limites essentielles, comme nous allons le voir dans le paragraphe suivant.

4.3.5 Limites et contraintes

D'un point de vue purement logique, chacun des atouts exposés ci-dessus constitue en effet, potentiellement au moins, une limite. Cependant, nous aimerions ici résumer et discuter les limites et contraintes exprimées par nos interlocuteurs. Celles-ci s'articulent autour des éléments suivants:

- production et conditions de réalisation du travail, il s'agit du point principal, et pas seulement dans les services sous management des performances;
- reconnaissance et légitimité de la formation continue;
- position/attitude de la hiérarchie;
- caractéristiques personnelles;
- pratiques de management;
- pratiques de gestion des ressources humaines, et plus spécialement de gestion des compétences;
- et, last but not least, contenu et programmes (obligatoires) des formations continues.

Concernant tout d'abord la production et la réalisation du travail, nous retrouvons des arguments tels que: contraintes liées au travail (quotas de production, horaires, priorités), augmentation du travail non productif (administratif), diminution globale des ressources allouées, et des effectifs en particulier, équipes réduites rendant toute absence problématique, difficulté voire impossibilité à se faire remplacer. Ces diverses contraintes induisent une disponibilité et une flexibilité réduites face à des modes de formation continue axés sur le présenciel. Ce d'autant que les formes nouvelles de réalisation du travail (équipes polyvalentes, réseau de collaboration, groupes de projets), en vigueur dans plusieurs unités analysées, produisent des compétences qui ne sont guère identifiées et valorisées, ce qui permettrait alors de compenser en partie le manque de disponibilité *off the job*. Incontestablement, l'on trouve ici l'un des obstacles essentiels du message formationnel dans les services publics, identifié également dans d'autres études (von Bardeleben *et al.*, 1996).

Si la formation continue a bonne presse dans le discours général et abstrait de la direction, voire de la hiérarchie de proximité, sa légitimité et sa reconnaissance demeurent, dans les faits, fort restreintes. L'on est ici très loin d'une perspective développementale et durable de l'organisation, qui investirait dans le futur sans connaître précisément les défis qui l'attendent; l'observation que l'on pourrait faire se rapproche plutôt de la «spirale des performances négatives» identifiées par Pfeffer (1998), soit le triptique: «problèmes de performances → réduction des coûts et des investissements dans le personnel, y compris réduction de la formation → motivation, satisfaction, etc. à la baisse». Face au manque de soutien pour la formation qui dépasse la fonction ou le domaine d'activités actuels, face au manque de reconnaissance après avoir suivi des formations continues[35], parfois même de longue durée – correspondant parfois à une formation nouvelle de premier cycle, par exemple un brevet fédéral – il est clair que les personnes ont tendance à se décourager, puis à se démotiver face à toute initiative de formation continue.

Cela peut être le cas même si la hiérarchie de proximité est favorable et encourage la formation continue, mais bien entendu a fortiori si ce n'est pas le cas, un argument rarement évoqué par nos interlocuteurs. L'obstacle peut ici prendre différentes formes, dont l'accès limité à l'information sur la formation continue (catalogue disponible «quelque part», mais le personnel ne le voit pas concrètement), une déconsidération des formations proposées («elles n'apporteront rien, sont en décalage par rapport à nos besoins»), une

35 L'argument avancé est souvent lié au statut du personnel et les rigidités qui lui sont liées: classification des fonctions, échelles de traitement, ne permettant pas vraiment de reconnaître la formation suivie.

attitude ferme restrictive face aux demandes, sans compter les situations particulières où il existe un contingent ou une mésentente entre la personne et son responsable direct. Toutes ces attitudes, ou ces comportements, peuvent représenter des obstacles quasi-rédhibitoires pour les personnes rencontrées; l'on imagine que la situation doit être encore plus critique pour des personnes n'occupant pas une fonction de cadre.

Parmi les caractéristiques personnelles représentant une limite, nous trouvons l'argument inverse de celui avancé en tant qu'atout, soit l'âge et l'ancienneté dans la fonction: l'âge parce que la proximité de la retraite («dans quelques années») constitue un frein pour des formations non indispensables ou non fonctionnelles à court terme, et l'ancienneté parce qu'elle est souvent synonyme d'une accumulation de multiples formations continues suivies au fil du temps, certains interlocuteurs affirmant «avoir fait le tour» des formations continues, «suivi toutes les formations au management» etc., comme si la matière était figée et pouvait être épuisée. Une analyse plus fine montrerait sans doute – nous ne pouvons l'avancer qu'en tant qu'hypothèse avec les informations en notre possession – que certaines personnes utilisent cet aspect comme un tout à faire valoir pour éviter de devoir suivre encore des formations continues.

Rarement mentionnée est l'absence de compétences nécessaires à l'identification de ses besoins en formation. Il s'agit d'un obstacle peu présent dans l'esprit de nos interlocuteurs. Alors que le comportement positif destiné à être «repéré» était avancé comme un atout, le comportement négatif (minimaliste par exemple) n'est quasiment pas mentionné comme frein; cela illustre bien le fait que les limites ne sont pas nécessairement liées à l'absence d'atouts, voire à des atouts exprimés négativement.

Un des points les plus intéressants est lié à l'attitude évoquée par quelques interlocuteurs, une attitude faite d'un mélange de perfectionnisme, d'attentes personnelles très élevées et de souci du travail bien fait, voire un souci de l'égalité de traitement (dans le domaine fiscal). Cette attitude est avancée comme un frein puisque la formation continue consomme du temps qui ne peut, ainsi, être affecté à une réalisation impeccable du travail. Compréhensible à court terme, cette réaction n'en est pas moins problématique à moyen et long terme, puisque l'obsolescence des compétences techniques est inéluctable.

Les pratiques de management, d'une manière générale, introduisent une focalisation à court terme et une pression des délais constituant un réel obstacle à la fréquentation de cours; nous les trouvons cependant pratiquement dans tous les services, même sans management des performances au sens où nous l'avons défini, de sorte qu'il semble s'agir plutôt d'une caractéristique plus générale de la transformation de la gestion publique. Le management des performances, plus spécifiquement, produit par contre des effets contrastés:

- dans les services où il est introduit de manière complète, les personnes ont tendance à affirmer qu'il rend les objectifs professionnels à atteindre plus présents, plus visibles, et ainsi, induit une contrainte par rapport à des actions formationnelles qui, nécessairement, ne sont pas directement productives. Cette contrainte est d'ailleurs au moins autant perçue comme un contrôle exogène que comme faciliteur d'une forme d'autorégulation;
- à l'inverse, dans les services sans aucun management des performances, des interlocuteurs évoquent l'absence d'objectifs officiels pour soutenir leurs demandes, pour développer une argumentation logique permettant d'amarrer l'effort formationnel au travail réalisé. Ainsi, la fréquentation de cours peut paraître comme une action déconnectée du travail actuel, qui demande un effort supplémentaire, en particulier pour la mise en œuvre, sans qu'une quelconque reconnaissance ne soit, au moins formellement, prévue.

Force est de constater que les pratiques de gestion des ressources humaines, plus spécifiquement de management des compétences – gestion prévisionnelle des emplois et des compétences (Flück/LeBrun/Choquet, 1992), établissement de référentiels de compétences, évaluation et suivi des compétences du personnel, à travers des processus et systèmes d'informations adéquats – sont inexistantes ou embryonnaires. Leur absence fait que les actions de formation continue du personnel manquent cruellement d'un référentiel permettant d'en apprécier globalement – et non de manière ponctuelle – la pertinence. Ce cadrage du processus formationnel est perçu comme un manque par quelques personnes seulement, montrant ici également un important décalage avec la littérature spécialisée. En particulier, le processus conduisant à l'acceptation des demandes de formation continue demeure le plus souvent opaque, précisément parce qu'il manque un cadre de référence qui fournirait des critères décisionnels transparents.

Finalement, et il s'agit d'un ensemble d'arguments fréquemment mentionnés, nous trouvons des limites liées aux formations continues elles-mêmes: contenu inadapté, trop théorique ou trop scolaire, focalisation trop exclusivement technique, fréquence inadaptée, manque de professionnalisme des animateurs (en particulier lorsqu'il s'agit d'animateurs internes) sont les principaux points avancés. Dans un contexte déjà peu favorable, par exemple un responsable direct réticent, il est évident que ce constat ne peut qu'anéantir les dernières velléités formationnelles.

4.3.6 Marge de manœuvre

La marge de manœuvre perçue par nos interlocuteurs n'est pas la résultante d'une forme de bilan comptabilisant les atouts et les limites pour aboutir à un résiduel d'action quasi mécanique, à l'image du modèle des champs de forces de Lewin (1951). D'autre part, si la marge de manœuvre effective est différente d'un individu à l'autre, nous pouvons dégager une tendance dans le cadre des stratégies-types identifiées; c'est ce que nous allons nous employer à faire, en distinguant clairement la marge de manœuvre pour les formations techniques liées au domaine d'activités, et pour les formations hors domaine d'activités. Tout comme pour les atouts, il s'agira également de distinguer la marge de manœuvre théorique de celle effectivement vécue par nos interlocuteurs. En toile de fond, nous nous demanderons si la logique d'action introduite à travers le management des performances, qui a priori réduit la marge de manœuvre de l'acteur puisqu'il doit rendre compte d'objectifs fixés avec sa hiérarchie, peut très bien, comme le montre Friedberg (1997), aboutir à une marge de manœuvre accrue. En effet, la situation de flou profite le plus souvent au pouvoir issu de l'autorité hiérarchique, alors que la règle (par quoi il faut entendre ici le «contrat» d'objectifs passé avec la personne concernée), même si elle est a apparemment plus restrictive, fournit un levier d'action nouveau aux acteurs qui en maîtrisent les contours, elle clarifie les exigences – et donc les «non-exigences».

Marge de manœuvre dans le domaine technique

A l'analyse, le premier élément frappant est la marge de manœuvre importante dont les personnes disposent, en théorie au moins, dans la plupart des services étudiés, et notablement dans les services ayant un management des performances complet. Le discours de principe ouvert à la formation continue et l'absence de référentiel plus précis, couplés à l'exigence de performances et la disponibilité de ressources sensiblement augmentées ces dernières années, constituent un ensemble de facteurs susceptibles d'expliquer un phénomène qui pourrait bien illustrer le principe théorique énoncé dans le paragraphe précédent. En effet, dans les services appliquant un management des performances individuelles uniquement, cette marge de manœuvre est estimée moins importante, et dépendant beaucoup du niveau hiérarchique; alors que dans les services sans management des performances, aucune tendance claire ne se dégage. Les arguments avancés soulignent l'autonomie accordée dans la fonction avant tout, ainsi que l'importance accordée à la dimension technique du travail, source de légitimation acquise par une hiérarchie majoritairement ouverte sur le principe. Dans certaines entités, le domaine technique est d'ailleurs élargi au management ainsi qu'à la formation continue fonctionnelle ou transversale, comme nous l'avons appelée. Ces trois orientations s'inscrivent dans la même logique, qui est celle de soutenir de manière concrète et directe la réalisation du travail (des cadres).

En pratique toutefois, parce que les atouts ne sont pas toujours mobilisables, mais également parce que les limites évoquées se combinent dans bien des cas, cette marge de manœuvre théorique se réduit comme peau de chagrin: rythme et prégnance des changements en cours, qu'il faut «digérer», ressources limitées, manque de temps, freins de la hiérarchie de proximité sont les principaux facteurs limitatifs dans les faits.

Etonnamment, nos interlocuteurs se déclarent en majorité satisfaits de leur marge de manœuvre, semblant se baser ainsi davantage sur le marge théorique que sur celle réellement disponible. L'on aurait pu penser que cette situation génère des frustrations bien compréhensibles. Aussi devons-nous émettre l'hypothèse qu'en réalité, la satisfaction résulte autant du sentiment de potentiel d'action («je peux si je veux»), que de l'accommodation d'un comportement actif de formation continue (au sens où nous l'avons défini) somme toute assez limité, surtout lorsqu'il est accompagné d'un programme de cours obligatoires à tendance croissante.

Marge de manœuvre hors du domaine technique

Hors du domaine de spécialisation, la marge est estimée faible, hormis dans une entité appliquant un management des performances complet. Cela est dû au manque de légitimité de cette formation, au soutien faible, voire nul qui l'accompagne, la confinant, aux dires de nombreux interlocuteurs, à une affaire privée à régler hors de son temps de travail.

Dans un service, cette question a été réglée à travers le principe d'un quota de journées de formation (hors formation imposée), mais c'est une exception. En pratique, face au désintérêt manifeste de la direction, les personnes concernées affirment, dans plusieurs services, se détourner de ce type de formation continue, et ainsi, s'auto-limiter dans leurs demandes, renforçant indirectement la logique de l'utilité fonctionnelle à court terme. Ce constat est d'autant plus surprenant que l'ensemble des organisations dont font partie nos services disposent d'un programme central de formation, par définition transversal ou «interdépartemental», donc hors de leur domaine de spécialisation. Ici également, l'idée de cultiver des compétences transférables, transversales, voire génériques (métacompétences) (Bellier, 1998, Thom/Ritz, 2000, Amherdt/Emery, 1998), semble en pratique bien éloignée des préoccupations tant des directions que des cadres interrogés.

4.3.7 Typologie des stratégies reconstituées

Tout d'abord, nous présentons un tableau récapitulatif des stratégies-types identifiées, comprenant les qualificatifs retenus, ainsi que les 5 dimensions de la stratégie.

Tableau 8. Récapitulatif des stratégies-types reconstituées.

Environnements	*MP +*	*MP +*	*MP +*
Entités, services *Domaine activité*	*1A* *Admin./fin.*	*1T (a)* *Technique*[36]	*1T (b)* *Technique*
Stratégies-types	***S1***	***S2***	***S3***
Description de la stratégie-type	Formation continue basée sur une «hygiène professionnelle» semi-dirigée, à décentration progressive	Formation continue conçue comme un levier fonctionnel et professionnel, partie intégrante des responsabilités assumées, surdéterminée par les nouvelles approches de management introduites	Formation continue «outil de changement» actionné par la direction, qui doit mettre en œuvre les nouvelles approches de management introduites (NPM, TQM avant tout)
Finalité principale	orientée sur le domaine d'activités et ses nouveautés, ses exigences fonctionnelles	orientée sur le domaine d'activités, ses exigences techniques et fonctionnelles (informatique, sécurité, etc.)	orientée sur les nouveaux rôles, outils et compétences nécessitées par les changements introduits
Provenance de l'impulsion	Impulsion personnelle au départ, remplacée progressivement par une prise en charge (cours obligatoires) par la direction	Provenant du centre, secondée par une impulsion personnelle parfois prédominante	Provenant du centre avant tout

36 Rappel: les stratégies-types identifiées ne recoupent pas les catégories de populations et de niveaux hiérarchiques retenus dans le domaine technique, soit les ingénieurs d'une part, et les CF.C d'autre part; raison pour laquelle nous avons mentionné simplement «technique».

Environnements	*MP +*	*MP +*	*MP +*
Entités, services *Domaine activité*	*1A* *Admin./fin.*	*1T (a)* *Technique*	*1T (b)* *Technique*
Stratégies-types	***S1 (Suite)***	***S2 (Suite)***	***S3 (Suite)***
Ressources formationnelles dominantes	les cours internes au service, spécialisés ou fonctionnels	les cours internes au service et à l'organisation	les cours internes au service et à l'organisation, programmés par la direction
Orientation temporelle	à court terme, selon les nouvelles exigences du domaine d'activité	à court et moyen terme, selon l'évolution du métier et des pratiques de management qui les concernent au premier chef	à court et moyen terme, selon l'évolution du métier et des pratiques de management introduites
Focalisation «individu-collectif»	de plus en plus collective, soit liées à des besoins identifiés et une offre de formation continue imposée/proposée par la direction du service	avant tout individuelle, hormis la plate-forme commune imposée à l'ensemble des cadres	avant tout collective, issue de la plate-forme commune imposée à l'ensemble des cadres

Environnements	MP +/-	*MP +/-*	*MP +/-*
Entités, services *Domaine activité*	*2A* *Admin./fin.*	*2T (a)* *Technique*	*2T (b)* *Technique*
Stratégies-types	***S4***	***S5***	***S6***
Description de la stratégie-type	Formation continue marquée par un d'individualisme subjectif, elle est unanimement reconnue comme un élément relevant de la responsabilité de chaque acteur, limitant toute action collective	Formation continue «levier d'amélioration personnelle», permettant d'optimiser la réalisation de sa mission. Une volonté de correspondre au mieux avec les exigences formulées de leur fonction et les attentes de l'organisation	Formation continue «adaptation/ réponses aux exigences du milieu» (évolution technique) ou de la ligne (évolution fonctionnelle)
Finalité principale	orientée sur le domaine d'activité et ses exigences fonctionnelles	orientée sur le domaine d'activités et ses exigences fonctionnelles	orientée sur le domaine d'activité et ses exigences fonctionnelles
Provenance de l'impulsion	Impulsion personnelle avant tout	Impulsion personnelle	Provenant du centre, répondent aux obligations ou propositions
Ressources formationnelles dominantes	cours internes au service et à l'organisation	large éventail interne et externe	les cours internes à l'organisation, qualification expérientielle
Orientation temporelle	à court terme	à court terme	à court terme
Focalisation «individu-collectif»	avant tout individuelle	approche individuelle	approche individuelle

Environnements	*MP -*	*MP -*	*MP -*
Entités, services *Domaine activité*	*3A* *Admin./fin.*	*3T (S1)* *Technique*	*3T (S2)* *Technique*
Stratégies-types	***S7***	***S8***	***S9***
Description de la stratégie-type	Formation continue «hygiène professionnelle», en partie inconsciente. Hors du domaine «stratégie en suspens» ou de procrastination, découlant de la période de transition et de changements vécue par le service	Formation continue «self-service» à orientation personnelle. Focalisée essentiellement sur des compétences techniques, cette stratégie est encouragée par un message positif et limitée par des garde-fous	Formation continue «résignée-passive», avec compensation partielle par la formation obligatoire ou l'investissement privé
Finalité principale	orientée sur le domaine d'activités et ses exigences fonctionnelles	orientée technique et fonctionnelle, selon leur conception du travail	orientée technique et fonctionnelle, selon leur conception du travail
Provenance de l'impulsion	Impulsion personnelle	Impulsion personnelle, en-dehors des cours obligatoires	Impulsion personnelle, en-dehors des cours obligatoires
Ressources formationnelles dominantes	les cours internes à l'organisation, la lecture de documents, l'échange de savoirs	cours internes au service et à l'organisation avant tout	cours internes au service et à l'organisation avant tout. Échanges entre collègues
Orientation temporelle	à court terme	court-moyen terme, utilité potentielle dans la fonction, mais non immédiate	à court terme
Focalisation «individu-collectif»	individuelle (activités liées aux besoins identifiés dans leur fonction)	complètement individuelle hormis la colonne vertébrale imposée	d'abord collective, complétée par un investissement personnel

Commentaire général relatif aux stratégies-types identifiées, et lien avec l'intensité du management des performances

Sur plusieurs points, les stratégies-types de formation continue identifiées présentent des similitudes, qui sont à considérer comme autant de caractéristiques marquantes du «paysage formationnel» actuel dans les services publics: finalité principale, orientation temporelle et ressources formationnelles dominantes. Nous présentons ces points en premier, pour ensuite entrer dans les différences issues de la dynamique propre à chacune des stratégies-types.

La finalité principale est orientée sur le domaine d'activité (technique) et son cortège d'exigences fonctionnelles (nouvelles lois, changements technologiques, évolution de la connaissance dans le domaine). Une mention particulière est à faire pour le domaine informatique d'une part, et le domaine «management» d'autre part, deux aspects pouvant être assimilés, au sens large, aux exigences fonctionnelles pour une population de cadres. L'informatique tout d'abord, très présente dans les services analysés, souvent soumis à des changements récents de matériels et/ou d'applications informatiques qui, s'ils ne sont pas accompagnés de la formation correspondante, se révèlent totalement inexploitables. Dans le domaine «administratif/financier» par exemple, ces applications sont très complexes et nécessitent des formations impératives s'étalant sur plusieurs journées, parfois plus d'une semaine; ces dernières «chargent» notablement le programme de formation continue obligatoire des personnes rencontrées. La formation dans le domaine du management d'autre part; qui est principalement axée sur deux orientations:

- une orientation classique, comprenant les approches actuelles d'encadrement du personnel (axées sur la délégation, la responsabilisation du personnel, le coaching, l'équipe et la polyvalence du personnel). Elle témoigne de la volonté d'élever le niveau général des compétences en management des cadres, pendant longtemps choisis essentiellement selon leur compétences techniques, et qui, aux dires de plusieurs responsables rencontrés, «présentent encore un déficit en la matière»;
- une orientation liée aux nouvelles approches de management public introduites dans les services analysés. Sur ce point aussi, les concepts mis en œuvre peuvent impliquer un programme très conséquent de cours, qui illustrent le caractère novateur des principes et méthodes mis en œuvre. Nous pensons ici tout spécialement aux éléments de comptabilité analytique et de tableaux de bord nécessaires à la nouvelle gestion

publique, des outils jusque-là utilisés avant tout dans le secteur privé. Leur adaptation au service public, dans l'esprit de légalité et de perfectionnisme qui l'accompagne, peut aboutir à des systèmes très complexes exigeant de nouvelles compétences pointues non disponibles dans les services à ce jour.

La focalisation principale sur le domaine d'activités induit une orientation dominante des stratégies de FC à court ou moyen terme, par quoi il faut entendre un horizon temps de 1 à 2 ans. Dans de rares cas isolés, les personnes rencontrées sont impliquées dans une action de formation à plus long terme, correspondant à un réel processus de développement de carrière. Par contre, les projets en cours, exposés par les directions et les responsables de formation, leur permettent d'esquisser des référentiels de formation continue plus systématiques et à plus long terme, en particulier dans les services sous management des performances (cf. ci-dessous).

Il est particulièrement intéressant de discuter la question de l'employabilité dans ce contexte. Si la finalité de l'employabilité, au sein d'autres services, voire d'autres organisations que celles où travaillent les personnes rencontrées n'a été que très marginalement évoquée, cela est avant tout dû, à notre sens, à trois facteurs complémentaires: premièrement, le cloisonnement entre services, l'un des traits marquants des administrations publiques (Emery *et al.*, 1997), demeure très fort et limite d'emblée les stratégies se développant dans ce sens; deuxièmement, les deux partenaires en présence – soit la personne interrogée et sa hiérarchie/son service – ne disposent guère à ce jour d'outils de réflexion et d'analyse orientés sur le management des compétences, lesquels seraient susceptibles de faire émerger le besoin de développer des compétences transférables au sein de voies d'évolution professionnelle identifiées, par exemple, au moyen de cartes d'emploi (Batal, 1998); finalement, la focalisation maintes fois soulignée de la formation continue sur l'utilité à court terme, une approche qui s'apparente à la réflexion du «retour sur investissement» développée par certains spécialistes (Le Louarn/Wils, 2001, Phillips, 1990), mais sans toutefois disposer des outils permettant d'évaluer réellement quelle est la valeur du transfert de compétences, le pilotage de la formation continue étant au stade embryonnaire.

D'un autre côté, les personnes interviewées, ainsi que leur direction, contribuent en fait à développer indirectement l'employabilité du personnel, sans s'en rendre vraiment compte, à travers les programmes à composante «fonctionnelle» évoqués ci-dessus. Car en réalité, ces programmes permettent à leurs destinataires d'acquérir des compétences facilement transférables dans d'autres services et fonctions. Nous pouvons ainsi penser que, dans quelques années, au moment où la mobilité à l'intérieur et à l'extérieur des services publics sera plus importante, ces personnes figureront en bonne place pour changer d'emploi; la culture d'entreprise actuelle, en la matière, demeure toutefois peu développée à ce jour (Emery/Chuard Delaly, 2002).

Quant à la formation spécialisée dans les domaines d'activités retenus, elle apparaît également en structuration progressive, la période investiguée étant souvent décrite par nos interlocuteurs comme une période de transition. Dans ce registre, l'on peut raisonnablement imaginer que rapidement, ce qui est déjà le cas dans le domaine administratif/financier, les employés spécialisés et cadres des services publics seront suffisamment attractifs sur le marché de l'emploi pour prétendre assumer d'autres fonctions ailleurs. Nous n'avons bien sûr pas analysé spécifiquement l'attachement au service public, ni l'attachement organisationnel, deux paramètres importants susceptibles de tempérer cette employabilité naissante. D'autre part, les conditions particulières – plus ou moins attractives, ce qui dépend beaucoup du domaine d'activités – du marché de l'emploi jouent également un rôle essentiel. A l'heure actuelle, le discours sur l'employabilité, hormis auprès de quelques directions des services analysés, demeure au stade de louables intentions.

Toujours sur les tendances communes émergeant de ces stratégies-types, notons l'utilisation de ressources formationnelles avant tout internes, comprenant les cours offerts (catalogue) ou imposés (dans le cadre de projets de changement) par l'organisation et les cours spécifiquement organisés par le service (avec animateurs internes ou externes); dans une moindre mesure, bien que cet élément soit fréquemment avancé par nos interlocuteurs, l'échange avec le micro-environnement de travail, que nous avons assimilé à une forme de compagnonnage, n'est pas à négliger. Cependant, il apparaît menacé de déstructuration progressive au niveau individuel pour deux motifs essentiels: d'une part, son manque de reconnaissance officiel, qui devient crucial lorsqu'il s'agit de concentrer son énergie sur les objectifs à atteindre (cf. ci-dessous), et d'autre part, une structuration progressive au niveau collectif du service, orchestrée par la direction soucieuse de systématiser l'identification et la production des compétences techniques de son domaine d'activités.

La formation continue au moyen d'informations documentées, telles que livres, revues, instructions de travail, n'est pas fréquemment mentionnée, mais joue cependant un rôle d'appoint à ne par négliger, bien que considérée par certains comme une affaire semi, voire totalement privée. Une exception cependant, dans un service où un effort particulier a été réalisé sur une documentation technique directement opérationnelle et appréciée par nos interlocuteurs comme une véritable ressource formationnelle. Dans ce sens, si nous n'avons pas encore trouvé de systèmes informationnels basés sur un management des connaissances recourant à des méthodes existantes (arbres de connaissances (Authier, Lévy, 1999), gestion de bases de données, collecticiels, systèmes experts, etc. (Bück, 1999), l'on peut imaginer que le développement des compétences informatiques du personnel d'une part, et des systèmes d'informations d'autre part, apportera d'intéressantes potentialités ces prochaines années.

En référence aux développements sur les ressources (cf. supra), les ressources internes sont privilégiées par rapport aux ressources externes pour les motifs principaux suivants:

- légitimité de l'accès et du choix;
- appui de la direction, en temps et en argent;
- manque d'information sur les possibilités externes, inadéquation de l'offre, coût plus élevé[37],

ce qui ne signifie pas encore que l'accès se transforme effectivement en utilisation des ressources formationnelles, ni que les ressources internes correspondent bien aux attentes et permettent un transfert sur la place de travail. Dans bien des cas, la formation dispensée est estimée inadéquate par rapport à l'exigence d'utilité fonctionnelle immédiate.

Des différences plus manifestes apparaissent lorsque l'on considère les descriptions des stratégies-types identifiées sur le plan de la provenance de l'impulsion ainsi que de l'orientation «individu – collectif»; en fait, l'on pénètre ici dans la dynamique propre des comportements relevés.

Dans les services sous management des performances complet, l'initiative individuelle demeure certes importante, mais elle est de plus en plus entourée, voire précédée, par une impulsion provenant de la direction des

37 Un «jeu» opère à l'intérieur des organisations, puisqu'à notre connaissance, aucune des organisations analysées ne dispose d'un système de comptabilité analytique permettant de facturer aux services utilisateurs les inscriptions de leur personnel aux cours offerts par le service central de l'organisation. Ainsi, il n'en coûte rien aux services, hormis le temps de travail, de laisser leur personnel fréquenter les cours offerts.

services, impulsion correspondant à une prise en main de l'utilisation des ressources formationnelles, aboutissant à des programmes obligatoires de formation continue. Ce constat corrobore les résultats de l'analyse quantitative où une corrélation significative a été relevée entre pratiques de MP et formation obligatoire (heures et cours).

Il faut y voir des directions de services, en partie épaulées par les services transversaux de l'organisation lorsque cette dernière est en train d'introduire des nouvelles méthodes de gestion (office du personnel, groupe de pilotage du projet organisationnel), qui prennent conscience de la formation continue en tant que levier transformationnel indispensable pour:

- introduire de nouvelles approches (techniques, managériales) et de nouveaux outils qui leur sont liés;
- définir des niveaux de compétences minimaux nécessaires pour accéder à des postes de spécialistes ou de management;
- contribuer à l'atteindre de leurs objectifs de projet et de gestion courante, lesquels étant plus formalisés et devant faire l'objet d'un système de reporting, interrogent davantage ces directions sur l'adéquation des ressources (notamment humaines) à leur disposition;
- inculquer, d'une manière moins évidente et plus subtile, de nouvelles valeurs que plusieurs de nos interlocuteurs n'hésitent pas à qualifier de nouvelle idéologie, montrant à quel point les approches de nouvelle gestion publique peuvent véhiculer, aux yeux de certains, une idéologie en rupture par rapport aux modes de fonctionnement traditionnels (Merrien, 2002).

Ainsi, l'on observe plusieurs stratégies-types (3; 6 en particulier, dans une moindre mesure 1; 9) dont les acteurs considèrent, d'une manière généralement réactive-passive, que les programmes de formation continue qui leur sont proposés, mais plus souvent imposés, correspondent à une nouvelle instrumentation de leurs comportements au service de la direction; un levier qui pourrait bien, d'ailleurs, ne pas être que fonctionnel, mais contribuer à créer de nouvelles sources de pouvoir favorables à la direction dans ses relations avec les unités décentralisées du terrain. En effet, tout comme la standardisation et la certification des processus de travail est une manière de contrôler le travail plus autonome du personnel (Mispelblom, 1995), la «standardisation» des cadres, spécialement ceux du premier niveau, à travers des principes d'encadrement et des compétences de management uniformisées (Pagès, 1979), permet à la direction d'assurer une forme de contrôle indirect, compatible avec un discours favorisant la décentralisation des responsabilités et l'*empowerment.* Dans cette perception, la formation continue est fort éloignée de l'outil fonctionnel qu'elle représente pour transmettre de nouvelles compétences. L'on pourrait, par analogie au processus formationnel élaboré pour le personnel, qui distingue l'utilité I (acquisition de nouvelles compétences) et l'utilité II (avantages escomptés suite à cette acquisition: promotion, augmentation salariale, etc.), élaborer un processus formationnel sous l'angle de la direction, dans la perspective d'analyse stratégie des acteurs, lequel comprendrait:

- en utilité I: introduction des nouvelles approches et méthodes liées aux changements techniques et managériaux (levier fonctionnel, ou formation stratégique au sens où elle vise un alignement des nouvelles compétences par rapport aux objectifs poursuivis (Meignant, 1997));
- en utilité II: nouvelles valeurs et nouveaux comportements du personnel, moyen de valoriser ou de fidéliser le personnel ou encore, selon la perspective adoptée, de mieux le contrôler afin d'asseoir un pouvoir ébranlé par les nouvelles conceptions de management insistant sur la délégation la plus proche du terrain, et sur l'évolution des valeurs en général.

Si la mainmise progressive de la direction sur le processus formationnel est manifeste dans certaines stratégies-types, l'initiative individuelle peut demeurer dominante, confirmant d'autres recherches récentes (Diagne, 2002), même lorsque le programme obligatoire est chargé, à partir du moment où la personne conçoit la formation continue comme un levier professionnel et personnel dont elle a la responsabilité. Nous avons vu à travers l'analyse quantitative qu'il n'y a pas de lien entre les heures de formation continue obligatoires et actives, notamment pas d'effet de type «vases communicants», hormis en termes de «cours» (un cours obligatoire suivi a tendance à être associé à un cours volontaire). C'est dire que ce qui compte ici est davantage la conception que la personne se fait de son travail, plus précisément de l'évolution de son travail et des compétences nouvelles qui y sont associées. On le voit bien dans les entités où nous avons rencontré deux types d'acteurs-cibles, ces personnes «baignant» dans un même environnement formationnel et qui, pourtant, peuvent se ranger dans des stratégies-types bien différentes. Lorsque l'initiative personnelle demeure prédominante, la transformation de leur emploi apparaît comme une donnée à laquelle il convient de s'adapter, éventuellement même qu'il faut anticiper (stratégies-types 1; 2; 4; 5; 7); dans le cas contraire, nous sommes en présence d'une impulsion dominante du centre, la transformation étant perçue comme de nouvelles exigences de la direction par laquelle elles transitent et qui les relaye pour servir ses propres objectifs (cf. développements qui précèdent).

Lorsque l'impulsion dominante provient de l'individu, nous devons relever plusieurs argumentations complémentaires justifiant la nécessité, pour nos interlocuteurs, de s'adapter à l'évolution touchant leur fonction:

- Le maintien et la mise à jour des compétences relèvent d'une forme d'hygiène professionnelle permettant de rester fonctionnel, de demeurer crédible aux yeux des autres et de soi-même, un peu comme les exercices physiques permettent de rester en forme. Cette hygiène peut également être entendue au sens de l'approche «hygiène-motivation» de Herzberg (1959), laquelle nous conduit à la question de la motivation réelle qui soutient cette formation continue. Nous avons l'impression, pour ces personnes, que la motivation à la formation continue est plus instrumentale (afin de rester totalement opérationnelles dans leur poste) qu'intrinsèque, contrairement au troisième point ci-dessous;
- Pour certaines personnes, cette hygiène est si évidente qu'elles sont amenées à considérer que la formation continue fait partie intégrante de leur travail et ne constitue plus une zone à côté de celui-ci, une sphère distincte. Ce constat est intéressant à double titre: il peut signifier d'une part une intériorisation du message de la «responsabilisation individuelle en matière de formation continue», laquelle peut d'ailleurs être formalisée dans le cahier des charges comme une «tâche à accomplir»[38]; ou alors, il peut se révéler un indice de l'interpénétration progressive des activités clairement productives et des activités formationnelles (ou qualifiantes). Si nos interlocuteurs sont peu à l'aise avec l'idée d'organisation qualifiante, bon nombre soulignent par contre le fait[39] que leur travail comporte une composante formationnelle, d'autant plus importante qu'ils occupent un rôle de formateur ou d'expert, qu'ils font partie d'un projet et prennent, par ailleurs, leur rôle d'encadrement à cœur, un encadrement inspiré d'un leadership transformationnel plutôt que tran-

38 Nous n'avons pas analysé les descriptions de poste de nos interlocuteurs, mais certaines descriptions en notre possession témoignent de cette formalisation de la responsabilité individuelle en matière de formation continue.

39 Cet aspect était extrêmement développé dans le cadre de l'analyse pilote effectuée auprès d'un office fédéral à haute composante technologique, où certain de nos interlocuteurs n'hésitaient pas à affirmer que plus de la moitié de leur travail est en réalité également formationnel.

sactionnel (Bass, 1981, Salisbury, 1994, Müller, 2001). En ce sens, plus que d'être au cœur de l'entreprise, la formation se révèle progressivement être au cœur des emplois (Favry, 1993), renvoyant le lecteur aux développements relatifs à l'organisation qualifiante (partie théorique introductive). Parmi les personnes dans cette situation, assimilant la formation continue au travail à réaliser, précisons que certaines d'entre elles, *a contrario*, estiment que toute formation continue qui ne présente pas de lien évident avec la fonction et le domaine d'activité actuels, relève de la sphère privée, comme un domaine extra-professionnel clairement déconnecté du travail. Cette perspective nous interpelle au moment où la palette des compétences susceptibles d'être appliquées dans le monde professionnel, dès le moment où l'on adopte une approche inspirée des compétences cognitives sous-jacentes, comme le fait par exemple Bellier-Michel dans le Répertoire Opérationnel des Métiers et des Emplois (ROME, 1993), s'avère extrêmement large;

– D'autres personnes encore, s'estimant véritable acteur de leur développement professionnel (Amherdt, 1999), voient la formation continue comme un outil leur permettant de maintenir leurs perspectives professionnelles à plus long terme. Cependant, comme nous l'avons souligné précédemment, elles se trouvent dans un contexte où les exigences liées à la pression dans la production et découlant des changements en cours induisent une focalisation de la formation continue à court ou moyen terme dans le domaine technique et fonctionnel, aboutissant à ce que nous avons nommé dans un cas à une forme de procrastination des projets envisagés. Pour débloquer cette situation et faire droit à cette volonté de devenir acteur de son développement, il conviendrait d'agir tant au niveau des organisations, en repensant les opportunités de carrières offertes (Thom/Ritz, 2000), que des individus, en travaillant leurs capacités «vocationnelles» (cf. ci-dessous, recommandations).

Dernier point concernant les stratégies-types, qui montre une différence entre les services appliquant un management des performances complet et les autres: il s'agit de la focalisation «individuelle versus collective». En effet, il semble que les pratiques de management des performances collectives conduisent les directions à mettre en œuvre un processus formationnel induisant une convergence – en partie forcée à travers la formation continue obligatoire, mais pas uniquement – des comportements de formation continue. Une convergence logique somme toute, mais qui dépend également d'un référentiel plus clair donné au personnel, lequel oriente ses choix formationnels de façon plus structurée. En effet, dans les services sans management des performances, l'on observe des projets formationnels fortement dépendant de la conception (très) personnelle que les acteurs rencontrés se font de leur vie professionnelle.

4.3.8 Analyse récapitulative portant sur les liens entre «management des performances» et comportements de formation continue

Le management des performances: de l'outil à la transformation générale des services publics

Si nous avons investigué la problématique du management des performances (MP) avec une acception *restrictive – instrumentale* de cette pratique, force est de constater que sur le terrain, les processus mis en œuvre sont plus complexes. Ceci est bien illustré par la discussion sur le lien entre le MP et la pression perçue à la performance (PPP). En effet, nous partions de l'idée qu'un MP individuel et ou collectif, et a fortiori les deux (MP complet) engendraient une pression accrue à la performance. Or non seulement nous n'avons pas pu montrer de liens statistiques significatifs entre ces deux variables (les seuls liens étant une corrélation positive entre PPP et l'ancienneté dans la fonction et dans le service), mais il ressort des discours de nos interlocuteurs une pression générale élevée dans les services publics actuellement, même en l'absence de management des performances. Cette pression a des origines multiples, elle est autogénérée (due surtout au niveau d'exigences personnelles élevé et à l'intériorisation des attentes plus élevées de la direction) et hétérogénérée (pressions de l'environnement et des utilisateurs, changements/réorgani-sation, nouveaux rôles). Ainsi, parmi les limites annoncées freinant l'accès à la formation, cette pression diffuse et multiple a été mentionnée dans tous les types de management des performances.

Dans ce contexte, l'analyse du lien entre la pression à la performance au sens strict (c'est-à-dire liée au devoir d'atteindre des objectifs) et les comportements actifs de formation continue ne montre pas de résultats probants. D'une manière générale, nous relevons par contre un éventuel *«effet service public»*, puisque d'une part, malgré cette forte pression générale, le total des heures de formation continue a tendance à être plus élevé que celui issu des enquêtes OFS, et d'autre part le soutien organisationnel à ces actions de formation continue est important (par ex.: plus de 90% des cours ont été soutenus financièrement et temporellement par l'employeur).

Concernant le management des performances en tant que tel, nous pouvons ainsi distinguer trois niveaux d'analyse distincts:

- l'influence du management des performances, *au sens strict*, soit le pilotage des objectifs négociés par des pratiques de MP;
- l'influence du système de MP mis en place*, en tant que nouveau processus de gestion* qui, pour porter des effets, provoque un changement et demande de nouvelles compétences, pour ne pas citer, à plus long terme, de nouvelles valeurs alimentant une culture d'entreprise que plusieurs de nos interlocuteurs assimilent à «l'entreprise privée»;
- finalement, l'influence de la prise en compte des performances, du *souci* des performances, quelles qu'en soient l'origine et les motivations individuelles.

En combinant les analyses que nous avons réalisées aux niveaux quantitatif et qualitatif, nous pouvons affirmer que ce n'est pas le MP *au sens strict* qui influence – positivement ou négativement – la formation continue. C'est-à-dire que cette influence n'opère pas à travers les objectifs que le MP permet de fixer (tant individuels que collectifs) et la formation continue devant permettre de les atteindre. Ce cycle de management théorique (Emery/Gonin, 1999), à ce stade de la mise en œuvre des pratiques de MP, ne fonctionne guère de manière convaincante au niveau d'analyse que nous avons retenu (soit les cadres de base de 1er ou de 2e niveau), confirmant une enquête que nous avons récemment réalisée au sein de services ayant mis en œuvre la nouvelle gestion publique (Emery/Giauque, 2002):

- Les pratiques de management des performances individuelles sont souvent en phase de rodage, les entretiens ne donnent pas nécessairement satisfaction et les objectifs qui en découlent, au plan individuel, semblent avoir peu de lien avec l'activité quotidienne, ne créant donc pas un cadre d'action pertinent. Quant à la discussion de la formation souhaitée, celle-ci n'opère pas de manière systématique. Les éléments fournis par nos interlocuteurs laissent à penser que les compétences des évaluateurs ne sont pas encore suffisamment développées pour mettre en œuvre de manière adaptée ces nouveaux outils;
- Alors que le cycle de management au niveau du service demeure peu prégnant, voire largement sans effet, pour les personnes interrogées.

C'est un exercice qui paraît avant tout pertinent pour la direction, mais pour les personnes rencontrées, le manque de transparence sur les objectifs fixés, les moyens mis en œuvre, et surtout, le lien problématique avec leurs propres objectifs, déjà mis en évidence dans des enquêtes antérieures (OCDE, 1997a), en font une démarche sans impact direct sur leur activité.

Sur la base de ces constats, nous devons penser que c'est bien le *MP en tant que nouveau processus de gestion*, avec tout ce qu'il entraîne, qui exerce une influence sur les pratiques formationnelles. Nous développons ce point dans le paragraphe suivant. Quant à l'influence du *souci* des performances en général, il nous permet de développer le regard actuel du cadre de base dans les services publics, un cadre bien souvent soumis à un ensemble de contraintes paradoxales.

Management des performances et renforcement du cadre managérial de la direction

Au niveau quantitatif, il n'y pas de lien entre intensité du management des performances et comportement actif de formation continue; par contre, un lien positif significatif apparaît entre MP et formation obligatoire, à la fois en nombre d'heures et en nombre de cours. Nous trouvons dans l'analyse qualitative un certain nombre d'arguments susceptibles d'expliquer ce constat, en particulier:

- La focalisation sur le processus de formation continue, induite par la pratique de MP tant individuelles que collectives. En effet, l'introduction de ces pratiques nécessite, pour être opérationnelles, une importante formation du personnel – en particulier des cadres – aux méthodes et outils introduits, une formation auto-générée en quelque sorte, le plus souvent obligatoire, laquelle à son tour pose la question des moyens mis à disposition. De notre point de vue, cet effet est actuellement plus important que celui, qui pourrait intervenir ces prochaines années, lié à l'alignement des actions de formation sur les objectifs à atteindre;
- La flexibilité introduite dans la gestion budgétaire sous le régime des contrats de prestations permet de dégager des ressources financières supplémentaires indispensables à cette opération. Des ressources qui sont par contre «capturées» par la direction, davantage consciente de l'utilisation de chacun des postes budgétaires, et fortement conditionnée par une culture dite de «l'utilité fonctionnelle à court terme», bien pré-

sente dans les unités sous management des performances, mais pas uniquement, comme nous l'avons relevé ci-dessus;
- La structuration naissante du processus formationnel, remarquable notamment à l'émergence de politiques du personnel (au stade actuel surtout connues par les directions mais souvent ignorées du personnel), à l'élaboration de profils de compétences et de programmes spécifiques «colonne vertébrale» du métier du service, et surtout, à l'inversion de la dynamique du processus formationnel, qui passe d'une logique *bottom up* (les demandes des personnes sont progressivement filtrées, puis approuvées par la direction) à une logique *top down* (la direction élabore un programme cadre et l'impose progressivement au personnel);
- La formation continue est clairement considérée par les directions concernées comme un *levier transformationnel* permettant d'asseoir les nouvelles méthodes et, de manière plus subtile également, d'inculquer de nouvelles valeurs que nous pouvons qualifier de *managériales*, symboles de la nouvelle gestion publique. Sans reléguer la formation technique réellement au second plan, cette offensive de formation managériale, spécifiquement visible dans les unités sous MP complet, a tendance à porter ombrage à ce type de formation, plus traditionnelle.

Ces différents constats expliquent en grande partie le lien constaté entre MP et formation obligatoire. Par contre, nous devons souligner que les pratiques de MP ne sont pas encore accompagnées par un cadre global de gestion des ressources humaines qui permettrait aux individus de planifier et de mettre en œuvre leur propre développement personnel, un message par ailleurs largement tenu à l'encontre du personnel par les directions rencontrées (cela va de l'ouverture de principe, passive, à la formation continue, jusqu'à l'invitation active à développer son employabilité). C'est dire que les «comportements actifs de formation continue» ne font pas encore l'objet d'un cadrage suffisamment clair pour ancrer et légitimer les demandes individuelles de formation continue au-delà du programme imposé, raison pour laquelle à notre avis, aucun lien n'a pu être trouvé avec le management des performances. Par cadre, nous entendons un balisage des terrains d'évolution professionnelle (ou de carrières, classiques et alternatives, Amherdt, 1999) au moyen de cartes d'emploi, des profils de compétences clairement communiqués ainsi qu'une gestion des portefeuilles individuels de compétences; autant d'outils indispensables à la navigation professionnelle au sens de Le Boterf (1998).

Cette orchestration progressive du processus formationnel génère encore un double impact, structurant et déstructurant, sur les modes plus traditionnels de transmission des connaissances et du savoir-faire par les collègues, un processus que nous avons assimilé à une forme de compagnonnage, encore bien présent dans le discours de nos interlocuteurs. Relevons qu'un management des performances complet a tendance à amener les directions à prendre en main le processus formationnel et donc, à déplacer le centre de gravité de la périphérie (le terrain, le micro-management) vers le centre, ce avec les effets suivants non encore maîtrisés:

- Une déstructuration du compagnonnage par la formalisation des rôles de transmission des savoir-faire: concentration des lieux d'apprentissage dans certaines unités et sous la responsabilité de certaines personnes («parrains de formation»), attribution de rôles de formateurs internes plus ou moins formalisés[40], et le point sans doute le plus important: transmission des éléments-clés du domaine d'activité sous la forme d'un programme modularisé de cours semi-obligatoires. Le *temps de la transmission* des savoir-faire devient ainsi peu à peu découpé du temps de production, alors que dans la forme traditionnelle, il lui était intimement lié. Si la grande majorité de nos interlocuteurs insistent sur le rôle encore bien présent et important des échanges entre collègues, l'on voit bien que sous la pression conjuguée des exigences multiples du changement et de la structuration du processus formationnel, cette richesse non quantifiée, cet élément *intrinsèquement qualifiant des modes de travail traditionnels* est menacé à terme, s'il n'est pas réintégré, sous une forme ou une autre, dans la réflexion sur les nouveaux modes de formation;
- Une structuration naissante des échanges qualifiants, des réseaux de savoir-faire et de l'action collective à un niveau d'action maîtrisé par les directions des services, un niveau *méso* en quelque sorte, sans que ces directions ne disposent encore des outils nécessaires à un véritable management des connaissances (identification des sources, des canaux de transmission et stockage des connaissances produites par l'action de l'organisation). On le voit dans l'analyse quantitative, où un lien a pu être mis en exergue entre les aspects qualifiants des services analysés et

40 En Suisse, il semblerait que près de 40 000 personnes seraient actives dans diverses fonctions de formation continue, le plus souvent de manière accessoire (Bodart Senn/Schräder-Naef, 2000), ce qui pose le problème du degré de professionnalisation de ce rôle particulier.

la formation continue (totale et obligatoire). Ce pouvoir qualifiant naissant, qui est passé du *micro-environnement* de travail au *méso-environnement* de travail, ne paraît pas être pris en compte, ni a fortiori géré, par les directions et par le personnel bénéficiaire. Il s'agit probablement d'un des défis majeurs liés à des processus formationnels fortement structurés.

Management des performances et comportements de formation individuel actif: une situation paradoxale

L'introduction de pratiques de management des performances, tant collectives qu'individuelles, place les personnes rencontrées dans une situation ambiguë, susceptible de générer des discours et des attentes contradictoires, produisant au mieux un décalage entre les valeurs *prônées* et les valeurs *épousées* (Argyris, 1995), ou, d'une manière plus subtile, voire perverse, des injonctions contradictoires au sens de Watzlawick (1979) par exemple. Comment pouvons-nous expliquer cette situation? Comme pour le point précédent, c'est moins le MP en tant que tel, par le cycle de pilotage introduit, qui génère ces paradoxes, mais plutôt le cadre managérial et formationnel qui l'accompagne.

D'un côté, l'introduction du MP opère à travers une délégation et une responsabilisation des cadres moyens et inférieurs, un renforcement du management de proximité qui est appuyé par les différents programmes de formation obligatoires que nous avons mentionnés. Dans un contexte marqué le plus souvent par une superposition de changements opérant à différents niveaux (l'organisation introduit des outils de nouvelle gestion publique, le service développe ses propres concepts spécifiques), les cadres se trouvent investis de nouvelles responsabilités qui, aux dires de plusieurs de nos interlocuteurs, produisent une forme d'auto-pression, en particulier auprès des personnes présentant une ancienneté plus élevée dans leur fonction et leur service (cf. analyse quantitative), des personnes qui, par définition, sont plus en mesure d'apprécier l'évolution de leur poste. Cette responsabilisation inclut aussi la dimension formationnelle, avec le message «la formation est ton affaire», incitant les personnes à être actives, à prendre l'initiative dans ce domaine. L'on observe à ce stade des personnes qui, dans leur majorité, sont satisfaites de leur marge de manœuvre *potentielle* en ce qui concerne la formation continue, au moins dans le domaine technique.

D'un autre côté, ces mêmes directions, soucieuses de piloter le changement et les objectifs qui leur sont fixés, soucieuses également de ne pas perdre outre mesure leur pouvoir d'influence, mettent en place différents dispositifs managériaux et formationnels qui aboutissent à réduire la marge de manœuvre *réelle* de nos interlocuteurs, notamment:

- Une standardisation des compétences et styles managériaux, laquelle constitue le pendant de la standardisation des processus de travail dans le domaine d'activité; ainsi, la délégation prônée opère-t-elle à l'intérieur d'un système managérial fortement normé (pour mémoire, le contenu des formations porte pour près de la moitié sur les deux domaines «management» et «informatique»);
- Une appropriation progressive du processus formationnel qui, dans les services sous MP, tend à être piloté *top down*, venant contrecarrer le message de la prise en main personnelle de la formation continue. Cette formation souvent obligatoire permet en outre de toucher également les personnes présentant un âge et/ou une ancienneté élevée (liens statistiques significatifs), alors qu'il s'agit d'une population qui a plutôt tendance à se soustraire à la formation continue.

Certaines personnes vivent mieux que d'autres cette situation faite d'injonctions paradoxales, en particulier celles qui disposent d'un niveau de formation supérieur, confirmant les tendances maintes fois relevées dans des enquêtes antérieures. De surcroît dans notre échantillon, le niveau de formation supérieur est associé à une position hiérarchique également supérieure (cadres de 2e niveau par rapport à 1er niveau), des cadres qui, en respect des principes de responsabilisation énoncés ci-dessus, disposent effectivement d'une autonomie formelle plus importante que leurs collègues subordonnés, ce qui aboutit à des comportements actifs significativement plus importants (cf. analyse quantitative).

Par contre, aucun lien significatif n'ayant pu être constaté entre variable de personnalité et comportement actif de formation continue, hormis avec la sous-échelle «ouverture aux valeurs», laquelle signifie une disposition à remettre en question les valeurs sociales, politiques et religieuses. Les individus avec un score faible auront tendance à accepter l'autorité et à respecter les traditions. Pour être véritablement interprété, ce constat nécessite des investigations plus approfondies. D'une manière générale, nous pouvons le comprendre comme l'une des explications possibles de l'absence de ce lien, puisque dans tous les contextes investigués, quel que soit la prégnance de l'autorité – comprise ici comme l'autorité de la direction, managériale et formationnelle – nous trouvons des individus actifs capables d'initier des actions formationnelles. Ces individus auront tendance à utiliser le management des performances, en particulier le management individuel (entretien d'évaluation) comme un levier pour ancrer leur demande de formation continue, exploitant autant l'opportunité formalisée de l'entretien que la logique «par objectifs» qui sous-tend le management collectif introduit. Dans les environnements sans management des performances, les individus peuvent être soumis à une pression comparable, mais ils ne disposent par contre pas du cadre formalisé[41] leur permettant d'ancrer leur demande formationnelle, ce qui aboutit d'ailleurs, dans un service, au principe du «droit» à la formation continue assimilée, sur ce point, à une affaire quasiment privée.

Considérant l'ensemble des contraintes qui, peu ou prou, conditionnent le comportement formationnel des personnes rencontrées, nous ne saurions être étonnés de constater que bon nombre d'entre elles ne sont guère en mesure de formuler un projet formationnel à plus long terme, étant accaparées par la réalisation des missions à court terme et devant faire face à une absence de cadre (cartes des emplois) et de soutien pour envisager l'avenir à plus longue échéance; un constat renforcé par *la mise à l'écart*, exprimée par le manque de soutien concret, de l'espace formationnel hors du domaine d'activité du service. Ainsi, bon nombre d'acteurs estiment que leur marge de manœuvre dans ce domaine est faible, que cet espace est souvent assimilé au domaine «privé» et que par conséquent, sans investissement personnel (en temps), ils ne pourront concrétiser dans ce domaine. Par contre, rappelons ici le commentaire formulé sur l'employabilité: celle-ci tend à s'accroître par l'effet indirect des compétences transférables acquises à travers l'importante formation imposée, un constat dont les directions et les personnes concernées commencent seulement à prendre conscience.

Retour sur les hypothèses initiales

En conclusion, nous revenons sur les hypothèses formulées dans la partie théorique, et voyons dans quelle mesure elles ont pu être confirmées ou infirmées. En préambule, soulignons que les données en notre possession, correspondant à une population de 52 cadres dans les service publics suis-

41 Un cadre managérial, mais pas un cadre de type «management des compétences», cf. commentaire ci-dessus.

ses, ne sont pas représentatives et les conclusions que nous pouvons en tirer devront être validées à une plus large échelle.

Tout d'abord au niveau quantitatif, rappelons l'hypothèse finalement testée:

> La caractéristique active du comportement de formation est liée à la nature du management appliqué dans le service: plus le management est axé sur les performances, moins le comportement de formation continue est actif.

L'hypothèse est infirmée puisqu'aucun lien entre ces deux variables n'a pu être relevé. Seules la formation obligatoire – avec les réserves formulées sur l'attribution du caractère obligatoire – est positivement corrélée avec l'intensité du management des performances, à notre sens pour les différentes raisons exposées ci-dessus. De plus, les heures de formations obligatoires ne sont pas en lien avec les heures actives, il n'y a donc pas d'effet compensatoire entre les deux. Au contraire, puisque la tendance significative relevée montre un lien positif entre le nombre de *cours* obligatoires et le nombre de cours volontaires, laissant penser que le fait de fréquenter un cours, même obligatoire, rend la fréquentation des autres plus aisée.

Quant aux hypothèses destinées à l'analyse qualitative, nous avions:

1. le management des performances (MP) induit une pression qui rend l'accès à la formation continue plus difficile;
2. le MP fournit un cadre contraignant sur la base duquel l'acteur sera évalué, alors qu'il ne sera pas évalué sur ses comportements de formation continue, ce qui peut le pousser à négliger ces derniers;
3. le MP au niveau collectif, pousse le service, par analogie au point précédent, à se focaliser sur ses objectifs prioritaires, reléguant la formation continue au rang de préoccupation secondaire, les ressources et le temps devant être consacrés à l'atteinte des objectifs du contrat de prestations.

La première hypothèse est infirmée, aucun lien évident n'ayant pu être relevé. Si l'ensemble des acteurs placent quasiment en première position le pouvoir limitatif de la pression et du travail à réaliser, il s'agit d'une pression générale liée à la transformation en profondeur des services publics, et non d'une pression issue spécifiquement des pratiques de management des performances; ces dernières agissent indirectement par leurs conséquences aux plans managérial et formationnel. Rappelons ici que l'analyse des désistements et des refus, opérée dans le traitement quantitatif, n'a pas donné de résultats probants, seules 5 personnes sur 42 ayant annoncé un refus par la hiérarchie. Ce point mériterait d'être testé à plus large échelle, et la variable définie plus finement; une première esquisse existe dans des projets de statistiques à grande échelle, cherchant à évaluer les demandes non-satisfaites ainsi que les principaux obstacles perçus à la participation (Eurostat, 2001). En effet, bon nombre d'interlocuteurs affirmaient «s'autolimiter» dans leurs demandes, sachant que ces dernières n'avaient pas de chance d'être admises.

Sur la 2e hypothèse, notons que le cadre contraignant n'est pas dû aux objectifs fixés, mais aux éléments qui entourent l'ensemble du dispositif (cf. ci-dessus); l'hypothèse n'est ainsi pas confirmée, d'autant que les formes de reconnaissance ou de sanctions qui accompagnent le pilotage des objectifs, qui pourraient constituer un effet tangible de ce nouveau dispositif (Emery/Giauque, 2001), ne sont pas encore disponibles en suffisance. Si l'on ajoute à ce constat le fait que la formation continue elle-même ne fait pas non plus l'objet d'un système de valorisation et de reconnaissance sérieux, l'on comprend bien pourquoi la focalisation sur les objectifs ne saurait détourner les personnes rencontrées de leur formation continue.

Quant à la 3e hypothèse, elle trouve son expression la plus claire dans le critère, certes informel mais fortement mis en avant par nos interlocuteurs, quelque soit le service où ils travaillent, de *l'utilité fonctionnelle à court terme* de la formation suivie. Dans ce domaine également, confirmant l'absence de liens statistiques relevés, c'est plus l'ensemble des changements introduits que le pilotage des objectifs en tant que tels, qui génère ce *trait culturel* très marquant au sein des services investigués. Ses conséquences sont claires: elles aboutissent à privilégier clairement la formation dans le domaine d'activité, ainsi que la formation au management et à l'informatique, au détriment d'autres possibilités de formation continue plus générales qui elles, semblent être pénalisées par le management des performances. Par contre, les formations ciblées et managériales, véritables leviers du changement, ont tendance à prendre une forme obligatoire et à s'accroître (seule tendance significative relevée).

Chapitre 5

Principales conclusions, questions émergentes et perspectives de recherche

5.1 Des organisations publiques en phase de transition

Les organisations et services que nous avons retenus pour notre enquête traversent une importante phase de changement, qui est accentuée dans les situations de nouvelle gestion publique, mais qui dépend largement d'autres facteurs plus généraux (Emery, 2000). La colonne vertébrale de ces changement peut être résumée par la transition d'une culture et d'un fonctionnement essentiellement axés sur le domaine d'activité et ses facettes techniques, à une culture managériale, illustrant le fait que les services publics suisses souhaitent également transformer leurs cadres en gestionnaires ou managers publics (Farnham *et al.*, 1996). Cette transition s'accompagne fréquemment, dans la situation actuelle, d'une réduction des effectifs, de l'évocation d'une comparaison *(Benchmarking)* avec des fournisseurs de services privés[42] et d'une pression accrue, même si elle est diffuse, liées aux exigences des citoyens-clients des services considérés. Sur la formation continue, tous ces facteurs ont pour conséquences:

- une ouverture de principe des directions à la formation continue, parfois avec des ressources formationnelles (budgétaires) nettement accrues, mais qui demeure fréquemment une ouverture passive, relayée par le message de la «responsabilisation personnelle en matière de formation continue», les personnes interrogées devant prendre l'initiative et braver le critère de l'utilité fonctionnelle à court terme;
- une importante formation auto-générée, fonctionnelle et à court terme, en bonne partie obligatoire: elle est nécessaire pour acquérir les nouvelles compétences, exercer les nouveaux comportements d'encadrement;

42 Si la comparaison n'est pas encore formalisée, ou simplement impossible du fait du domaine d'activité monopolistique, l'on pouvait percevoir auprès de nombreux interlocuteurs un message diffus de la direction, parfois relayé activement de leur part (cadres de 2e niveau) enjoignant à «être compétitif par rapport au privé». La provenance de plusieurs d'entre eux du secteur privé renforce naturellement cette tendance.

une formation spécifique à l'organisation et/ou au service et qui, paradoxalement, augmente l'employabilité des personnes concernées, sans qu'elles en aient directement conscience d'ailleurs. Mais qui produit également une forme d'injonction paradoxale que nous pouvons résumer ainsi: «prends en main ta formation continue, nous (la direction) allons la maîtriser de plus en plus»;

- une structuration progressive de la colonne vertébrale technique au sein des différents services analysés, qui a pour corollaire une forme de dépossession du micro-management des échanges traditionnels entre collègues, une inversion du sens du processus formationnel (*top down* plutôt que *bottom up*), et l'embryon de ce qui pourrait aboutir à une forme de management des compétences, voire de management des connaissances. Mais les outils mis en place demeurent, lors de nos analyses en tous les cas, des concepts qui commencent seulement à être mis en œuvre. Ainsi, les échanges de type compagnonnage, très souvent mentionnés encore aujourd'hui comme source formationnelle, sont à terme menacés par cette structuration progressive par le centre s'ils ne sont pas pris en considération sous une forme ou une autre;
- une formation continue, hormis pour le programme imposé, qui demeure difficile d'accès en pratique pour le personnel, par l'ensemble des pressions dues aux changements, au manque de légitimité qui accompagne cette FC, ainsi qu'à la difficulté de valoriser les compétences acquises. En effet, la formation continue ne peut pas être valorisée formellement par le fait de la rigidité (statutaire) de la gestion du personnel d'une part, et de l'absence de référentiel de compétences d'autre part. L'introduction massive d'une gestion des performances, sans référence explicite au développement des compétences, ne peut que rendre cette situation problématique à moyen terme.

Questions émergentes et perspectives de recherche

Les points suivants posent de nouveaux défis, à la fois au plan de la recherche et au sein des organisations:

- Devant cet ensemble d'attentes en partie contradictoires présentées ci-dessus, il nous semble urgent de repenser le «contrat psychologique» existant entre employés et employeurs publics aujourd'hui. Ainsi, ce nouveau contrat psychologique dans les services publics devrait-il inclure, aux côtés des attentes relationnelles (dont les ancrages sont à redéfinir) et des attentes transactionnelles fortement mises en exergue par le management des performances, des attentes formationnelles, comme le montrent les recherches récentes en la matière (Lemire/Rouillard/Saba, 2001, Cappelli, 1999). Cependant, ces attentes formationnelles ne sont pas à considérer comme une simple injonction à étendre les programmes classiques de formation continue. Quels en sont les nouveaux contours et nouveaux contenus, au moment où les engagements à long terme ne sont plus guère possibles?

- les nouveaux partages de la responsabilité formationnelle: déterminer les engagements respectifs de l'organisation, du service d'accueil, de la hiérarchie de proximité, et de la personne. En effet, le discours laconique sur «la responsabilisation personnelle en matière de formation continue» ne se révèle guère fonctionnel, si ce n'est contradictoire, par rapport aux évolutions constatées. Aussi conviendrait-il d'identifier ces nouveaux contours de responsabilités, de manière à établir une politique de formation continue crédible et cohérente, en adéquation avec les projets de transformation en cours[43];
- les stratégies d'intégration des nouveaux modes formationnels, plus structurés par le centre, et des modes classiques inspirés du compagnonnage. Cette intégration devrait notamment aboutir à mieux définir, et valoriser, les anciens et les nouveaux rôles formationnels: les anciens parce que le management des performances aura tendance à terme, nous pouvons le mettre en hypothèse, à focaliser le personnel sur la production plutôt que sur l'échange avec les collègues, provoquant une forme d'égoïsme individuel fondamentalement néfaste à la transmission des savoir-faire (Knoepfel, 2002); d'autre part, par une meilleure reconnaissance de celles et ceux qui assument des rôles formationnels dûment identifiés (animation de cours internes, parrainage, etc.), des formules qui tendent à se développer.

43 Voir aussi les recommandations plus larges formulées au niveau européen, incluant les partenaires sociaux et autres membres de la société civile (CCE, 2001).

5.2 Des pratiques de formation et de management aux frontières de plus en plus osmotiques

Pour la population que nous avons touchée, le processus de changement en lui-même comporte de nombreux aspects qualifiants qui correspondent à une nouvelle forme d'apprentissage «sur le tas»: auparavant, il s'agissait de la dimension technique, qui reste importante mais en voie de structuration par le «centre», maintenant il s'agit du management et de ses différentes facettes:

- compétences d'encadrement liées à une redéfinition des modes d'encadrement et de nouvelles pratiques de gestion des ressources humaines (notablement l'entretien d'évaluation). Nous pouvons le relever dans l'analyse quantitative portant sur notre indicateur agrégé des caractéristiques qualifiantes, où le facteur «encadrement/responsabilisation» obtient le meilleur score. Il semble donc bien que cet aspect de la gestion publique soit en plein développement, et puisse, le cas échéant, constituer un «Ersatz» au compagnonnage dans sa forme plus classique entre collègues. Dans cette perspective, les responsables sont invités à développer un style formatif basé sur le feedback fréquent, dans l'esprit de contribuer au développement de leur personnel; mais pour y parvenir, une transformation de la culture et des compétences managériale est encore nécessaire, aux dires de nos interlocuteurs;
- implication dans la gestion de projet à différents niveaux du service, voire de l'organisation, comprenant un important effet qualifiant, et pas seulement pour la formation spécifiquement dispensée dans le cadre du projet, mais parce qu'elle implique plusieurs éléments contribuant à ce que Zarifian (1995) appelle le développement d'un espace autonome d'explicitation de la stratégie de l'entreprise, soulignant l'importance d'une gestion par processus ou par projet, qui permet aux acteurs de se situer dans un enchaînement, donc de visualiser la performance globale du système. Aux dires de nos interlocuteurs, la participation à des projets leur permet de sortir de leur micro-contexte de travail, de rencontrer des collègues d'autres secteurs et d'appréhender plus globalement le fonctionnement de leur service. La tendance à la multiplication des projets dans le mode de fonctionnement des organisations pourrait encore accentuer ce constat;

– introduction des outils liés à la nouvelle gestion publique, portant sur les dimensions «coûts» et «qualité» des prestations fournies. Ces outils s'inscrivent dans l'idée de responsabiliser les cadres pour en faire des «intrapreneurs» conscients des coûts et de la qualité qu'ils génèrent, un mode d'action qui nécessite de nombreuses nouvelles compétences (Ghoshal/Bartlett, 1998, Bellier, 1998).

Quant aux modes de travail touchant l'activité elle-même des organisations, ils ont aussi tendance à évoluer même si les tendances relevées peuvent paraître contradictoires: individualisation dans certains services, polyvalence et travail d'équipe dans d'autres. Sous l'impulsion des nouvelles technologies de l'information et de modes novateurs d'organisation du travail[44], ce qui inclut un encadrement plus transformationnel que transactionnel, les caractéristiques qualifiantes de l'organisation sont potentiellement en expansion. Toutefois, les outils manquent à l'heure actuelle pour en définir les contours et en valoriser les effets. Un travail important devrait être réalisé sur ce point, au moment où les contraintes de productivité vont progressivement placer la formation continue «classique» sur le grill.

Si pendant longtemps, l'organisation publique a essentiellement produit, en se souciant peu de la formation continue, elle s'est mise à produire pour qualifier, s'engageant comme un employeur formateur[45], puis actuellement, nous pourrions dire qu'elle qualifie pour produire, puisque la formation est de plus en plus instrumentalisée, conçue comme levier d'un changement dont les effets sont attendus dans le court terme. La difficulté pour nos interlocuteurs d'accéder à une formation continue plus large – hormis dans le systèmes du quota, qui représente une solution organisationnelle ad hoc, mais, rappelons-le ne peut s'appuyer sur aucun «droit à la formation continue» dans notre pays – en témoigne et illustre le fossé probablement grandissant entre la formation continue dans les organisations, plus maîtrisée et

44 Pour certains auteurs dessinant les modes d'organisation futurs, on s'oriente vers des organisations éclatées, informelles, polycellulaires, virtuelles, réticulaires. Le poste de travail traditionnel tend à disparaître pour endosser à son tour un contour plus fluide et interactif, sensible et réactif (Jolis, 1997). Cette vision est toutefois encore un peu futuriste pour les services publics soumis à des contraintes légales et réglementaires importantes.

45 Nous pensons ici à l'initiative sur les entreprises formatrices, auxquelles les administrations publiques ont sensiblement participé, une initiative développée pour relancer les places d'apprentissage en Suisse.

stratégique, et la formation continue telle qu'appréhendée dans l'éducation des adultes, conçue à plus long terme et moins focalisée.

Reste à inventer de nouvelles alliances et de nouveaux modes d'organisation, permettant de produire et de qualifier. Nous avons des raisons d'espérer en considérant les différentes tendances évoquées ci-dessus.

Questions émergentes et perspectives de recherche

Voici quelques pistes essentielles ressortant de notre analyse:

- étudier les modes d'actions les plus synergiques «production – qualification» parmi les innombrables suggestions d'organisations post-hiérarchiques et tayloriennes (Le Menestrel/Schpilberg, 1999), dans la lignée des propositions de Robert/Haspel (1996). Ce d'autant plus que sous la pression et l'accélération du changement, les formations traditionnelles «off the job» paraissent de plus en plus difficiles à mettre en œuvre (Bellier, 2002);
- développer des méthodes permettant d'évaluer le potentiel formationnel global de l'organisation, incluant la formation «into the job» (programme d'introduction), «on the job» dans la fonction exercée, mais également à travers des formes nouvelles d'organisations qualifiantes, «near the job» liée à l'implication grandissante dans différents réseaux et projets à composante qualifiante, et «off the job», plus traditionnelle (Thom/Ritz, 2000)[46]. Non seulement les systèmes en place ne permettent-il d'évaluer, et encore de manière très lacunaire (cf. ci-dessous) que ce troisième type de formation continue, mais encore ce type de formation est-il estimé par certaines personnes comme assez peu approprié à leur réalité et à leurs besoins. Cet indice de la capacité formationnelle d'une configuration organisationnelle donnée permettrait d'affiner les discussions actuelles portant sur le «droit» ou le «quota» à la formation continue[47]. Il devrait bien entendu contribuer à systématiser la prise en compte des caractéristiques qualifiantes des situations et contextes de travail, un vecteur formationnel souvent cité dans la littérature mais

46 Ces auteurs ajoutent encore la formation «along the job» pour rappeler l'importance de travailler ce que nous appelons les «compétences vocationnelles» (cf. ci-dessous), en insistant sur l'émergence d'une forme d'apprentissage «deutero», opérant à un deuxième niveau de régulation, et non seulement au niveau de la régulation par rapport aux objectifs à atteindre.

47 Comme c'est le cas actuellement dans le Canton de Vaud, par rapport à la nouvelle loi sur le personnel de l'Etat du 12 novembre 2001, entrée en vigueur an début 2003.

qu'il est difficile d'opérationnaliser – comme nous avons pu le constater à travers notre première tentative en la matière – tout comme l'apprentissage organisationnel d'ailleurs (Uebelhart, 2001). D'autre part, cet indice constituera un pas en avant pour prendre en compte l'ensemble des (res)sources formationnelles, et non celles qui sont dûment formalisées (Eurostat, 2001);

- affiner les outils permettant de repérer, de gérer et de valoriser les compétences et connaissances acquises dans la réalisation du travail. Sur ce point comme sur les modes novateurs d'organisation, la littérature est fort prolixe, appelant récemment encore pour un renouveau de la «gestion prévisionnelle des emplois et des compétences» (Eray, 2002), mais un fossé la sépare des applications pratiques, dans les services publics tout au moins, qui restent pauvres en la matière (Thom/Ritz, 2000). En effet, aucun des services analysés ne recourt à une forme de management des compétences ou des connaissances, puisque la seule tendance constatée est l'orchestration progressive de la formation technique propre au service. Si les statuts actuels de la fonction publique permettent de plus en plus de reconnaître financièrement l'investissement du personnel dans des projets (Emery/Uebelhart, 2001), la gestion des compétences acquises demeure réalisée au feeling, en tenant compte de l'ancienneté et de l'expérience acquise dans la fonction. Mais cette forme de prise en compte devient manifestement insuffisante en considérant l'engagement multi-facettes/multi-contextes qui, demain, attend les cadres et le personnel des organisations publiques. Il s'agit donc d'aller au-delà du carnet-formation, inventaire de base des formations suivies, un outil très simple mais dont l'utilisation n'est pas encore généralisée, pour imaginer des systèmes de validation des compétences acquises, quel que soit le mode d'acquisition (classique, expérientiel, par auto-formation);
- étudier les moyens de formaliser, dans les objectifs faisant partie du cycle de management des performances, des objectifs liés à l'auto-développement et – pour les cadres – au développement de leur personnel, ce qui commence à être le cas[48]. C'est un moyen d'intégrer les deux cycles, productif et qualifiant, de manière élégante, en théorie au moins. La recherche devrait toutefois identifier les conditions de succès d'une telle intégration, en sachant que les responsables hiérarchiques n'ont souvent pas intérêt à trop développer leur personnel sous peine de se

48 Nous avons obtenu des descriptions de fonctions qui intègrent déjà ce point.

transformer en «centre de qualification» pour d'autres employeurs. En particulier, les nouveaux modes de rémunération basés sur les compétences (Brochier/Oiry, 2002, Marbach, 1999) sont certes présents dans la littérature, mais leur application et les conséquences qu'ils peuvent engendrer demeurent, dans les faits, largement à explorer.

5.3 Des membres du personnel livrés à eux-mêmes

Le personnel des organisations publique vit une transition étrange: le passage d'un système où la carrière se développait surtout à l'ancienneté, sans réelle formation continue structurée, à un système fortement structuré mais qui ne garantit plus la progression de carrière, ni même, à l'heure actuelle tout au moins, la reconnaissance des formations continues suivies. Une situation qui produit une forme de vide permettant l'émergence d'un paradoxe au sein de la formation continue: en l'absence d'un nouveau cadre de progression professionnelle, au moins sous forme de cartes d'emploi, il s'agit de résoudre le défi de la «responsabilisation personnelle en matière de formation continue», sous la prégnance d'un processus formationnel de plus en plus imposé par une logique collective de développement des compétences d'une part, et par une tendance à dégager sur la sphère privée toute démarche formationnelle plus large et à plus long terme, pour laquelle le soutien organisationnel est faible voire inexistant. Cette situation de vide, souhaitons-le passagère, se traduit par l'absence complète de projets professionnels de la part de nos interlocuteurs, tous occupés à intégrer le changement qui les touchent dans leur poste actuel. L'absence de lisibilité des conséquences associées à un investissement personnel dans la formation continue, un phénomène que l'on retrouve dans d'autres études (von Bardeleben *et al.*, 1996), ne contribue naturellement pas à stimuler les personnes dans ce sens. Si des études à plus large spectre, telles que celle de Buchmann *et al.* (1999), mettent en évidence des liens entre formation continue et amélioration des possibilités de promotion et chances d'évolution professionnelle individuelle, c'est un élément qui ne ressort que de manière très indirecte dans le discours de nos interlocuteurs, presque une question de foi plus que d'éléments concrets; bien entendu, l'absence de dimension longitudinale de notre étude ne permettait d'analyser à plus long terme le «retour sur investissement formationnel».

Au moment où la littérature spécialisée exhorte littéralement tant les managers que les collaborateurs à prendre en main leur avenir professionnel, et donc, en partie au moins, leur formation continue, les tendances ressortant de nos entretiens montrent le rôle absolument prédominant d'adaptation à l'emploi actuel et aux objectifs immédiatement opérationnels, même dans les services sans management des performances, tout en confirmant les nombreuses études antérieures montrant que la marge de manœuvre et le recours à la formation continue dépendent directement du niveau de formation initial (Bodart Senn/Schräder-Naef, 2000). L'on peut se demander alors si le caractère anticipateur prôné par la gestion des ressources humaines et la formation en particulier (voir par ex.: Meignant, 1997) ne relève pas, en l'état actuel, de vœux pieux très difficilement concrétisables, si ce n'est bien sûr en s'investissant en dehors du temps de travail, ce que certaines personnes rencontrées n'hésitent pas à faire, en développant différents comportements d'autoformation, un domaine longtemps délaissé par la gestion et la gestion des ressources humaines en particulier, mais en voie de reconnaissance et d'appui (Moisan, 2002).

Questions émergentes et perspectives de recherche

Voici quelques pistes essentielles ressortant de notre analyse:

- Dans ce contexte, nous avons besoin de mieux connaître les caractéristiques personnelles permettant aux intéressés de concilier efficacité professionnelle et qualification personnelle. Nous l'avons vu dans notre recherche, seule l'ouverture aux valeurs semble liée au comportement actif de formation continue, mais il s'agit là d'une dimension qui mérite d'être approfondie, notamment en lien avec les modes d'appropriation des nouveaux outils de management;
- Il s'agit également d'approfondir les nouvelles stratégies formationnelles permettant de concilier la recherche de l'efficacité et de l'utilité à court terme, et l'inscription des actions de formation continue dans le plus long terme: une des pistes prometteuses passe par l'identification des compétences transversales et la modularisation des compétences acquises à l'intérieur d'un champ de développement professionnel (Flück/Le Brun/Choquet, 1992), une démarche – elle aussi – restée en cale, qui mérite de nouvelles analyses plus ciblées;
- Les nouvelles stratégies comportementales, permettant de concilier «production» et «qualification» d'une part, et projets personnels et or-

ganisationnels d'autre part, doivent être identifiés par analogie aux modes de production qualifiants (cf. ci-dessus). Ces zones nouvelles de synergie, portées par une forme de *co*-investissement au sens de Bellier (2002), dont les contours demeurent flous à ce stade, constitueront des atouts décisifs autant pour les employeurs que pour le personnel, car elles offrent la possibilité de résoudre une partie du problème issu de la pression du temps aussi longtemps que la formation continue est appréhendée comme une zone temporelle distincte du temps de production;

– Nous avons besoin ensuite de connaître les nouvelles compétences de l'employabilité et du développement de carrière dans un environnement fortement évolutif, par analogie aux nouvelles «compétences de base» dont il est question dans l'éducation permanente des adultes (CCE, 2001). En effet, ces compétences vocationnelles (voir par ex. Super, 1974), permettant cette prise en main active de sa destinée professionnelle, font intervenir plusieurs savoir-faire essentiels qui ne sont, à notre connaissance, pas encore transmis dans le cadre de la formation continue, contrairement aux programmes offerts dans le cadre de la loi sur le chômage et le cortège de programmes de formation dispensés au sein des Offices régionaux de placement. D'autre part, ces compétences ont été déterminées dans un environnement stable permettant la planification de carrière, ce que montrent les principales d'entre elles:
  1. L'auto-évaluation, ou la capacité d'introspection. Cette auto-évaluation ne porte pas exclusivement sur les compétences, mais également sur les centres d'intérêts, la motivation ainsi que les traits de personnalité. Elle passera en revue non seulement les emplois «traditionnels» occupés, mais aussi les autres rôles (externes) assumés;
  2. La recherche d'informations, ou capacité à explorer l'environnement. Cette opération de «scanning» ne se limitera pas aux emplois du travail marchand, par hypothèse en diminution, mais explorera aussi d'autres environnements potentiellement intéressants pour acquérir de nouvelles compétences;
  3. La formulation d'objectifs professionnels réalistes, susceptibles d'améliorer le bien-être professionnel en fonction du diagnostic d'auto-évaluation;
  4. La capacité à planifier les grandes lignes de son développement, à gérer son développement professionnel par une démarche pro-active. Sur ce point, la formation professionnelle continue est incontourna-

ble, de même que le choix d'employeurs offrant une organisation du travail «qualifiante»;

5. La stratégie et le marketing personnels, indispensable pour bien se positionner (Porot, 1996);

- Si ces compétences vocationnelles seront encore utiles dans un environnement fortement évolutif, elles devront être complétées par de nouvelles compétences dont nous ne pouvons, à ce stade, qu'esquisser les contours (voir par ex.: Emery/Huerlimann, 2002);
- Finalement, il s'agit de mieux cerner les modes d'alliance et de collaboration susceptibles de faire émerger et de favoriser le développement des compétences collectives (Amherdt *et al.*, 2000), ou des compétences organisationnelles (Dyer/Shafer, 1999, Weiss, 1999, Ulrich/Lake, 1990), puisque dans notre recherche, les stratégies collectives sont véritablement l'exception, mais que paradoxalement, les situations de travail ont tendance à se décloisonner, produisant un important potentiel de création des compétences collectives (Burmann, 2002). Si la formation continue demeure une affaire individuelle, nous assistons à une structuration du processus d'ensemble qui donne clairement une impulsion dans ce sens; cependant, les directions ne disposent pas encore des concepts et des outils leur permettant de générer des compétences collectives.

5.4 Le management de la formation continue en mutation

Au terme de notre recherche, nous pouvons affirmer que les organisations publiques ne disposent que d'une vue très partielle des actions de formation ayant réellement lieu en leur sein. Et cela n'est pas forcément dû à une forte décentralisation des ressources ou des budgets formationnels, comme c'est le cas dans certaines de nos organisations. Les indicateurs gérés sont insuffisants, les services concernés ne disposant d'informations complètes ni sur les ressources financières consommées, a fortiori s'il s'agit de calculer l'investissement formationnel en coûts complets incorporant le temps passé et les autres ressources consommées, ni sur le nombre total de journées de formation continue pour chaque membre du personnel, et encore moins s'il s'agit d'incorporer d'autres sources formationnelles telles que manifestations externes, foires, etc., confirmant les résultats d'autres recherches (Bach, 2000).

Des ratios tels que *budget total de formation continue par personne*, ou encore *journées de formation annuelles par personne*, ont demandé d'importants calculs *ad hoc* à nos interlocuteurs et ne semblaient ainsi pas correspondre à un besoin de pilotage. Alors que la disponibilité de ces données paraîtrait relever de la bonne gestion, il ressort clairement que les statistiques sont minimales, limitées le plus souvent aux éléments financiers, et encore ceux-ci sont-ils incomplets, corroborant le résultat d'autres enquêtes (Diagne *et al.*, 2002). Ce caractère incomplet est lié d'une part à l'absence d'un controlling systématique des actions de formation continue, aux rapports pas toujours clairement définis entre le service central de la formation et les services opérationnels, mais également à une complexification et une diversification des actions relevant, peu ou prou, de la formation continue, confirmant en cela les tendances observées en France par exemple (Lichterberger/Méhaut, 2001).

Il va sans dire que d'autres indicateurs plus sophistiqués, portant sur le transfert des compétences et ses impacts sur le comportement et les performances, au sens de Hamblin (1974) ou de Phillips (1990) par exemple, constituent à l'heure actuelle de véritables plans sur la comète.

Questions émergentes et perspectives de recherche

Voici quelques pistes essentielles ressortant de notre analyse:

- Les éléments de base d'un controlling de la formation continue (Wunderer/Jaritz, 1999) doivent être adaptés aux services publics, disposant d'un double pilotage de la formation continue (centralisé et décentralisé). Ils permettraient alors d'intéressantes comparaisons de l'investissement formationnel et de ses conséquences entre organisations oeuvrant dans un même domaine d'activité;
- Le pilotage embryonnaire de la formation continue, ne portant que sur les actions entreprises (ce qui est réalisé), en l'occurrence avant tout les cours, devra être progressivement élargi, selon des modalités à redéfinir en s'inspirant de la littérature spécialisée, enjoignant à évaluer trois niveaux de valeur ajoutée (Yeung/Berman, 1997, Phillips, 1996, Fitz-enz, 1990):

1. qualité et coûts des actions de formation continue en tant que telles: sur la base d'une nouvelle nomenclature à définir (cf. point suivant: les nouvelles typologies de la formation continue);
2. qualité du transfert, validation des compétences acquises, changement de comportement: redéfinir des outils pragmatiques assurant le transfert et la validation des compétences, quelque soit le mode d'acquisition;
3. influence sur les performances individuelles et collectives, ce qui constituerait une évaluation du «retour sur investissement» de la formation continue. Cette réflexion doit être approfondie en lien avec l'idée de fixer des objectifs concernant le développement des compétences, et selon les différents acteurs en présence (direction, service du personnel, cadres, personnes concernées). Par ailleurs, nous manquons cruellement d'études attestant de manière crédible des liens entre actions de formation et amélioration des performances organisationnelles, dans le contexte de l'administration publique en particulier, le discours général d'ouverture à la formation continue apparaissant dans ce contexte davantage comme une exhortation incantatoire (LeLouarn/Wils, 2001) qu'une conviction basée sur des informations tangibles.

5.5 L'obsolescence des typologies classiques de formation continue

Ces conclusions, parce qu'elles touchent les concepts utilisés dans ce domaine, invitent plus directement à de nouvelles recherches permettant de redéfinir l'espace conceptuel de ce champ d'analyse:

- Les contours précis de ce qu'il convient désormais de placer sous «formation continue» évoluent fortement et rendent difficile une quantification précise des efforts formationnels. Ceci n'est pas seulement lié aux actions de formation continue réalisées en-dehors du temps de travail, qui relèvent surtout de l'autoformation, laquelle ne peut que se développer sous l'impulsion conjointe des nouvelles technologies informationnelles, de la flexibilisation des temps de travail et d'un leadership favorisant autonomie et prise de responsabilité (Albero, 2000). Pour Foucher (2000: 7), «s'autoformer, c'est agir comme chef d'orchestre de sa propre formation, c'est s'ouvrir sur soi-même et sur le monde en se servant des moyens appropriés pour apprendre». L'éclatement des métiers à travers la logique des compétences, et l'obsolescence accélérée de ces dernières, rendent quasi-caduque la distinction entre formation de base et formation continue; nous pouvons l'observer dans nos études de cas où le métier de base lui-même est en profonde transformation, rejoignant les nouvelles définitions en la matière, par exemple celle repris dans le rapport du Conseil fédéral (2000: 4) pour qui: «la formation continue est comprise comme la continuation ou la reprise de l'apprentissage après la conclusion d'une première phase de formation....». A noter que Bodart Senn/Schräder-Naef (2000: 19) vont encore plus loin lorsqu'elles affirment que «la formation continue et la formation des adultes sont aujourd'hui synonymes», et que «la formation des adultes englobe l'ensemble des apprentissages qui permettent aux adultes de développer leurs capacités, d'augmenter leurs connaissances et d'améliorer leurs qualifications générales et professionnelles, ou de prendre une orientation nouvelle qui corresponde mieux à leurs propres besoins et à ceux de la société qui les entoure»;

– Dans le même ordre d'idées, la frontière entre le travail et le non-travail ayant tendance à s'estomper (Mispelblom Beyer, 2001), il devient de plus en plus artificiel de distinguer la formation professionnelle et la formation générale ou de développement personnel (Bodart Senn/ Schräder-Naef, 2000, Gonon/Schläfli, 1999). A partir du moment où, comme dans la logique du Répertoire Opérationnel des Métiers et des Emplois (ROME, Bellier, 1993), les compétences sont appréhendées sous la forme de capacités cognitives sous-jacentes, plutôt que de facettes spécifiques à un domaine d'activité, leur transférabilité paraît nettement renforcée, y compris entre les sphères privée et professionnelle. Les réflexions conduites à cette époque prennent une nouvelle actualité en considérant l'élargissement considérable des compétences recherchées dans les postes de cadres (compétences de management et d'*intrapreneur* notamment). Les perspectives énoncées dans la politique de l'Union Européenne s'orientent également dans ce sens, élargissant notablement les finalités de la formation continue, au-delà de la sphère professionnelle, incluant les dimensions civique, sociale et personnelle, comme l'expriment les rapports de la Commission des communautés européennes (CCE, 2001)[49];

- Notons l'obsolescence progressive de la distinction faite entre la formation pour cadres et non-cadres, qui structure encore la plupart des programmes de formation; en effet, bon nombre de compétences sont maintenant demandées également au personnel sans responsabilité hiérarchique, dans une conception élargie de leur travail qui remet au goût du jour le *job enrichment* (Herzberg, 1959), en lui ajoutant les valeurs ajoutées attendues de l'intrapreneur (Pinchot, 1986). Si, comme l'expriment Bodart Senn/Schräder-Naef (2000), l'innovation et la compétitivité des organisations dépendront dans un futur proche, en premier lieu des collaborateurs en place qui auront bénéficié d'une formation régulière, cette tendance ne peut que se renforcer;
- Il s'agit également, dans le cadre des nouvelles formes d'organisation du travail, de questionner le caractère d'*intentionnalité* que nous avons retenu, avec l'OFS notamment, pour définir la formation continue. En effet, dans de nombreuses situations (participer à des groupes de projet, remplacer des acteurs ayant des rôles spécifiques, etc.) la dimension formationnelle n'est certes pas au premier plan, mais elle joue toutefois un rôle éminemment important et peut se trouver au cœur de la stratégie poursuivie par l'acteur. Si nous retenons la définition très large citée cidessus (Bodart Senn/Schräder-Naef), alors nous devons également nous intéresser aux caractéristiques qualifiantes des organisations, allant dans le sens de l'indicateur du potentiel qualifiant d'un contexte de travail donné;
- De nouvelles typologies de formation «continue», beaucoup plus fines que le triptype «formation formelle, non-formelle et informelle», une vision menaçant d'introduire un cloisonnement malvenu entre des sources formationnelles en intégration progressive (Davies, 2001), doivent être inventées pour permettre d'analyser de manière plus subtile les processus formationnels mis en œuvre à l'intérieur des organisations. Ainsi dans le cadre de cette recherche, nous avons été amenés à distinguer la formation obligatoire de la formation volontaire (active), tout en discu-

49 L'éducation et la formation tout au long de la vie y sont définies ainsi (CCE, 2001, 11): «toute activité d'apprentissage entreprise à tout moment de la vie, dans le but d'améliorer les connaissances, les qualifications et les compétences, dans une perspective personnelle, civique, sociale et/ou liée à l'emploi». L'on y perçoit un élargissement considérable des «finalités» de l'apprentissage tout au long de la vie.

tant du caractère parfois peu clair entre les deux, constat qui nous pousserait à distinguer la formation obligatoire d'une part, la formation négociée ensuite, et la formation «libre», mais soutenue par l'organisation finalement. De même, nous avons distingué la formation continue en fonction de ses modes de légitimation (légitimations technique, fonctionnelle, axée sur l'employabilité, liée à des projets du service ou des changements organisationnels), mais nous sommes conscients du caractère arbitraire et non abouti d'une telle classification, qui mériterait ainsi d'être approfondie.

D'autres éléments pourraient encore être mentionnés dans cette même perspective (formation individuelle versus collective, réactive versus anticipatrice, etc.) pour illustrer l'urgent besoin de redéfinir les concepts utilisés dans la recherche sur ce thème, mais également clarifier les nouveaux indicateurs du pilotage du processus formationnel.

Chapitre 6

Principales recommandations aux acteurs de la formation continue (organisations publiques, service du personnel/de la formation, hiérarchie, membres du personnel)

Ces recommandations constituent les éléments les plus marquants ressortant de nos analyses, étant entendu que des recommandations plus ciblées ont été transmises aux services ayant participé à la recherche.

6.1 Recommandations formulées à l'attention des organisations publiques

Les éléments suivants constituent des manques identifiés dans nos études de cas, affaiblissant le processus formationnel:

- *Ancrer le processus formationnel:* assurer une source de légitimité «stratégique» permettant d'ancrer les actions de formation continue demandées: élaboration d'une politique de formation continue clairement communiquée, instauration d'un management des performances transparent et fonctionnel, en lien avec les fonctions assumées par le personnel, ce qui n'est pas le cas actuellement;
- *Habiliter, responsabiliser et valoriser les acteurs concernés, dans la cohérence:* assurer une crédibilité dans le discours prônant l'ouverture à la formation continue, un discours qui n'est pas vraiment relayé dans les faits, surtout que le management de proximité exerce un rôle prépondérant dans l'accès *réel* aux ressources formationnelles disponibles dans l'organisation. Ce pouvoir renforcé du management de proximité opère le plus souvent dans un cadre flou permettant une interprétation très large du discours généralement ouvert à la formation continue. Un effort doit être fait ici pour rapprocher les valeurs prônées et les valeurs en action, en évitant la situation paradoxale de la «responsabilisation indivi-

duelle» dans un contexte de plus en plus maîtrisé par les directions des services. Il passe notamment par la clarification des responsabilités respectives en matière de formation continue, un système d'évaluation incluant ces responsabilités et de nouvelles formes de reconnaissance/sanction liées à l'évaluation des responsabilités tenues;

– D'une manière plus générale, *redéfinir la dimension formationnelle du contrat psychologique* dans les services publics. Si le service public, en Suisse pour le moins, a abandonné depuis longtemps le système de plan de carrière, qui pouvait donner une perspective de progression professionnelle à long terme que l'on retrouve dans d'autres cultures administratives, en France et en Allemagne notamment (Cucioli, 1991, Pfister, 1988), force est de constater en l'état actuel que les perspectives de carrières sont, dans les domaines analysés au moins, limitées. Une situation qui ne manquera pas de devenir encore plus paradoxale lorsque la structuration croissante des processus formationnels par les directions déploiera ses effets. A ce moment, les personnes bénéficieront, d'un côté, d'un système de formation continue fortement structuré et adapté à leur domaine d'activité, offrant la possibilité d'acquérir progressivement les différentes compétences utiles à leur domaine, et, de l'autre côté, elles n'auront plus la possibilité de les faire valoir par une progression de carrière constituant une forme d'engagement de l'organisation, partie au contrat psychologique. Dans ce sens, il est urgent de reconsidérer le contrat psychologique entre employeurs et employés publics (Hall/Moss, 1998), dans l'optique d'une co-évolution impliquant, de part et d'autre, des nouvelles manières de penser et d'agir (Hall/Moss, 1998; Mack, 1997), alliant exigences de production, de qualité, et développement des savoir-faire, ainsi que des modes de carrières alternatifs (Amherdt, 2000, Hall *et al.*, 1996). Dans cette optique, il nous paraît particulièrement intéressant d'identifier les modes d'action produisant le plus de synergies «production – qualification», tant du point de vue organisationnel qu'individuel.

6.2 Recommandations formulées à l'attention des services du personnel/de la formation (spécialistes en gestion des ressources humaines)

Les services spécialisés, plus que la production d'un catalogue interne de formation continue, devront s'appliquer davantage qu'actuellement dans la *conception, la stabilisation et la visibilisation du processus formationnel*:

- globalement, concevoir et communiquer un cadre cohérent et transparent du processus formationnel: conception de l'offre, règles d'accès respectivement de refus, transparence du financement et du support fourni par l'employeur, suivi et valorisation de la mise en œuvre;
- stabiliser et visibiliser le processus en développant les éléments standardisés permettant un pilotage du processus aux trois niveaux de valeur ajoutée (actions formationnelles, effet de développement des compétences, améliorations des prestations de l'organisation, Emery, 2002, Lichtsteiner, 2002), la standardisation permettant une comparaison avec d'autres organisations oeuvrant dans le même domaine d'activités. Ce pilotage passe notamment par l'élaboration de nouvelles typologies de formation (continue), par la définition d'indicateurs types, collectifs et individuels, ainsi que par l'intégration des responsabilités formationnelles dans les tableaux de bord décentralisés des services, voire des cadres hiérarchiques. Ces indicateurs doivent permettre d'adapter les actions formationnelles afin d'en augmenter l'efficacité et l'efficience, notamment auprès des populations qui s'estiment prétéritées (dans notre recherche, les cadres de 1er niveau du domaine technique, mais d'une manière générale, les «évitants» de la formation continue, dont le facteur prépondérant reste, également selon nos données, les personnes disposant d'un niveau de formation inférieur). Les projets de standardisation des informations statistiques concernant l'apprentissage «tout au long de la vie» constituent une source importante d'inspiration au niveau européen (Eurostat, 2001);
- stabiliser le processus également en établissant un lien – ou un pont – avec un système de gestion des compétences et des connaissances (Weil/Hablützel, 1998), permettant aussi bien aux directions des services qu'aux intéressés de tracer l'acquisition de compétences. Actuellement, ce cadrage manque pratiquement totalement puisque même l'itinéraire formationnel de base n'est, sauf exception, pas géré. L'on est

donc très loin encore des systèmes d'évaluation du capital humain, tels que proposés par Mayo (2001);
- stabiliser enfin, en repensant l'intégration des modes traditionnels de transmission des compétences, inspirés du compagnonnage, aux formes structurées actuellement mises en œuvre, de manière à préserver un potentiel précieux systématiquement relevé par nos interlocuteurs. La formalisation du processus formationnel peut effectivement aboutir, surtout si elle est couplée à un management des performances, à la disparition rapide de cette forme de qualification ancestrale, qui relève aujourd'hui peut-être autant de la conscience professionnelle que du *don* fait à l'organisation et à ses collègues;
- et *last but not least*, introduire de nouvelles formes de reconnaissance, prenant en compte également le développement des compétences, et non seulement les performances réalisées. Actuellement, la reconnaissance des compétences acquises est lacunaire, voire inexistante, décourageant plus d'une personne s'étant investie, parfois très fortement, dans une activité de formation continue.

6.3 Recommandations formulées à l'attention de la hiérarchie, des cadres aux différents niveaux

Les cadres sont les porteurs du message formationnel communiqué par la direction. Bénéficiant généralement d'une marge de manœuvre renforcée, ils sont en mesure d'amplifier ou de neutraliser l'ouverture de principe que nous avons pu constater. Aussi nos recommandations vont-elles dans le sens de *porter, d'utiliser/d'aligner, et de reconnaître* l'investissement formationnel de leurs collaboratrices et collaborateurs:
- porter le message formationnel en prenant au sérieux la responsabilité de développement du personnel qui leur est progressivement confiée, en exerçant leur rôle de leader transformationnel favorisant le feedback formatif et l'implication dans des situations qualifiantes. Ce faisant, réfléchir également à la meilleure façon d'organiser le savoir *du* et *sur* le terrain, ressource précieuse menacée (cf. ci-dessus). Il va sans dire que cette proposition ne tient que si la hiérarchie supérieure applique avec le même engagement sa responsabilité formationnelle;

- utiliser/aligner les actions formationnelles, c'est-à-dire chercher à les intégrer dans le management plus général des objectifs, chercher à apprécier l'impact des actions en soignant le transfert et le suivi, et d'une manière plus générale, chercher à inclure la formation continue dans une démarche anticipatrice de leur domaine d'activité, et non seulement dans une réaction à court terme;
- reconnaître l'investissement formationnel de ses collaborateurs, ce qui dépend bien entendu des possibilités officiellement en place dans l'organisation. Pour une bonne part toutefois, cette reconnaissance peut également se concrétiser dans le micro-environnement de travail, par l'implication dans des activités nouvelles, la délégation de responsabilités, la participation à des projets à plus large échelle ou encore l'attribution formalisée d'un rôle formationnel ou de parrainage. Toutes ces actions s'inscrivent dans la marge de manœuvre des cadres, surtout après l'instauration de modes organisationnels davantage décentralisés propres à la nouvelle gestion publique; elles contribueront également à une perception de la formation continue qui ne sera pas uniquement instrumentalisée, au service de l'employeur et de sa hiérarchie, mais s'inscrira aussi dans le développement du personnel en place.

6.4 Recommandations formulées à l'attention des membres du personnel

Plusieurs pistes s'offrent aux personnes pour concrétiser la «responsabilisation individuelle» dont ils se trouvent affublé, une orientation «focalisée sur l'apprenant» que l'on retrouve comme une direction fondamentale de la politique en émergence au niveau européen (CCE, 2001, Eurostat, 2001). A l'attention des cadres en particulier, lesquels constituaient notre population d'analyse, nous pouvons recommander de:

- jouer sur les possibilités d'aménager leur fonction ou leur poste de travail; négocier ou forger des possibilités accrues de remplaçabilité, contribuant ainsi d'une part à mieux faire circuler leurs compétences, mais également à augmenter leur marge de manœuvre pour participer à des actions formationnelles «off the job»;

- chercher à intégrer des objectifs de formation continue parmi ceux qui doivent être négociés, en identifiant des domaines d'action ou des projets synergiques «production – qualification»;
- contribuer à faire émerger des compétences collectives en faisant circuler leur savoir plutôt qu'en le gardant pour soi (source traditionnelle de pouvoir), en développant des réseaux de personnes partageant le même type d'activités (voire de fonctions si cela est possibles), et en aidant le service à identifier les besoins communs en compétences;
- en l'absence de référentiel de compétences et de cartes d'emplois, veiller à acquérir les compétences vocationnelles de base et réaliser, à intervalles réguliers, un bilan de carrière, au besoin avec un professionnel, afin d'éviter le problème actuel de la focalisation exclusivement à court terme des actions formationnelles. Pour ce faire, s'inspirer des principes du nouveau contrat psychologique (Hall/Moss, 1998), qui se base sur les éléments suivants:
  1. le principe de la responsabilité individuelle de la carrière;
  2. la carrière est une succession d'expériences, de travail, de formation, de rôles, etc. tout au long de la vie;
  3. le développement est permanent, piloté par la personne et profondément lié au travail;
  4. le développement n'est donc pas forcément réalisé sous la forme d'une formation formelle, ni d'une promotion hiérarchique;
  5. cela nécessite une transition du savoir-faire au *savoir apprendre*, axé sur l'employabilité.
- Et finalement, soigner son portefeuille de compétences, plus que son CV, assurant une meilleure vue de ses possibles professionnels et une prise de conscience de son employabilité interne et externe. Dans ce domaine également, les projets à plus large échelle, au niveau européen (CCE, 2001)[50] mais également au Québec par exemple (Gouvernement du Québec, 2001), cherchant à créer un véritable espace supranational d'éducation et de formation continue passant par l'identification systématique des compétences acquises, accéléreront les démarches dans ce sens.

50 Sans doute le système le plus avancé en la matière est le National Vocational Qualifications (NVQs) développé en Grande-Bretagne.

6.5 En guise de conclusion

Au terme de cette recherche et en écho à la citation introductive, nous sommes conscients de n'avoir fait qu'approcher les logiques d'action de nos interlocuteurs, pris tout à la fois par les exigences de focalisation sur un objet de recherche certes très vaste en lui-même (les comportements de formation continue) mais tout de même réducteur de la vie professionnelle globale des acteurs rencontrés, pris par la nécessité d'opérationnaliser un domaine complexe, et ce faisant de le simplifier parfois de manière drastique, pris encore par le souci de faire face à des moyens d'investigation somme toute assez limités. Mais plus que ces contingences méthodologiques, nous devons reconnaître qu'au souci d'objectivité qui nous a conduit dans nos investigations, renforcé par une approche duale combinant des analyses quantitatives et qualitatives, il faut confronter le difficile exercice de distanciation auxquels nous avons dû faire face en tant qu'acteurs – à titre personnel et professionnel – du processus formationnel des organisations publiques en Suisse. Une distanciation nécessaire pour avoir ce juste recul permettant l'imbrication des pièces composant le puzzle des stratégies formationnelles de nos interlocuteurs, mais une distanciation modérée par le souhait d'entrer dans leur propre perceptions, dans leurs propres logiques, dans leur propre monde.

Ce faisant, nous sommes également conscients que le cadre de l'analyse stratégique lui-même n'est pas exempt de critiques, notamment par la forme de *néo-rationalité* qui le sous-tend; mais avec Perrenoud (1987: 23), nous pensons qu'il est parfaitement possible de «se détacher d'une conception hyper rationaliste et utilitariste de l'acteur sans renoncer à le considérer comme un stratège. La stratégie n'exclut pas la passion, l'irrationnel, l'émotion, l'illusion, l'utopie ou simplement l'erreur».

La *passion*, nous l'avons rencontrée maintes fois, auprès de personnes qui, malgré les contraintes très lourdes de leur travail, s'investissent sans compter, y compris en dehors du temps de travail, pour comprendre, progresser et tenter de maîtriser une matière en évolution constante.

L'*irrationnel* aussi n'était guère absent, notamment dans les contradictions manifestes qui apparaissaient en confrontant le discours des personnes et leurs comportements *réels* en matière de formation continue, une irrationalité qui fait droit à l'*humanité* de l'acteur, mais également au fait, comme le suggère Perrenoud (1987) que nous n'agissons pas toujours en fonction d'intérêts ou d'objectifs, en particulier dans des situations éducatives, mais sur la base de routines, dans la pression de l'urgence ou dans cet ineffable moule culturel au sein duquel évoluent les membres d'une organisation.

L'*émotion* bien sûr, dans les yeux de personnes bouleversées par la mutation de leur fonction, par la confiance que leur témoigne leur employeur, ou encore par la perte de tous les repères qui, pendant plusieurs décennies, faisaient de leur emploi une forme de *matrice réconfortante*, mère nourricière et protectrice typique de l'emploi public, aujourd'hui largement disparue.

L'illusion et l'utopie, auprès de personnes fascinées par le discours parfois dithyrambique tenu par leur direction sur la formation continue, mais engluées dans l'écheveau de contraintes d'une gestion publique en pleine mutation, introduisant à haute dose des outils de management ainsi que des valeurs inspirées du secteur privé, non sans inoculer quelques injonctions paradoxales susceptibles de déstabiliser les personnes les plus solides.

Finalement, plus simplement l'*erreur*, celle de perception d'une réalité objective dûment documentée (les statistiques de formation, certes non communiquées au personnel, mais auxquelles nous avons eu accès), celle d'analyse d'un contexte formationnel parfois flou et contradictoire, celle de comportement enfin, une erreur possible sur laquelle nous nous sommes bien gardé d'intervenir et que nous n'avons pas voulu juger, sous peine de tomber dans le même travers rationalisant que nous voulons justement questionner. Des erreurs aussi valables pour nous, et dont notre souci de rigueur méthodologique ne nous a probablement pas totalement affranchi.

Bibliographie générale

AGRO, L./CLABOTS, A./SALENGROS, G. (1996). «Restructuration des entreprises et transformation de la fonction ressources humaines: approche empirique». In: SIRE, B./FERICELLI, A.-M. *Performance et ressources humaines.* Paris: Economica, pp. 48-67

ALBERO, B. (2000). *L'autoformation en contexte institutionnel.* Paris: L'Harmattan

ALTER, N. (1996). *Sociologie de l'entreprise et de l'innovation.* Paris: PUF

AMADIEU, J.-F./CADIN, L. (1996). *Compétence et Organisation qualifiante.* Paris: Economica

AMHERDT, C.-H. (1999). *Le chaos de carrière dans les organisations.* Montréal: Editions nouvelles

AMHERDT, C.-H./DUPUICH-RABASSE, F./EMERY, Y./GIAUQUE, D. (Eds) (2000). *Compétences collectives dans les organisations. Emergence, gestion et développement.* Québec: Les Presses de l'Université Laval

AMHERDT, C.-H./EMERY, Y. (1998). *Le centre en développement de carrière pour managers publics.* Chavannes-près-Renens: Cahier de l'Idheap no 179

ANCIAUX, J.-P. (^{2}1995). *L'entreprise apprenante: vers le partage des savoirs et des savoir-faire dans les organisations.* Paris: Les Ed. d'Organisation

ARGYRIS, C. (1995). *Savoir pour agir: surmonter les obstacles à l'apprentissage organisationnel.* Paris: InterEditions

AUTHIER, M./LÉVY, P. (1999). *Les arbres de connaissances.* Paris: La Découverte/Livre de Poche

BACH, P. (2000). *Image de la formation dans les entreprises romandes.* Rapport de recherche de l'ARFOR, Lausanne

BAETHGE, M. (1999). «Institutionalisierung oder Individualisierung – Arbeit und Bildung im Uebergang zur Informationsgesellschaft». In: HANSEN, H. *et al. Bildung und Arbeit. Das Ende einer Differenz?/ Formation et travail. La fin d'une distinction?* Aarau: Sauerländer, pp. 19-38

BAILLOD, J. (1999). «Personalentwicklung in den KMU». In: *Persorama*, n° 1, printemps 1999, pp. 57-61

BANDURA, A. (1994). «Self-efficacy», *Encyclopaedia of Human Behaviour*. Vol. 4, Orlando: Academic Press

BANNER, G. (1991). «Von der Behörde zum Dienstleistungsunternehmen». In: *VOP* (1): 6-9

BÄNZIGER, A. (1999). *Weiterbildung und Lohnunterschiede zwischen Frauen und Männern: eine empirische Untersuchung zur Situation in der Schweiz*. Chur: Rüegger

BARJOU, B. (1997). *Faites le point sur votre employabilité*. Paris: Les Editions d'Organisation

BARRETT, A. *et al.* (1998). *Exploring the returns to continuing vocational training in enterprises: a review of research within and outside of the European*. Thessaloniki: CEDEFOP; Luxembourg: Office for Official Publications of the European Communities

BASS, B. M. (1981). *Stogdill's Handbook of Leadership, A survey of theory and research*. New York: Wiley

BATAL, C. (1998 & 1997). *La gestion des ressources humaines dans le secteur public*. Paris: Les Ed. d'Organisation, tomes I & II

BELLIER, S. (1998). *Le savoir-être dans l'entreprise. Utilité en gestion des ressources humaines*. Paris: Librairie Vuibert

–, (2001). *Le e-learning*. Rueil-Malmaison: Ed. Liaisons

–, (2002). «Mutations et orientations de la formation dans les entreprises». In: *Personnel*, revue ANDCP, no 430, juin, pp. 10-14

BERCHTOLD, D. (1989). *Management in der öffentlichen Verwaltung der Schweiz*. Bern: Haupt

BERGMANN, A. (1994). Le «Swiss way of management». Paris: Editions ESKA

BERNDSON, D./MEISENZAHL, S. (1999). «Trend zur mehr Individualität». In: *Personalwirtschaft*, no 10

BERNOUX, P. (1985). *Sociologie des organisations*. Paris: Seuil, coll. Points

BODART SENN, J./SCHRÄDER-NAEF, R. (2000). *La formation des adultes en Suisse*. Rapport de base, Bern

BODART-SENN, J. (2000). «La formation continue, continue…». In: *Entreprendre*, no 29, pp. 29-33

BOLGIANI, I. (2002). *L'application des nouvelles méthodes de gestion publique dans les secteurs sanitaire et hospitalier: risques et opportunités*. Muri: Société suisse pour la politique de la santé (SSPS)

BOLTANSKI, L./CHIAPELLO, E. (1999). *Le nouvel esprit du capitalisme*. Paris: Gallimard

BOLTANSKI, L./THÉVENOT, L. (1991). *De la justification. Les économies de la grandeur*. Paris: Gallimard

BOURDIEU, P. (1994). *Raisons pratiques. Sur la théorie de l'action*. Paris: Seuil

BOYER, M./ROPERT, G. (1994). *Gérer les compétences dans les services publics*. Paris: Les Ed. d'Organisation

BROCHIER, D./OIRY, E. (2002). «Dix ans de rémunération par les compétences à l'Usine des plastiques. Plaidoyer pour un pilotage des outils de gestion». In: *Revue de gestion des ressources humaines*, no 45, août, pp. 20-24

BRÜHLMANN, J. (1999). «Lernen am Arbeitsplatz: berufliches Lernen als gemeinsame Erfahrungsreflexion in einem organisationalen Kontext». In: HANSEN, H. *et al. Bildung und Arbeit. Das Ende einer Differenz?/ Formation et travail. La fin d'une distinction?* Aarau: Sauerländer, pp. 235-244

BUCHMANN, C. *et al.* (1999). *Weiterbildung und Beschäftigungschancen*. PNR 33. Zürich: Rüegger

BÜCK, J.-Y. (1999). *Le management des connaissances*. Paris: Les Editions d'Organisation

BURMANN, C. (2002). «Immaterielle Unternehmensfähigkeiten als Komponenten des Unternehmenswertes: Operationalisierung und empirische Messung». In: *Die Unternehmung*, no 2, pp. 227-245

BUSSMANN, W./KLÖTI, U./KNOEPFEL, P. (1998). *Politiques publiques*. Paris: Economica

CAMILLERI, T./EMERY, Y./GIAUQUE, D./LAMBELET-ROSSI, L. (1999). «Les dynamiques sous-jacentes à l'employabilité». In: *Le Journal des Psychologues*, octobre, no 171, pp. 63-67

CAMPBELL, D. J./CAMPBELL, K. M./HO-BENG, C. (1998). «Merit Pay, Performance Appraisal, and Individual Motivation: an Analysis and Alternative». In: *Human Resource Management*, vol. 37, no 2, pp. 131-146.

CANNAC, Y. (1985). *La bataille de la compétence: l'éducation professionnelle permanente au cœur des stratégies de l'entreprise*. Paris: Hommes et techniques

CAPPELLI, P. (1999). *The New Deal at Work: Managing the Market-Driven Workforce*. Harvard: Harvard Business School Press

CARESTIA LANCIAUX, C. (1990). *Stratégie de la récompense.* Paris: Editions EME

CARNOY, M./CASTELLS, M./BENNER, C. (1997). «Les marchés de l'emploi et les pratiques en matière d'emploi à l'ère de la flexibilité: Etude de cas de la Silicon Valley». In: *Revue internationale du Travail,* vol. 136, no 1

CARRE P./MOISAN A./POISSON D. (1997). *L'autoformation: psychopédagogie, ingénierie, sociologie,* Paris: PUF

CATTACIN, S./TATTINI, V. (1999). «Les politiques sociales». In: KLÖTI, U. /KNOEPFEL, P./KRIESI, H./LINDER, W./ PAPADOPOULOS, Y. (Eds.), *Handbuch der Schweizer Politik.* Zürich: NZZ Verlag, pp. 807-839

CEP, centre d'éducation permanente (1998). *Rapport d'activité à l'attention du conseil de fondation.* Documentation de gestion non publiée

CIM-Zentrum Muttenz (1998). *KTI-Projekt, KMU Weiterbildungsförderung.* Abschlussbericht. Dez. 1997, Muttenz

COLLINET, L. (1999). *Innover par l'organisation qualifiante.* GRETA de Saint-Die, Chantier 2000

COLQUITT, J. A./SIMMERING, M. J. (1998). «Conscientiousness, goal orientation, and motivation to learn during the learning process: A longitudinal study». In: *Journal of Applied Psychology.* Vol. 83(4), Aug 1998, pp. 654-665

COMMISSION DES COMMUNAUTÉS EUROPÉENNES (2000). *Mémorandum sur l'éducation et la formation tout au long de la vie.* Document de travail des services de la Commission, Bruxelles

–, (2001). *Réaliser un espace européen de l'éducation et de la formation tout au long de la vie.* Communication de la Commission, Bruxelles

CONSEIL EXÉCUTIF DU CANTON DE BERNE (2000). Rapport NOG-2000, Berne

CONSEIL FÉDÉRAL (2000). *Eléments de réflexion pour une politique fédérale en matière de formation continue.* Rapport du Conseil fédéral, *ad 97.3249.* Berne

COSTA, P. T. Jr. (1996). «Work and personality: Use of the NEO-PI-R in industrial/organisational psychology». In: *Applied Psychology: an International Review.* Vol. 45(3), July 1996, pp. 225-241

COSTA, P. T. Jr./MC CRAE, R. R. (1985). *Concurrent validation after 20 years: implications of personality stability for its assessment,* in

BUTCHER J. N./SPIELBERGER C. D. (Eds), *Advances in personality assessment,* vol. 4, Hillsdale: Lawrence Erlbaum

COUCHEPIN, P. (2002). «Stratégies politiques et projets de la Confédération en vue d'aménager le service public de demain». In: *Revue économique et sociale,* no 3, septembre 2002, pp. 157-164

COURTOIS, B. (1991). *La formation expérientielle des adultes.* Paris: La documentation française

CROSS, P. (1981). *Adults as Learners; Increasing Participation and Facilitating Learning.* San Francisco: Jossey Bass Publishers

CROZIER, M. (1955). *Petits fonctionnaires au travail: compte-rendu d'une enquête sociologique effectuée dans une grande administration publique parisienne.* Paris: FNRS

–, (1965). *Le phénomène bureaucratique.* Paris: Seuil, coll. Points

CROZIER, M./FRIEDBERG, E. (1977). *L'Acteur et le Système.* Paris: Seuil

CUCIOLI, G. X. (1991). *Les nouveaux ronds-de-cuir.* Paris: Ed. J. Bertoin

DARVOGNE, C./NOYÉ, D. (1993). *Organiser le travail pour qu'il soit formateur – 12 dispositifs à mettre en œuvre.* Paris: INSEP

DAVIES, P. (2001). *Reflexions on the Memorandum on Lifelong Learning.* Document de travail. EUCEN

DE BRIER, C. (2002). «Evaluation de l'effort de formation dans les entreprises belges». In: GARANT M./SCIEUR (Ed.) (2002). *Organisations et systèmes de formation.* Bruxelles: De Boeck

DE QUATREBARBES, B. (1996). *Usagers ou clients, marketing et qualité dans les services publics.* Paris: Les Editions d'Organisation

DELLEY, J.-D. (1994). «Quand l'esprit d'entreprise vient à l'Etat». In: *Domaine public,* vol. tiré à part

DEMING, E. W. (1986). *Out of the Crisis.* Cambridge: Cambridge University Press

DIAGNE, D./HANHART, S./MEIER, C./PEREZ, S./SCHULZ, H.-R./STROBEL O. (2002). *Synthèse de 23 entretiens en entreprise, menés en 2001.* Enquête réalisée dans le cadre du PNR 43, Université de Genève

DIXON, N. (1994). *The organizational learning cycle, (How we can learn collectively).* London: McGraw-Hill

DOWNS, A. (1966). *Inside Bureaucracy.* Boston: Brown and Company

DRUCKER, P. (1954). *The Practice of Management.* New York: Harper & Row

DU GAY, P. (2000). *In Praise of Bureaucracy*, London/Thousand Oaks/ New Delhi: Sage Publications

DUPUY, F. (1998). *Le client et le bureaucrate*. Paris: Dunod

DYER, L./SHAFER, R. A. (1999). «From Human Resource Strategy to Organizational Effectiveness: Lessons from Research on Organizational Agility». In: WRIGHT, P. M./DYER, L. D./BOUDREAU, J. W./ MILKOVICH, G. T. pp. 145-174

EBERL, P. (1996). *Die Idee des organisationalen Lernens*. Bern: Haupt

EMERY, Y. (2000). *L'aventure des réformes dans le service public*. Lausanne: Presses polytechniques et universitaires romandes

–, (1998). «La carrière est morte, vive la carrière!». In: UEBELHART, B./GIAUQUE, D. *Transformation des öffentlichen Sektors. Welchen Beitrag kann die Ausbildung leisten?/Transformation dans le secteur public. Que faut-il attendre de la formation?* Le Mont-sur-Lausanne: LEP

–, (1997). «Pour une évaluation intégrée des performances individuelles et collectives». In: *Persorama*, revue suisse de la société de gestion du personnel, no 4, pp. 44-46

EMERY, Y./GIAUQUE, D. (2002). «Modernisation du secteur public et gestion par les résultats: possibilités et paradoxes». In: *Revue économique et sociale*, septembre 2002, pp. 213-222

–, (2001). «Nouvelle gestion publique, contrats de prestations et mécanismes d'incitations financières. Pratiques et problèmes rencontrés en Suisse». In: *Revue internationale de sciences administratives*, no 1, 2001, pp. 171-194

EMERY, Y./CHUARD DELALY, M. (2002). *Perception de la fonction «responsable ressources humaines» et de la mobilité/évolution professionnelle au sein de l'Etat de Vaud*. Idheap, Chavannes-près-Renens: rapport de recherche

EMERY, Y./HUERLIMANN, B. (2002). *Les processus dynamiques de l'employabilité*, Chavannes-près-Renens: Cahier de l'Idheap no 203

EMERY, Y./SCHEDLER, K. (1994). «Situation dans les cantons». In: EMERY, Y. (Ed.). *Salaire à la performance dans le secteur public*, Collection de la Société suisse des sciences administratives, vol. 27, Berne 1994, p. 217ss

EMERY, Y./UEBELHART, B. (1999). *Tendances dans les statuts du personnel des cantons suisses*. Chavannes-près-Renens: expertise de l'Idheap

EMERY, Y./CLIVAZ, C./SEBASTIANUTTO, D. (1997). *L'image du fonctionnaire dans le canton de Genève*. Chavannes-près-Renens: Cahier de l'IDHEAP no 179

EMERY, Y./GONIN, F. (1999). *Dynamiser les ressources humaines*. Lausanne: Presses polytechniques universitaires romandes

EMERY, Y./LAMBELET ROSSI, L. (2000). *Les politiques du personnel: conception, analyse et recommandations pour les administrations publiques suisses*. Chavannes-près-Renens: Cahier de l'IDHEAP no 192

ERAY, P. (2002). «Management par les compétences: Plébiscite pour un renouveau opérationnel de la GPEC». In: *Personnel*, revue ANDCP, no 432, septembre, pp. 17-20

EUROSTAT TASK FORCE (TF/MLLL) (2001). *Task force chargée de mesurer l'apprentissage tout au long de la vie*. Rapport de la Commission, Bruxelles

FARNHAM, D. *et al.* (1996). *New Public Manager in Europe, Public Servants in Transition*. London: McMillan Business

FAVRY, J. (1993). *Formation à l'évolution des emplois*. Paris: Eyrolles

FERLIE, E./ASHBURNER, L./FITZGERALD, L./PETTIGREW, A. (Eds.) (1996). *The New Public Management in Action*. Oxford: Oxford University Press

FINGER, M. (1997). «Apprendre face au pouvoir: l'administration peut-elle devenir apprenante?». In: FINGER, M./RUCHAT, B. *Pour une nouvelle approche du management public: Réflexions autour de M. Crozier*. Paris: Seli Arslan

–, (2002). «Genèse, actualité et avenir du service public tant en Suisse qu'en Europe». In: *Revue Economique et Sociale*, no 3, septembre, pp. 123-134

FINGER, M./ASUN, J. (2001). *Learning our way out: Adult Education at a Crossroads*. Londres: Zed Books

FINGER, M./BUERGIN, S. (1998). «The concept of the «learning organization» applied to the public sector – conceptual contributions for theory development». In: EASTERBY-SMITH, M. (Ed.). *Learning around organizations: developments in theory and practice*. London: Sage

FITZ-ENZ, J. (1990). *Human Value Management*. San Francisco, Jossey-Bass

FLÜCK, C./LE BRUN CHOQUET, C. (1992). *Développer les emplois et les compétences*. Paris: Insep Editions

FOUCHER, R. (collectif), (2000). *L'autoformation reliée au travail.* Montréal: Editions nouvelles

FRENCH, J. R. P./RAVEN, B. H. (1959). *The base of social power, in* Cartwright D. (Ed.) Studies in social power, Ann Arbor

FRIEDBERG, E. (2000). *La dynamique de l'action organisée.* In: La sociologie: Histoire et idées, Auxerre: Editions sciences humaines

– (1997). *Le pouvoir et la règle: dynamiques de l'action organisée.* Paris: Seuil

GALAMBAUD, B. (1980). *Les faces cachées de la formation.* Paris: Privat

GASSER, B. (pour OFES) (1989). «L'analyse de données portant sur la formation continue». In: *Politique de la science*, supplément 41, Berne, pp. 45-88

GENDRE, F./CAPEL, R. (1999). *Manuel d'utilisation LABEL.* Université de Lausanne: Institut de psychologie

GERMANN, R. E. (1996). *Administration publique en Suisse.* Bern: Haupt

GERMANN, R. E./GRAF, H.-P. (Ed.) (1988). *Ausbildung im öffentlichen Dienst.* Bern: Haupt

GHOSHAL S./BARTLETT C. (1998). *L'entreprise individualisée.* Paris: Maxima

GIAUQUE, D. (1999). «La fin d'une distinction traditionnelle entre lieu de travail et lieu de formation? Que d'opportunités gâchées!». In: HANSEN, H. *et al. Bildung und Arbeit. Das Ende einer Differenz?/ Formation et travail. La fin d'une distinction?* Aarau: Sauerländer, pp. 85-98

– (2002). «Science et management public ou l'histoire d'une relation ambiguë. Le cas de la nouvelle gestion publique». In: *Ethique publique*, vol. 4, no 1, pp. 45-62

GIAUQUE, D./UEBELHART, B. (1999). *Modernisation du secteur public: une formation pour favoriser l'horizontalisation des compétences et la médiation citoyenne.* Communication pour la Conférence annuelle de l'Association Internationale des Ecoles et Instituts d'Administration, Birmingham, 19-22 juillet 1999

GIDDENS, A. (1987). *La constitution de la société.* Paris: PUF

GIGER, H. (Ed.) (1991). *Bildungspolitik im Umbruch. Staatsmonopol in der Weiterbildung?* Zürich: Verlag Neue Zürcher Zeitung

GILBERT, P. (2002). «Où va la gestion des ressources humaines». In: *Personnel*, revue ANDCP, no 432, septembre, pp. 37-40

GOGUE, J. M. (1997). *Le paradigme de la qualité.* Paris: Economica

GONON, P./SCHLÄFLI, A. (1999). *Formation continue en Suisse; Situation et recommandations.* Rapport établi sur mandat de la Confédération. Zürich

GOUVERNEMENT DU QUÉBEC (2001). *Projet de politique de l'éducation des adultes dans une perspective de formation continue.* Québec

GREFFE, X. (1999). *Gestion publique.* Paris: Dalloz

GRIMAND, A./VANDANGEON-DERUMEZ, I. (1999). «L'organisation qualifiante entre autonomie et contrôle: vers une nouvelle conduite des processus de changement». In: *Revue de Gestion des Ressources Humaines*, no 32, pp. 108-126

GRIP, A. D./HOEVENBERG, J./WILLEMS, E. (1997). «L'emploi atypique dans l'Union Européenne». In: *Revue internationale du Travail*, vol. 136, no 1

GROSSENBACHER, S. (1991). «Attitude face à la formation continue: facteurs d'influence individuels et structurels». In: *Vie Economique*, 10, pp. 54-58

GROUPE DE TRAVAIL POUR LA FORMATION PERMANENTE DU PERSONNEL DE LA FONCTION PUBLIQUE (1999). *Rapport concernant les cours de formation permanente du personnel de la fonction publique.* République et Canton du Jura: Service du personnel

GUEX, S. (1998). *L'argent de l'Etat. Parcours des finances publiques au XXe siècle.* Lausanne: Réalités Sociales

GUILLOT, J.-F./ROUQUIÉ, G. (1996). *La formation au cœur de l'entreprise.* Paris: Retz

HABLÜTZEL, P. *et al.* (Eds.) (1995). *Umbruch in Politik und Verwaltung: Ansichten und Erfahrungen zum New Public Management in der Schweiz.* Bern: Haupt

HALL D. T. *et al.* (1996). *The Career is Dead – Long Live the Career. A Relational Approach to Careers.* San Francisco: Jossey-Bass Publishers

HALL, D. T./MOSS, J. E. (1998). «The new protean career contract: Helping organizations and employees adapt». In: *Organizational Dynamics,* Vol. 26, no 3, 22-37

HAMBLIN, A. C. (1974). *Evaluation and Control of Training*, New York: Mc Graw Hill

HAMEL, G./PRAHALAD, K. (1994). «Competing for the Future». In: *Harvard Business Review*, July-August

HANSEN, H./SIGRIST, B./GOORHUIS, H./LANDOLT, H. (1999). *Bildung und Arbeit. Das Ende einer Differenz?/Formation et travail. La fin d'une distinction?* Aarau: Sauerländer

HARGREAVES, P./JARVIS, P. (1998). *The human Resource Development Handbook.* London: Kogan Page

HERZBERG, F. (1959). *Work and the Nature of Man*, Paris: Entreprise Moderne d'Edition, 1971 pour la traduction française

HILB, M. (1998). *Management der Human-Ressourcen.* Neuwied: Luchterhand

HOLLOWAY, J./LEWIS, L./MALLORY, G. (1995). *Performance Measurement and Evaluation.* London: Sage

HONDEGHEM, A. (1998). *Managing Change in Human Resources Management in Public Administration.* Contribution faite dans le cadre du colloque de l'IEAP, 30.11-1.12., Maastricht

HOOD, C. (1998). «Individualized Contracts For Top Public Servants: Copying Business, Path-Dependent Political Re-Engineering – or Trobriand Cricket?». In: *Governance: An International Journal of Policy and Administration*, vol. 11, no 4, pp. 444-462

– (1995). «The «New Public Management» in the 1980s: Variations on a Theme». In: *Accounting Organizations and Society*, vol. 20, no 2/3, pp. 93-109

HUET, M. (1998). «L'accès des femmes à la formation des adultes en France». In: MOSCONI, N. *et al. Egalité des sexes en éducation et formation.* Paris: PUF

HUFTY, M. (dir.) (1998). *La pensée comptable. Etat, néolibéralisme, nouvelle gestion publique.* Paris/Genève: PUF/Les nouveaux cahiers de l'IUED

HUWS, U. (1998). «Flexible labour markets and equality between the sexes: threat or opportunity?». In: MOSCONI, N. *et al. Egalité des sexes en éducation et formation.* Paris: PUF

ITAMI, H. (1991). *Mobilizing invisible assets.* Paris: Harvard Business Press

JOLIS, N. (1997). *Piloter les compétences.* Paris: Les Editions d'organisation

JUDGE, T. A./MARTOCCHIO, J. J./THORESEN, C. J. (1997). «Five-factor model of personality and employee absence». In: *Journal of Applied Psychology.* Vol. 82(5), Oct., pp. 745-755

JURKIEWICZ, C. (1999). «The Phantom Code of Ethics vs. The Formal Code of Ethics: the battle between right and wrong amidst a culture of reform». Annual Conference of the International Institute of Administrative Sciences: Sunningdale (UK) (12-15 July)

JURKIEWICZ, C. L./MASSEY, T. K./BROWN, R. G. (1998). «Motivation in Public and Private Organizations. A comparative Study». In: *Public Productivity & Management*, vol. 21, no 3, pp. 230-250

KETTL, D. F. (1997). «The Global Revolution in Public Management: Driving Themes, Missing Links». In: *Journal of Policy Analysis and Management*, vol. 16, no 3, pp. 446-462

KNAUS, A./SCHNEIDER, H.-D./SPICHER, P. (1995). *Formation continue universitaire*. Rapport final

KNOEPFEL, P./VARONE, F. (1999). «Mesurer la performance publique: méfions-nous des terribles simplificateurs». In: *Politiques et management public* 17(2), pp. 123-145

KNOEPFEL, P. (2002). «L'éclatement de l'Etat – acht Thesen zur Abdankung der Einheitlichen, allgemeinen Staatsverwaltung». Chavannes-près-Renens: IDHEAP

KOHLHAAS, P. (1999). «Selbstverantwortliche Bildung und die Ressource Zeit». In: HANSEN, H. *et al. Bildung und Arbeit. Das Ende einer Differenz?/Formation et travail. La fin d'une distinction?* Aarau: Sauerländer, pp. 225-234

LAUFER, R./BURLAUD, A. (1990). *Management public, gestion et légitimité*. Paris: Dalloz

LAWLER, E. E. (1973). *Motivation in Work Organizations*. San Francisco: Belmont

– (1990). *Strategic Pay*. San Francisco: Jossey Bass

LE BOTERF, G. (1998). *L'ingénierie des compétences*. Paris: Les Editions d'Organisation

– (2000). *Construire les compétences individuelles et collectives*. Paris: Les Ed. d'Organisation

LE GOFF, J.-P. (1996). *Les illusions du management*. Paris: La Découverte

LE LOUARN, J.-Y/WILS, T. (2001). *L'évaluation de la gestion des ressources humaines*. Paris: Editions Liaisons

LE MENESTREL, J./SCHPILBERG, M. (1999). *Au revoir et merci, Monsieur Taylor*. Paris: Les Ed. d'Organisation

LEMIRE, L./ROUILLARD, C./SABA, T. (2001). *Toward an implicit reorganization of Work? A comparative analysis of a new psychological contract in profit and non-profit organizations.* Human Resource global management conference, Barcelone (proceeding)

LEWIN, K. (1951). *Field theory and social science.* New York: Wiley

LICHTENBERGER, Y./MÉHAUT, P. (2001). *Les enjeux d'une refonte de la formation professionnelle continue: bilan pour un futur.* Rapport Céreq établi pour la discussion entre partenaires sociaux, Paris

LICHTSTEINER, R. (2002). «Konzentration auf Resultate statt Aktivitäten». In: *Persorama*, no 3, automne, pp. 24-27

LONDON, M./SMITHER, J.W. (1999). «Empowered self-development and continuous learning». In: *Human Resource Management*, vol. 38, no 1, pp. 3-15

LURIN, J./SOUSSI, A. (1999). «La société de l'information: quelles compétences pour bien fonctionner?». In: HANSEN, H. *et al. Bildung und Arbeit. Das Ende einer Differenz?/Formation et travail. La fin d'une distinction?* Aarau: Sauerländer, pp. 165-174

LYNN, L. E. (1998). «A Critical Analysis of the New Public Management». In: *International Public Management Journal*, vol. 1, no 1, pp. 107-123

MACK, M. (1995). «L'organisation apprenante comme système de transformation de la connaissance en valeur». In: *Revue française de gestion.* Paris, no 105(1995), pp. 43-48

MARBACH, V. (1999). *Evaluer et rémunérer les compétences.* Paris: Les Ed. d'Organisation

MARCH J. G./SIMON, H. A. (1958). *Organizations.* New York: Wiley

MARTOCCHIO, J. J./JUDGE, T. A. (1997). «Relationship between conscientiousness and learning in employee training: mediating influences of self-deception and self-efficacy». In: *Journal of applied psychology*, vol. 82, no 5, pp. 764-773

MAYO, A. (2001). *The Human Value of the Enterprise.* Londres: Brealey Publishing

MCCLUSKEY, A. (1996). *Learning technologies in companies and administrations in Switzerland.* Tecf.a: Université de Genève

MCCRAE, R. R./COSTA, P. Jr. (1997). «Conceptions and correlates of openness to experience». In: HOGAN, R. *et al.* (Ed.). *Handbook of personality psychology.* San Diego, CA, USA: Academic Press, Inc. xxiv, pp. 825-847

MCGIVNEY, V. (1992). *Motivating unemployed Adults to Undertake Education and Training: Some British and Other European Findings.* Leicester: National Institute of Adult Continuing Education

MCKENZIE, P./WURZBURG, G. (1997-1998). «Apprentissage à vie et ‹employabilité›». In: *L'observateur de l'OCDE*, no 209, 12.97-01.98, pp. 13-17

MEIGNANT, A. (2002). «Le savoir et l'entreprise, un nouveau paradigme». In: GARANT M./SCIEUR P. (Ed.) (2002). *Organisations et systèmes de formation.* Bruxelles: De Boeck

– (1997). *Manager la formation.* Paris, Ed. Liaisons (4e Ed.)

MERRIEN, F.-X. (1998). «Misère de la nouvelle gestion publique». In: HUFTY, M. (dir.) *La pensée comptable.* Paris/Genève: PUF/Les nouveaux cahiers de l'IUED

– (2002). «L'Etat-providence: une mort programmée?». In: *Revue économique et sociale,* no 3, septembre 2002, pp. 135-150

MINTZBERG, H. (1983). *Power in and around organizations.* Englewood Cliffs N.J.: Prentice-Hall

– (1989). *Management.* Paris: Les Editions d'Organisation

MISPELBLOM BEYER, F. (2001). «Où commence, où s'arrête le temps de travail». In: DURAND, C./PICHON, A. *Temps de travail et temps libre.* Bruxelles: De Boeck

MOISAN, A. (2002). «Autoformation et ressources humaines». In: *Personnel*, revue ANDCP, no 430, juin, pp. 21-25

MÖNCKS, J. (1998). «La nouvelle gestion publique: boîte à outils ou changement paradigmatique?». In: HUFTY M. (dir.). *La pensée comptable.* Paris/Genève: PUF/Les nouveaux cahiers de l'IUED

MONROY, M. (2000). *La violence de l'excellence: pressions et contraintes en entreprise.* Revigny-sur-Ornain: Hommes et perspectives

MOOR, P. (1992). *Traité de droit administratif.* Volume III, Berne: Staempfli et Cie

MORIN P./DELAVALLEE E. (2000). *Le manager à l'écoute du sociologue.* Paris: les Editions d'Organisation

MUCCHIELLI, R. (1991). *L'analyse de contenu.* Paris: ESF Editeur

MÜLLER, W. R. (2001). *Aktuelle Leitmotive der Führung, in EPA (2001): Führung im Wandel.* Publications de l'Office fédéral du personnel, volume 14, pp. 303-314

NATIONAL ADULT LEARNING SURVEY (THE) (1997). London

NOE, R. A./WILK, S. L. (1993). «Investigation of the factors that influence employees' participation in development activities». In: *Journal of Applied Psychology*. Vol. 78(2), April, pp. 291-302

NUTTIN, J. (1980), *Théorie de la motivation humaine*. Paris: PUF

OCDE (1997a). *En quête de résultats. Pratiques de gestion des performances*. Paris: PUMA

– (1997b). *Questions et évolution dans la gestion publique*. Paris: PUMA/OCDE

– (1993). *Flexibilité des rémunérations dans le secteur public*. Paris: PUMA

OFES/OFIAMT (1989). «La formation continue en Suisse». In: *Politique et la science*, supplément 41, Bern, pp. 1-44

OFS (1995). *La formation continue en Suisse. Enquête de 1993*. Bern: OFS

– (1996). *Analyse de l'enquête suisse sur la population active*. Berne: OFS

– (1997). *La formation continue en Suisse. Une analyse de l'enquête suisse sur la population active de 1996*. Berne: OFS

– (2001). *La formation continue en Suisse 2001*. Berne: OFS

OSBORNE, D./GAEBLER, T. (1993). *Reinventing Government: How the Entrepreneurial Spirit Is Transforming the Public Sector*. New York: Plume Book

OSBORNE, G. S. (1965). *Management by Objectives*. New York: Wiley

PAGES, M. (1979). *L'emprise de l'organisation*. Paris: PUF

PARLIER, M./PERRIEN, C./THIERRY, D. (1997). «L'organisation qualifiante et ses enjeux dix ans après». In: *Revue française de gestion*, Paris, no 116, pp. 4-17

PELOSSE, J./SAURET, C./THIERRY, D. (1996). «Employabilité, actions et acteurs-clés». In: *A.N.D.C.P. Personnel no 369*, mai 1996 pp. 9-12, et *Employabilité, définition et enjeux*. In: *A.N.D.C.P. Personnel no 369*, pp. 6-8

PERRENOUD, Ph. (1987). «Vers un retour du sujet en sociologie de l'éducation». In: VAN HAECHT, A. (Dir.). *Socialisations scolaires, socialisations professionnelles*. Bruxelles: Université libre, Institut de sociologie, pp. 20-36

PFEFFER, J. (1981). *Power in Organizations*. Massachussett: Marschfield

PFISTER, T. (1988). *La République des fonctionnaires*. Points Politique, Paris: Albin Michel

PHILLIPS, J. (1990). *Handbook of Training Evaluation and Measurement Methods.* Houston: Gulf Publishing Company, 2e édition
– (1996). *Accountability in Human Resource Management.* Houston: Gulf Publishing Company
PINCHOT, G. (1986). *Intraprendre.* Paris: Les Editions d'Organisation
PIOTET, F./SAINSAULIEU, R. (1994). *Méthodes pour une sociologie de l'entreprise.* Paris: Presses de la Fondation Nationale des Sciences Politiques & ANACT
POLLITT, C. (2000a). «Is the Emperor in His Underwear? An analysis of the impacts of public management reform». In: *Public Management,* vol. 2, no 2, pp. 181-199
– (2000b). «Reinvention and the Rest: Reform Strategies in the OECD World». In: Y. Emery (Ed.). *L'administration dans tous ses états. Réalisations et conséquences.* Lausanne: Les Presses Polytechniques et Universitaires Romandes, pp. 217-236
– (1995). «Justification by Works or by Faith? Evaluating the New Public Management». In: *Evaluation,* vol. 1, no 2, pp. 133-154
POLLITT, C./BOUCKAERT, G. (2000). *Public Management reform: a comparative analysis.* Oxford: University Press
POROT, D. (1996). *Comment trouver une situation ou Une méthode pour ne plus être demandeur d'emploi mais offreur de services.* Paris: Les Editions d'Organisation
REY, J.-N./FINGER, M. (1996). «Théorie et pratique de l'organisation en apprentissage permanent dans le secteur public. Le cas de La Poste Suisse». In: *Revue européenne des sciences sociales,* Tome XXXIV, pp. 93-208
REYNAUD, E. & J.-D. (1994). «La régulation conjointe et ses dérèglements». In: *Le Travail humain,* 57 (1)
REYNAUD, J.-D. (1997). *Les règles du jeu. L'action collective et la régulation sociale.* Paris: Armand Colin
RIEDER, S. (1999). «Evaluation FLAG. Analyse des betrieblichen Wandels». Berne: Département fédéral des finances
– (2001). «Evaluation FLAG. Gesamtbeurteilung». Berne: Département fédéral des finances
RIMANN, M./FREI, S./UDRIS, I. (1999). «Vorstellungen über die zukünftige Arbeitswelt beim Uebergang von der Ausbildung ins Berufsleben». In: HANSEN, H. *et al. Bildung und Arbeit. Das Ende einer*

Differenz?/Formation et travail. La fin d'une distinction? Aarau: Sauerländer, pp. 101-118

RITSCHARD, R. (1998). «Von New Public Management zur lernenden Organisation: Solothurner Erfahrungen. Point de vue des administrations et politiques». In: UEBELHART, B./GIAUQUE, D. *Transformation des öffentlichen Sektors. Welchen Beitrag kann die Ausbildung leisten?/Transformation dans le secteur public. Que faut-il attendre de la formation?* Le Mont-sur-Lausanne: LEP, pp. 93-100

ROCHAT, D. (1996). *L'Etat de Vaud et la formation continue.* Chavannes-près-Renens: Mémoire de l'Idheap

ROME (1993). Répertoire opérationnel des métiers et des emplois, Paris: La documentation française, (sous la direction de S. Bellier)

ROPERT, G./HASPEL, R. (1996). *Construire des organisations qualifiantes ou comment concilier compétitivité et solidarité.* Paris: Les Ed. d'Organisation

ROTTER, J. B. (1990). «Internal versus external control of reinforcement: a case history of a variable». In: *American Psychologist*, 45, pp. 489-493

SAINSAULIEU, R. (1997). *Sociologie de l'entreprise. Organisation, culture et développement.* Paris: Presses de Sciences Po et Dalloz

SALISBURY, F. S (1994). *Developing managers as coachs.* Londres: Mc Graw Hill

SALOMÉ, J. (1982). *Parle-moi, j'ai des choses à te dire.* Montréal: Les Editions de l'homme

SANDERSON, I. (2001). «Performance management, evaluation and learning in «modern» local Government». In: *Public Administration*, vol. 79, no 2, pp. 297-313

SCHARFENKAMP, N. (1987). *Organisatorische Gestaltung und wirtschaftlicher Erfolg*, Berlin: de Gruyter

SCHEDLER, K. (1993). *Anreizsysteme in der öffentlichen Verwaltung.* Bern: Haupt, IFF

– (1995). *Wirkungsorientierte Verwaltungsführung.* Bern: Haupt

SCHEDLER, K./REICHARD, C. (1998). *Die Ausbildung zum Public Manager.* Bern: Haupt

SCHEDLER, K./PROELLER, I. (2000). *New Public Management.* Bern-Stuttgart-Wien: Haupt

SCHEIN, E. (1978). *Career dynamics.* Londres: Addisson-Westley

SCHNEIDER, U. (1999). «Die Wissensgesellschaft weiss nicht, was sie weiss». In: HANSEN, H. *et al. Bildung und Arbeit. Das Ende einer Differenz?/Formation et travail. La fin d'une distinction?* Aarau: Sauerländer, pp. 291-302

SCHÖNI, W. (2001). *Praxishandbuch Personalentwicklung.* Zürich: Rüegger

SCHRÄDER-NAEF, R. (1997). *Warum Erwachsene (nicht) lernen?* Chur/ Zürich: Rüegger Verlag

SEGRESTIN, D. (1992). *Sociologie de l'entreprise.* Paris: Armand Colin

SEIBERT, S. E./KRAIMER, M. L. (2001). «The five-factor model of personnality and career success». In: *Journal of vocational behavior, 58,* pp. 1-21

SEKIOU, L. *et al.* (1993). *Gestion des ressources humaines.* Montréal: Les Editions 4L Inc.

SPREITZER, G. M. (1995). «Psychological Empowerment in the Workplace: dimensions, measurement and validation». In: Academy of Management Journal. Vol. 38, no 5, pp. 1442-1465.

STANDING, G. (1997). «Globalization, Labour Flexibility and Insecurity: The Era of Market Regulation». In: *European Journal of Industrial Relations,* vol. 3, no 1, pp. 7-37

STEGER, U. (Ed.) (1994). *Lean Administration.* Frankfurt: Campus

SUPER, D. E. (1974). «Vocationnal Maturity Theory: towards Implementing a Psychology of Careers». In: *National Vocational Guidance Association* (Ed.), *Measuring Vocational Maturity for counselling and Evaluation*, Washington

TETT, R. P./JACKSON, D. N./ROTHSTEIN, M. (1991). «Personality measures as predictors of job performance: A meta-analytic review». In: *Personnel Psychology*, 44, 703-741

THARENOU, P. (1997). «Organisational, job, and personal predictors of employee participation in training and development». In: *Applied Psychology: an International Review.* Vol. 46(2), April, pp. 111-134

THÉVENET, M. (1984). «La culture d'entreprise en neuf questions». In: *Revue Française de Gestion*, septembre-octobre

THIONVILLE, R. (1996). «L'émergence et le développement des compétences professionnelles dans les organisations. Etude de cas: une action de requalification». In: *Psychologie du travail et des organisations*, vol. 2, no 1-2, pp. 78-93

THOM, N./RITZ, A. (2000). *Public Management.* Wiesbaden: Gabler

THOMAS, D./BOUCLET, M. (Dir.). (1999). *L'organisation du travail et la formation.* Collection «Agir sur...» Paris: Editions Liaisons

THUDEROZ, C. (1997). *Sociologie des entreprises.* Paris: La Découverte

TREMBLAY, N. A. (1986). *Apprendre en situation d'autodidaxie: une étude des besoins des apprenants et des compétences des intervenants.* Montréal: Presses de l'Université de Montréel

TREMBLAY, M. (1995). *Nouveaux systèmes de rémunération par les compétences.* Papier présenté à l'Institut Batelle dans le cadre de la SSGP

UEBELHART, B. (2001). *Auswirkungen der lernenden Organisation am Beispiel der schweizerische Post.* Idheap, Chavannes-près-Renens: travail de mémoire

UEBELHART, B./GIAUQUE, D. (1998). *Transformation des öffentlichen Sektors. Welchen Beitrag kann die Ausbildung leisten?/Transformation dans le secteur public. Que faut-il attendre de la formation?* Le Mont-sur-Lausanne: LEP

ULRICH, D./LAKE, D. (1990). *Organizational Capability: Competing from the Inside/Out.* New York: Wiley

VELTZ, P./ZARIFIAN, P. (1994). «De la productivité des ressources à la productivité par l'organisation». In: *Revue française de gestion*, Paris, no 97, pp. 59-66

VERMETTEN, Y. J./LODEWIJKS, H. G./VERNUT, J. D. (2001). «The role of personality and doal orientations in strategy use». In: *Contemporary Educational Psychology, 26,* pp. 149-170

VERRIER, P.-E. (1989). «Les spécificités du management public: le cas de la gestion des ressources humaines». In: *Politiques et management public*, vol. 7, no 4, décembre 1989

VESTER, F. (1984). *Neuland des Denkens.* München: DTV

VON BARDELEBEN, R./BEICHT, U./HERGET, H./KREKEL, E.M. (1996). *Individuelle Kosten und Nutzen beruflicher Weiterbildung.* Berichte zur beruflichen Bildung, Heft, 201, Bundesinstitut für Berufsbildung, Bielefeld: Berterlsmann Verlag

VOSS, G./PONGRATZ, H. J. (1999). «Entgrenzte Arbeitskraft – entgrenzte Qualifikation». In: HANSEN, H. *et al. Bildung und Arbeit. Das Ende einer Differenz?/Formation et travail. La fin d'une distinction?* Aarau: Sauerländer, pp. 39-48

WATZLAWICK, P. (1979). *La réalité de la réalité.* Paris: Seuil

WEIL, S./HABLÜTZEL, P. (1998) «Von der Formation zur Transformation. Ausbildung in einer lernfähigen Verwaltung. Point de vue des administrations et politiques». In: UEBELHART, B./GIAUQUE, D. *Transformation des öffentlichen Sektors. Welchen Beitrag kann die Ausbildung leisten?/Transformation dans le secteur public. Que faut-il attendre de la formation?* Le Mont-sur-Lausanne: LEP, pp. 101-111

WEISS, D. S. (1999). *High Impact RH.* Toronto: Wiley & Sons

WICK, C. W./STANTON LEON, L. (1995). «From ideas to action: creating a learning organisation». In: *Human Ressource Management*, vol. 34, (2), pp. 299-311

WUNDERER, R./JARITZ, A. (1999). *Unternehmerisches Personalcontrolling.* Neuwied: Luchterhand

YEUNG, A. K./BERMAN, B. (1997). «Adding Value through Human Resources: Reorienting Human Resource Measurement to Drive Business Performance». In: *Human Resource Management*, Fall, vol. 36, no 3, pp. 321-335

ZARIFIAN, P. (1992). «Acquisition et reconnaissance des compétences dans une organisation qualifiante». In: *Education permanente*, 1992, no 112, pp. 15-22

– (1993). *Quels modèles d'organisation pour l'industrie européenne? L'émergence de la Firme coopératrice.* Paris: L'Harmattan

– (1994). «Compétences et organisation qualifiante en milieu industriel». In: MINET, F./PARLIER, M./DE WITTE, S. *La compétence, mythe, construction ou réalité.* Paris: L'Harmattan

– (1995). «La gestion par activités et par processus à la croisée des chemins». In: *Gérer et comprendre.* Annales des Mines, no 38, pp. 80-91

– (1996). *Travail et communication.* Paris: L'Harmattan

ZARIFIAN, P./VELTZ, P. (1994). «De la productivité des ressources à la productivité par l'organisation». In: *Revue française de gestion*, no 97, pp. 59-66

Annexe 1. Relevé des activités de formation pour l'année 2000

Relevé:

Nous garantissons l'anonymat de vos réponses. C'est pour cette raison que nous vous demandons de ne pas écrire votre nom sur le questionnaire.
Nous ne publierons pas les données qui permettraient de reconnaître les personnes répondant à ce questionnaire.

Veuillez considérer les points suivants:

- Par activités de formation, nous entendons toutes activités entreprises et/ou réalisées dans le cadre professionnel ou privé, dont le but premier est la formation;
- Ces activités peuvent concerner des cours, des séminaires, des conférences, nous vous demandons d'être le plus précis possible. Elles peuvent concerner également la lecture de revues ou livres spécialisés, l'utilisation de cassettes, vidéos, programmes informatiques, d'Internet ou d'autres médias, veuillez remplir une seule case par média, l'exhaustivité n'est pas requise dans ce cas;
- Ces activités peuvent être proposées par l'organisation, en étant obligatoires ou non. Elles peuvent également être réalisées de votre propre initiative, sans que votre organisation en soit informée ou y participe d'une manière quelconque;
- La participation à une activité de formation nécessite dans certains cas l'accord de votre supérieur et/ou d'une autre personne. Il se peut que, malgré l'obtention d'un accord, vous n'ayez finalement pas participé à cette activité. Nous vous demandons d'inscrire également ces activités;
- Et enfin, les activités refusées, c'est-à-dire les activités que vous avez proposées à votre employeur/votre hiérarchie, et qui vous ont été refusées;
- Prenez connaissance de l'ensemble du tableau avant de le remplir.

MERCI DE VOTRE PARTICIPATION!

Pour l'année 2000: nommez l'activité ou les activités de formation…	cette activité était **obligatoire**		le **nombre d'heures**[51] consacré à cette activité	Taux de participation de votre organisation au total des **frais** engendrés par l'activité (0% = aucune participation de l'organis., 100% = prise en charge totale de l'organ.)	Pourcentage de l'activité pris **sur votre temps de travail** (0% = en totalité hors du temps de travail, 100% = en totalité pendant le temps de travail)
… auxquelles vous avez **participé** ou que vous avez **entreprises par vous-mêmes** (cours, séminaires, conférences, livres spécialisés, etc)	**oui**	**non**			
Exemple: cours: «l'espagnol en 8 leçons»	☒	❑	*8 X 50 minutes + 2 heures* **= 8 h 40**	10%	0%
	❑	❑		%	%
	❑	❑		%	%
	❑	❑		%	%
	❑	❑		%	%
	❑	❑		%	%
	❑	❑		%	%
	❑	❑		%	%

51 Y compris les heures de préparation et/ou des activités exigées en parallèle à la formation, mais les déplacements ne doivent pas être compris.

Pour l'année 2000: nommez l'activité ou les activités de formation…	cette activité était **obligatoire**		le nombre d'heures programmé de l'activité	Avez-vous **compensé** cette absence de participation par une autre activité? Si oui, précisez laquelle des activités que vous avez inscrites ci-dessus a été celle de remplacement.
… auxquelles vous n'avez **pas participé** malgré l'accord obtenu de votre employeur (désistement, absence…)	**oui**	**non**		
	❑	❑		
	❑	❑		
	❑	❑		
	❑	❑		
… pour lesquelles vous avez demandé l'accord de votre employeur et qui vous ont été **refusées**	**oui**	**non**		Avez-vous **compensé** ce refus par une autre activité? Si oui, précisez laquelle des activités que vous avez inscrites ci-dessus a été celle de remplacement.
	❑	❑		
	❑	❑		
	❑	❑		
	❑	❑		

Merci de répondre aux questions suivantes:

Années de naissance: ....

Combien avez-vous de collaborateurs subordonnés: ....

Veuillez inscrire les diplômes scolaires et professionnels que vous avez obtenus

....

....

....

Quel poste occupez-vous actuellement? .... depuis quelle date? ....

En quelle année êtes-vous entré dans ce service? .... En quelle année êtes-vous entré dans cette organisation? ....

Notez le nom des services dans lesquels vous avez travaillé précédemment, ainsi que la période d'occupation.

service:		de:		à:	
	....		....		....
	....		....		....
	....		....		....

Nous vous rappelons que les données sont traitées de manière confidentielle. Seule l'équipe de recherche peut identifier une personne à partir du code qui lui est attribué et ce de manière provisoire. Une fois toutes les données enregistrées, la liste d'identification sera détruite.

Annexe 2. Perception de votre travail actuel

Questionnaire:

Nous garantissons l'anonymat de vos réponses. C'est pour cette raison que nous vous demandons de ne pas écrire votre nom sur le questionnaire.
Nous ne publierons pas les données qui permettraient de reconnaître les personnes répondant à ce questionnaire.

Veuillez considérer les points suivants en remplissant le questionnaire:
- Il n'y a pas de bonne ou mauvaise réponse: seule votre opinion compte!
- Ne réfléchissez pas trop longtemps aux questions et répondez spontanément;
- Répondez aux questions les unes après les autres;
- Ne cochez qu'une seule case par affirmation;
- Il est possible qu'une réponse ne convienne pas parfaitement à votre situation: dans ce cas choisissez la réponse qui vous correspond le mieux;
- Le mot service est utilisé en référence à votre unité organisationnelle; service, office;
- Le mot organisation fait référence à l'administration ou la régie dans laquelle vous travaillez.

MERCI DE VOTRE PARTICIPATION!

Merci de cocher une seule case par affirmation	ne convient pas	convient peu	convient moyennement	convient assez	convient tout à fait
Dans mon service le nombre de niveaux hiérarchiques est aussi réduit que possible.	❑	❑	❑	❑	❑
La description de mon poste (cahier des charges) est spécifique à mes compétences, différente de celle de mon prédécesseur ou de celle de mon successeur.	❑	❑	❑	❑	❑
Entre collègues du même domaine d'activité – mais travaillant en dehors de mon service – nous échangeons de manières fréquentes des informations sur notre travail, afin de développer nos compétences.	❑	❑	❑	❑	❑
Les objectifs liés à mon poste me sont imposés par mes supérieurs.	❑	❑	❑	❑	❑
Je perçois très clairement comment mon travail contribue à la mission de mon service.	❑	❑	❑	❑	❑
Si je compare à d'autres postes similaires au mien, en dehors de mon service, je peux dire que mon degré d'autonomie et mes responsabilités sont supérieurs.	❑	❑	❑	❑	❑
Les activités réalisées dans mon service sont réparties de telle manière que chaque personne a des tâches très spécialisées.	❑	❑	❑	❑	❑
Entre collègues de mon service, nous échangeons de manière fréquente des informations sur notre travail, afin de développer nos compétences.	❑	❑	❑	❑	❑

	ne convient pas	convient peu	convient moyennement	convient assez	convient tout à fait
Je perçois mon supérieur/mes supérieurs le(s) plus proche(s) davantage comme un coach, un soutien que comme une autorité hiérarchique.	❑	❑	❑	❑	❑
Généralement, dans le service, nous n'avons ni le temps, ni la possibilité de nous réunir pour traiter des événements (cas particulier, problème), que l'un d'entre nous aurait rencontrés.	❑	❑	❑	❑	❑
Dans le but de développer nos compétences, l'échange entre collègues de nos savoir-faire et expériences a été formalisé (réunion agendée, support).	❑	❑	❑	❑	❑
Les projets de changements sont élaborés et réalisés autant que possible avec la participation de collaborateurs de tous niveaux.	❑	❑	❑	❑	❑
Dans mon service nous utilisons les erreurs comme sources d'apprentissage.	❑	❑	❑	❑	❑
La rotation entre fonctions différentes, en dehors de la période d'intégration de nouveaux collaborateurs, est une pratique usuelle au sein de mon service.	❑	❑	❑	❑	❑
J'ai recours à une base de connaissances (par ex: système informatique ou support papier, guides décisionnels) fournissant des informations qui m'aident à résoudre les problèmes que je rencontre.	❑	❑	❑	❑	❑
L'activité de mon service et son organisation sont en développement constant.	❑	❑	❑	❑	❑
Personne ne fait de propositions innovatrices dans le service, car elles ne sont jamais écoutées ou prises en compte.	❑	❑	❑	❑	❑

	ne convient pas	convient peu	convient moyennement	convient assez	convient tout à fait
La mobilité entre services, en dehors de la période d'intégration des nouveaux collaborateurs, est une pratique usuelle au sein de mon organisation.	❑	❑	❑	❑	❑
Les communications officielles au sein de l'organisation me permettent d'avoir une bonne compréhension de ses objectifs actuels et des moyens mis en œuvre pour y parvenir.	❑	❑	❑	❑	❑
L'activité et l'organisation de l'administration dans laquelle je travaille sont en développement constant.	❑	❑	❑	❑	❑

Annexe 3. Tableaux récapitulatifs

Tableau A. Pourcentage du soutien temporel et financier selon les heures et les cours de formation continue actifs.

Soutien en %				
			Temporel	**Financier**
Heures de formation continue actives		Cours/séminaire	50.57	78.54
		Conférences	51.85	67.65
		Autoformation	19.05	15.74
		Toutes catégories	37.17	55.35
Participation au cours Volontaires			78.5	81.5
Heures de formation continue actives	Niveau de formation	Certificat professionnel	59.68	62.95
		Formation supérieure	35.81	56.05

Tableau B. Résultats descriptifs de variables individuelles; âge, anciennetés et PPP.

Variables	N	**moyenne**	**Ecart-type**	**médiane**	**minimum**	**maximum**	**Percentiles**		
							25%	50%	75%
âge	52	45.54	8.74	47.00	30.00	60.00	38.00	47.00	52.75
anciennetés									
fonction	52	6.27	5.94	4.00	1.00	21.00	1.00	4.00	11.00
service	52	12.15	9.60	11.50	1.00	36	2.50	11.50	19.00
organisation	51	17.86	8.97	16.00	1.00	42.00	12.00	16.00	24.00
Pression perçue à la performance – PPP	37	3.68	2.32	7.50	2.00	10.00	5.25	7.50	8.00

Tableau C. Heures de formation continue et participations aux cours selon différentes variables; âge, ancienneté, niveau hiérarchique, niveau de formation, dimensions *ouverture* et *conscience*, domaine d'activité, l'unité, l'organisation et le management de performances.

	Heures de formation continue							**Participation cours/séminaires**						
Selon:	*N*	actives		obligatoires		totales		N	volontaire		obligatoire		totale	
		moyenne	écart-type	moyenne	écart-type	moyenne	écart-type		moyenne	écart-type	moyenne	écart-type	moyenne	écart-type
Total	52	65.64	98.65	32.11	43.01	97.75	108.17	52	1.35	1.54	1.88	1.83	3.23	2.71
Age														
25-34 ans	5	126.20	93.54	17.00	15.78	143.2	102.72	5	1.40	1.67	1.40	1.34	2.8	2.95
35-44 ans	17	50.00	60.63	19.09	22.20	69.09	71.42	18	1.33	1.49	1.06	1.26	2.39	2.20
45-54 ans	20	50.93	60.72	37.17	36.90	88.10	74.66	20	1.25	1.33	2.25	1.92	3.5	2.65
55-65 ans	8	34.09	66.52	32.75	25.53	66.84	86.33	9	1.56	2.19	3.00	2.24	4.56	3.43
niveau hiérarchique														
1er niveau	34	42.39	54.24	22.96	22.26	65.32	55.76	34	0.82	0.90	1.47	1.50	2.29	1.70
2e niveau	16	83.31	85.25	39.72	39.72	123.03	105.46	18	2.33	2.00	2.67	2.17	5.00	3.38

	Heures de formation continue							**Participation cours/séminaires**						
Selon:	*N*	actives		obligatoires		totales		N	volontaire		obligatoire		totale	
		moyenne	écart-type	moyenne	écart-type	moyenne	écart-type		moyenne	écart-type	moyenne	écart-type	moyenne	écart-type
niveau de formation														
Scolarité obligatoire	1	0.00	-	67.00	-	67.00	-	1	.00	-	2.00	-	2.00	-
Certificat professionnel	32	38.63	52.69	21.80	21.30	60.46	50.95	33	.94	.90	1.45	1.52	2.39	1.64
Formation supérieure	14	101.00	83.68	46.54	38.33	147.54	103.59	15	2.60	2.06	3.20	1.97	5.80	3.10
Hautes écoles	3	40.67	52.55	0.00	0.00	40.67	52.55	3	.00	.00	.00	.00	.00	.00
ancienneté de fonction														
0-5 ans	29	55.78	65.21	22.69	22.35	78.47	71.46	29	1.34	1.52	1.69	1.69	3.03	2.49
6-10 ans	8	17.25	21.27	25.94	20.71	43.19	22.64	9	.56	.73	2.00	1.50	2.56	1.81
11- 20 ans	12	79.23	87.20	39.79	44.40	119.02	107.65	13	1.92	1.89	2.08	2.36	4.00	3.65
21-30 ans	1	66.00	-	72.00	-	138.00	-	1	1.00	-	4.00	-	5.00	-
<31 ans	0	-	-	-	-	-	-	0	-	-	-	-	-	-

	Heures de formation continue							Participation cours/séminaires						
Selon:	*N*	actives		obligatoires		totales		N	volontaire		obligatoire		totale	
		moyenne	écart-type	moyen-ne	écart-type	moyen-ne	écart-type		moyen-ne	écart-type	moyen-ne	écart-type	moyen-ne	écart-type
ancienneté de service														
0-5 ans	18	56.42	64.89	27.94	21.69	84.36	71.63	18	1.87	1.71	2.11	1.64	3.78	2.60
6-10 ans	5	22.00	19.65	22.80	27.54	44.80	22.91	5	.80	1.10	2.00	2.00	2.80	2.28
11- 20 ans	19	78.04	82.24	31.08	37.96	109.12	97.70	20	1.50	1.70	1.95	2.19	3.45	3.19
21-30 ans	6	20.67	29.52	26.75	32.60	47.42	52.25	7	.43	.53	1.14	1.46	1.57	1.81
<31 ans	2	20.00	11.31	23.50	21.92	43.50	10.61	2	1.50	.71	1.50	.71	3.00	.00
ancienneté d'organi-sation														
0-5 ans	4	66.50	58.48	24.88	24.30	91.38	76.89	4	2.75	2.75	2.00	1.63	4.75	3.95
6-10 ans	5	67.80	106.45	27.70	21.64	95.50	108.72	5	1.2	1.79	2.8	1.64	4.00	2.74
11- 20 ans	26	69.29	73.77	28.79	34.15	98.08	89.56	27	1.41	1.55	1.93	2.04	3.33	2.97
21-30 ans	10	19.60	26.81	34.65	29.23	54.25	43.42	11	.55	.69	1.82	1.78	2.36	2.11
<31 ans	4	35.94	40.26	20.50	19.40	56.44	26.43	4	1.75	.96	1.00	.82	2.75	.50

	Heures de formation continue							**Participation cours/séminaires**						
Selon:	*N*	actives		obligatoires		totales		N	volontaire		obligatoire		totale	
		moyenne	écart-type	moyenne	écart-type	moyenne	écart-type		moyenne	écart-type	moyenne	écart-type	moyenne	écart-type
Personnalité														
Ouverture														
Très faible	1	88.00	-	29.00	-	117.00	-	1	2.00	-	2.00	-	4.00	-
Faible	14	34.20	49.98	27.39	27.29	61.59	58.23	14	1.00	1.30	1.71	1.73	2.71	2.49
Moyen	31	68.11	76.20	30.52	32.42	98.63	88.74	33	1.55	1.70	2.06	1.98	3.60	2.90
Elevé	4	23.50	21.06	14.12	17.68	37.62	27.03	4	.75	.96	1.00	.82	1.75	1.50
Très élevé	0	-	-	-	-	-	-	0	-	-	-	-	-	-
Conscience														
Très faible	0	-	-	-	-	-	-	0	-	-	-	-	-	-
Faible	1	101.00	-	48.00	-	149.00	-	1	3.00	-	3.00	-	6.00	-
Moyen	11	71.73	76.27	34.45	25.93	106.18	78.65	12	1.33	1.97	2.42	2.02	3.75	3.33
Elevé	33	38.49	51.76	24.50	29.42	62.99	70.75	34	1.21	1.41	1.62	1.71	2.82	2.42
Très élevé	5	122.40	104.47	35.90	42.20	158.30	89.55	5	2.00	1.41	2.20	2.39	4.20	3.11

	Heures de formation continue							**Participation cours/séminaires**						
Selon:	*N*	actives		obligatoires		totales		N	volontaire		obligatoire		totale	
		moyen-ne	écart-type	moyenne	écart-type	moyen-ne	écart-type		moyen-ne	écart-type	moyenne	écart-type	moyen-ne	écart-type
Domaine d'activité														
Administra-tif, fiscal	18	47.72	62.14	16.61	18.14	64.28	67.24	18	0.78	0.87	1.28	1.36	2.06	1.59
Infrastructu-res, entre-tien, ingé-nieurs	17	92.87	83.52	43.77	38.69	136.63	100.50	17	2.47	1.97	2.88	2.09	5.35	3.20
Infrastructu-res, entre-tien, CFC	15	30.72	42.24	27.09	25.57	57.81	41.23	17	0.82	0.95	1.53	1.66	2.35	1.83

	Heures de formation continue							Participation cours/séminaires						
Selon:	*N*	actives		obligatoires		totales		N	volontaire		obligatoire		totale	
		moyen-ne	écart-type	moyenne	écart-type	moyen-ne	écart-type		moyenne	écart-type	moyen-ne	écart-type	moyen-ne	écart-type
services														
1	6	26.50	34.97	21.00	19.18	47.33	28.68	6	0.50	0.84	2.17	1.60	2.67	1.51
2	6	58.17	67.72	22.17	17.47	80.33	69.10	6	1.17	0.75	1.50	1.05	2.67	1.37
3	6	58.50	80.69	6.67	16.33	65.17	95.50	6	0.67	1.03	0.17	0.41	0.83	1.33
4	5	117.40	79.43	88.60	28.35	206.00	90.67	6	3.67	2.42	4.50	1.76	8.17	1.94
5	6	82.67	93.29	24.83	20.34	107.50	103.30	6	1.83	1.47	1.67	1.37	3.50	2.74
6	4	77.50	90.04	16.12	11.71	93.62	78.75	5	1.80	1.48	2.40	2.19	4.20	2.86
7	6	16.54	23.24	50.92	14.99	67.46	19.32	6	0.67	0.82	1.83	0.98	2.50	1.05
8	5	39.80	37.15	29.40	21.63	69.20	29.64	5	1.40	1.14	2.80	2.17	4.20	1.64
9	6	37.33	60.74	1.33	3.26	38.67	60.68	6	0.50	0.84	0.17	0.41	0.67	0.82

	Heures de formation continue							Participation cours/séminaires						
Selon:	*N*	actives		obligatoires		totales		N	volontaire		obligatoire		totale	
		moyen-ne	écart-type	moyen-ne	écart-type	moyen-ne	écart-type		moyen-ne	écart-type	moyen-ne	écart-type	moyen-ne	écart-type
Organisa-tion														
Canton 1	17	60.90	70.13	51.85	33.46	112.75	86.86	18	1.83	1.98	2.61	1.85	4.44	3.05
Canton 2	6	58.50	80.69	6.67	16.33	65.17	95.50	6	.67	1.03	.17	.41	.83	1.33
Canton 3	6	26.50	34.97	20.83	19.33	47.33	28.68	6	.50	.84	2.17	1.60	2.67	1.51
Ville	10	53.20	72.07	7.25	10.49	60.45	70.24	11	1.09	1.30	1.18	1.83	2.27	2.65
Entreprise publique	11	63.18	73.52	26.91	19.99	90.90	78.02	11	1.64	1.29	2.18	1.78	3.82	2.23
Manag. de perfor-mances														
MP +	17	49.72	64.61	51.38	34.21	101.10	85.85	18	1.61	2.09	2.83	1.85	4.44	3.07
MP +/-	17	61.41	69.41	25.23	18.73	86.65	72.93	17	1.47	1.12	1.94	1.56	3.41	2.00
MP -	16	55.31	72.70	7.03	12.45	62.34	77.44	17	0.94	1.20	0.82	1.55	1.76	2.33

Tableau D. Aspects qualifiants de l'unité organisationnelle; score agrégé et pondéré selon la concordance entre répondants.

Servi-ces	**Mp**	**Score moyen agrégé**	**Score dimension 1**	**Score dimension 2**	**Score dimension 3**	**Score dimension 4**
1	+	2.46	2.83	1.58	2.73	2.71
2	+/-	2.39	3.20	0.81	2.77	2.78
3	-	2.23	2.61	1.16	2.33	2.82
4	+	2.66	2.93	1.01	2.76	3.60
5	+/-	2.42	3.06	1.16	2.49	3.00
6	-	2.59	3.17	1.76	2.00	3.41
7	+	2.38	2.90	1.08	2.53	3.00
8	+/-	2.54	2.76	1.46	2.85	3.08
9	-	1.95	1.93	1.27	1.97	2.65

Annexe 4. Analyse sémantique conceptuelle simplifiée: exemple acteur 1

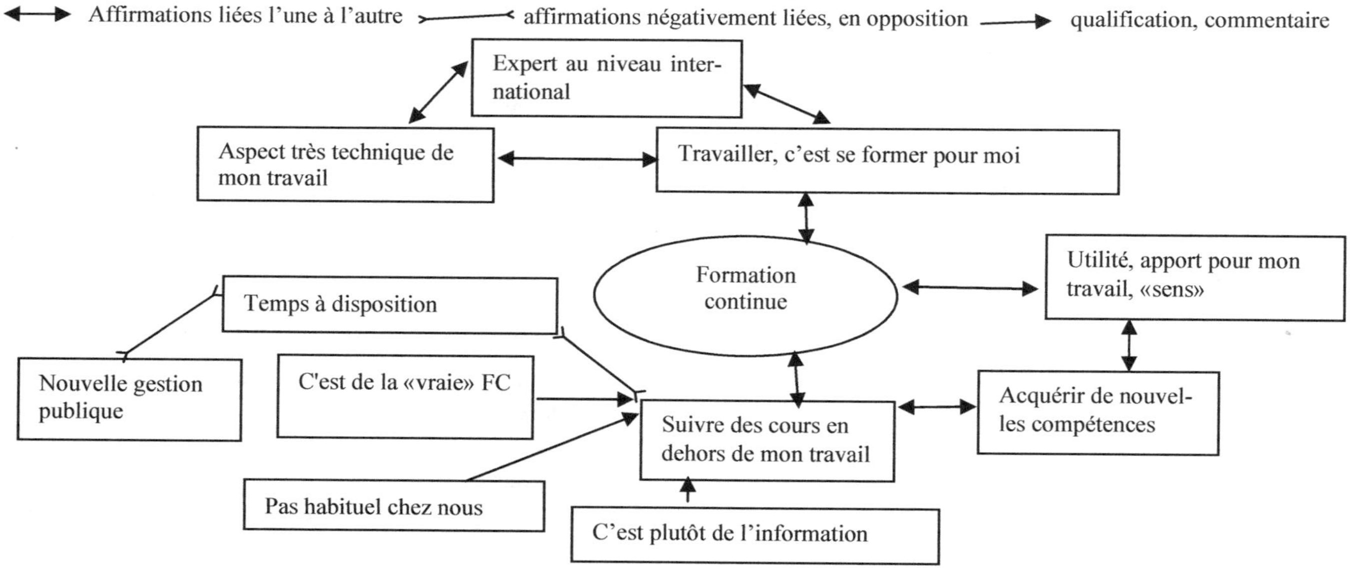

Annexe 5. Inventaire de personnalité

Questionnaire:

Lisez soigneusement les instructions suivantes:

Ce questionnaire contient 96 affirmations. Lisez chacune d'elle soigneusement. Pour chaque affirmation, cochez une seule réponse.

Il se peut qu'une réponse ne convienne pas parfaitement à votre situation: dans ce cas choisissez la réponse qui vous convient le mieux.

Cochez les lettres **FD** (Fortement en Désaccord) si l'affirmation est tout à fait fausse ou si vous êtes fortement en désaccord. FD D N A FA

Cochez la lettre **D** (Désaccord) si l'affirmation est plutôt fausse ou si vous n'êtes pas d'accord. FD D N A FA

Cochez la lettre **N** (Neutre) si l'affirmation est à peu près également vraie ou fausse ou si vous n'arrivez pas à choisir ou si vous n'avez pas d'opinion par rapport à cette affirmation. FD D N A FA

Cochez la lettre **A** (Accord) si l'affirmation est plutôt vraie ou si vous êtes d'accord. FD D N A FA

Cochez les lettres **FA** (Fortement d'Accord) si l'affirmation est tout à fait vraie ou si vous êtes fortement d'accord. FD D N A FA

Il n'y a pas de «bonnes» ou «mauvaises» réponses.

Le but de ce questionnaire sera atteint si vous vous décrivez vous-même et si vous exprimez vos opinions aussi exactement que possible.

MERCI DE VOTRE PARTICIPATION!

J'ai une imagination très active.	FD	D	N	A	FA
Je suis réputé pour ma prudence et mon bon sens.	FD	D	N	A	FA
Les préoccupations esthétiques et artistiques ne sont pas très importantes pour moi.	FD	D	N	A	FA
Je préfère me garder des possibilités de choix plutôt que tout planifier à l'avance.	FD	D	N	A	FA
Sans émotions fortes, la vie serait sans intérêt pour moi.	FD	D	N	A	FA
J'essaye d'accomplir consciencieusement toutes les tâches qui me sont confiées.	FD	D	N	A	FA
Je suis bien installé dans mes habitudes.	FD	D	N	A	FA
Je suis nonchalant et pas très ambitieux.	FD	D	N	A	FA
Je prends souvent plaisir à jouer avec des théories ou des idées abstraites.	FD	D	N	A	FA
J'arrive assez bien à m'organiser pour faire les choses à temps.	FD	D	N	A	FA
Je crois que laisser les étudiants écouter des orateurs controversés ne peut que les embrouiller et les égarer.	FD	D	N	A	FA
Au fil des années, j'ai fait un certain nombre de choses plutôt stupides.	FD	D	N	A	FA
J'essaie de maintenir toutes mes pensées dans une direction réaliste et d'éviter les envolées de l'imagination.	FD	D	N	A	FA
Je ne prends pas les devoirs civiques, comme le vote, très au sérieux.	FD	D	N	A	FA
Il m'arrive quelquefois de m'absorber complètement dans la musique que j'écoute.	FD	D	N	A	FA
Je maintiens mes affaires nettes et propres.	FD	D	N	A	FA
J'éprouve rarement des émotions fortes.	FD	D	N	A	FA
Il m'arrive parfois de ne pas tenir mes engagements ou de ne pas assumer mes responsabilités comme je le devrais.	FD	D	N	A	FA
Je pense qu'il est intéressant d'apprendre de nouvelles activités de loisir et de s'y perfectionner.	FD	D	N	A	FA

J’ai un ensemble bien défini d’objectifs et je travaille pour les atteindre de façon ordonnée.	FD	D	N	A	FA
Je trouve les discussions philosophiques ennuyeuses.	FD	D	N	A	FA
Je perds beaucoup de temps avant de me mettre au travail.	FD	D	N	A	FA
Je crois que les lois et les politiques sociales devraient changer pour refléter les besoins d’un monde qui change.	FD	D	N	A	FA
J’examine les choses en détail avant d’arriver à une décision.	FD	D	N	A	FA
J’ai une vie imaginaire active.	FD	D	N	A	FA
Je me tiens au courant et je prends habituellement des décisions intelligentes.	FD	D	N	A	FA
Assister à des spectacles de ballet ou de danse moderne m’ennuie.	FD	D	N	A	FA
Je ne suis pas quelqu’un de très méthodique.	FD	D	N	A	FA
La manière dont je sens les choses est importante pour moi.	FD	D	N	A	FA
Je paie mes dettes rapidement et dans leur totalité.	FD	D	N	A	FA
Une fois que j’ai trouvé la bonne manière de faire quelque chose, je m’y tiens.	FD	D	N	A	FA
Quand je commence un programme d’amélioration personnelle (gymnastique, série de cours, régime…), j’abandonne habituellement au bout de quelques jours.	FD	D	N	A	FA
Je prends plaisir à résoudre des problèmes ou des énigmes.	FD	D	N	A	FA
Je suis quelqu’un d’efficace qui vient toujours à bout du travail.	FD	D	N	A	FA
Je crois que nous devrions nous tourner vers nos autorités religieuses pour les décisions concernant les questions morales.	FD	D	N	A	FA
Il m’arrive à l’occasion d’agir d’abord et de réfléchir ensuite.	FD	D	N	A	FA
Je n’aime pas perdre mon temps à rêvasser.	FD	D	N	A	FA
Je me mets souvent dans des situations sans y être complètement préparé.	FD	D	N	A	FA

Je suis intrigué par les formes et les motifs que je trouve dans l'art et dans la nature.	FD	D	N	A	FA
J'aime bien garder chaque chose à sa place, comme cela je sais exactement où elle est.	FD	D	N	A	FA
Il est rare que j'accorde beaucoup d'attention à mes sentiments du moment.	FD	D	N	A	FA
Il m'arrive de tricher quand je joue seul (par exemple: au «solitaire», «réussite»).	FD	D	N	A	FA
J'essaye souvent des plats nouveaux et exotiques.	FD	D	N	A	FA
Je travaille dur pour atteindre mes objectifs.	FD	D	N	A	FA
Je perds quelquefois tout intérêt quand les gens parlent de sujets très abstraits et théoriques.	FD	D	N	A	FA
J'ai du mal à me forcer à faire ce que je devrais.	FD	D	N	A	FA
Je crois que les idées différentes du bon (bien, beau, vrai) et du mauvais (mal, laid, faux) que les gens ont dans d'autres sociétés peuvent être valables pour eux.	FD	D	N	A	FA
Avant d'agir, je réfléchis toujours aux conséquences de mon action.	FD	D	N	A	FA
Je prends plaisir à me concentrer sur une image intérieure ou une rêverie et à explorer toutes ses possibilités en les laissant croître et se développer.	FD	D	N	A	FA
Je suis fier de la sûreté de mon jugement.	FD	D	N	A	FA
La poésie a peu ou pas d'effet sur moi.	FD	D	N	A	FA
Il me semble que je ne serai jamais capable de m'organiser.	FD	D	N	A	FA
J'éprouve une grande variété d'émotions ou de sentiments.	FD	D	N	A	FA
Quand je prends un engagement, on peut toujours compter sur moi pour aller jusqu'au bout.	FD	D	N	A	FA
Je préfère passer mon temps dans un entourage familier.	FD	D	N	A	FA
Je ne ressens pas un besoin intense de promotion.	FD	D	N	A	FA
Je prends plaisir à travailler sur des énigmes du genre «casse-tête» ou «sport-cérébral».	FD	D	N	A	FA
Une fois que je démarre un projet, je le termine presque toujours.	FD	D	N	A	FA

Je crois que la fidélité à ses propres idéaux et principes est plus important que «l'ouverture d'esprit».	FD	D	N	A	FA
Je fais souvent des choses sur l'impulsion du moment.	FD	D	N	A	FA
Si je sens que mon esprit commence à dériver vers des rêveries, j'ai l'habitude de m'occuper et de me mettre à me concentrer sur un travail ou une activité.	FD	D	N	A	FA
Je n'ai pas l'impression de réussir complètement en quoi que ce soit.	FD	D	N	A	FA
Certains genres de musique exercent sur moi une fascination sans fin.	FD	D	N	A	FA
J'ai tendance à être quelque peu méticuleux et exigeant.	FD	D	N	A	FA
Je remarque rarement les changements d'humeur ou les sentiments que provoquent des environnements différents.	FD	D	N	A	FA
J'ai des principes moraux et j'y adhère strictement.	FD	D	N	A	FA
Je fais parfois des changements dans la maison, juste pour essayer quelque chose de différent.	FD	D	N	A	FA
Je m'efforce de réussir tout ce que je peux.	FD	D	N	A	FA
J'ai peu d'intérêt pour la réflexion sur la nature de l'univers ou sur la condition humaine.	FD	D	N	A	FA
Quand un projet devient trop difficile, j'ai tendance à en démarrer un autre.	FD	D	N	A	FA
Je me trouve large d'esprit et tolérant pour les façons de vivre des autres.	FD	D	N	A	FA
Il est rare que je prenne des décisions hâtives.	FD	D	N	A	FA
Quand j'étais enfant, il était rare que je prenne plaisir à «jouer à faire semblant».	FD	D	N	A	FA
Je suis quelqu'un de très compétent.	FD	D	N	A	FA
Quelquefois, quand je lis de la poésie ou quand je regarde une œuvre d'art, je ressens un frisson ou j'ai la chair de poule.	FD	D	N	A	FA

Je ne suis pas un maniaque du nettoyage.	FD	D	N	A	FA
Je trouve facile d'avoir de l'empathie, c'est-à-dire de ressentir moi-même ce que les autres ressentent.	FD	D	N	A	FA
Ce que je fais, j'essaie de le faire soigneusement, comme ça il n'y a pas à le refaire.	FD	D	N	A	FA
En vacances, je préfère retourner dans un endroit que je connais bien plutôt qu'aller dans un nouvel endroit.	FD	D	N	A	FA
Je m'efforce à l'excellence dans tout ce que je fais.	FD	D	N	A	FA
J'ai beaucoup de curiosité intellectuelle.	FD	D	N	A	FA
Il y a tant de petits travaux qu'il faudrait faire que parfois, tout simplement, je les ignore.	FD	D	N	A	FA
Je pense que si les gens ne savent pas à quoi ils croient quand ils ont 25 ans, il y a quelque chose qui ne tourne pas rond chez eux.	FD	D	N	A	FA
Quand je pars en voyage, je prépare à l'avance un programme minutieux.	FD	D	N	A	FA
J'aurais du mal à laisser simplement mon esprit vagabonder sans contrôle ni direction.	FD	D	N	A	FA
Je suis efficace et productif dans mon travail.	FD	D	N	A	FA
J'aime lire de la poésie qui met l'accent sur les sentiments et les images plutôt que sur le déroulement de l'histoire.	FD	D	N	A	FA
Je passe beaucoup de temps à chercher des choses que j'ai mal rangées.	FD	D	N	A	FA
Des choses étranges – comme certains parfums ou des noms d'endroits lointains – peuvent provoquer en moi des émotions puissantes.	FD	D	N	A	FA
Il faudrait réellement que je sois malade pour manquer une journée de travail.	FD	D	N	A	FA
Je prends toujours le même chemin quand je vais quelque part.	FD	D	N	A	FA

Je consacre trop de temps au travail en négligeant la famille, les amis et les loisirs.	FD	D	N	A	FA
J'ai une grande variété d'intérêts intellectuels.	FD	D	N	A	FA
J'ai beaucoup d'autodiscipline.	FD	D	N	A	FA
Je crois que la «nouvelle morale» à base de permissivité n'est pas du tout une morale.	FD	D	N	A	FA
Avant de répondre à une question j'y réfléchis à deux fois.	FD	D	N	A	FA

Annexe 6. Guide d'entretien

<table>
<tr><td colspan="3">questions introductives
? missions principales
? interdépendance et remplaçabilité au sein du service // fonctionnement
? autres postes occupés</td></tr>
<tr><td colspan="3">histoires formationnelles
? nous allons discuter en détail vos activités de formation de l'année passée, mais avant cela, comment décriveriez-vous en général votre attitude et votre pratique face à la formation, en particulier depuis que vous êtes dans le poste actuel?
? définition personnelle de la formation continue
? attentes et utopies face à la formation continue</td></tr>
<tr><td>politiques de formation
? connaissance d'une politique de formation
? règles /directives énoncées
– règles d'accès, droits
– influence sur promotion rémunération, évolution professionnelle, reconnaissance officielle</td><td>POF Organisation /service
? ressources de formation mises à disposition
? appréciation sur l'offre
– mis à part catalogue de cours, autres possibilités</td><td>aspects qualifiants
? autres moyens pour développer compétences, apprendre mise à part les activités indiquées? le sentiment qu'il est possible de se former autrement? est-ce votre cas?
ET / OU
Dans votre activité quotidienne avez-vous le sentiment de développer vos compétences? Si oui, de quelles manières?
? Influence sur vos activités de formation? Choix, nombre</td></tr>
<tr><td>culture
? dans S, comment sont perçues les activités de formation?
? attitude de la hiérarchie directe (votre chef)/la direction du service/les collègues face à la formation (soutien actif, promotion ou méfiance, opposition ouverte) -> concrètement pour accéder?
? influence réelle des activités de FC? promotion, rémunération, évolution professionnelle, reconnaissance officielle</td><td>MP
? En quelques mots, quelle influence attribuez-vous aux pratiques de management (collectif / individuel) des performances sur vos activités en général? Et sur vos activités de formation en particulier</td><td>PPP
? aborder la pression à la performance, nous entendons par PP une pression à devoir atteindre et rendre compte de résultats individuels et / ou collectifs. Sur une échelle de 1 à 10, 1 étant la valeur la plus faible et 10 la valeur la plus haute, quelle est votre évaluation de ce type de pression dans votre activité quotidienne?
? les causes principales
? comment elle se manifeste</td></tr>
</table>

objectifs ? raisons de participer à des activités de formation? ? les motifs de ces choix? ? utilité attribuée en général (servir objectifs profel) fonction actuelle/fonctions au sein du service/au sein des autres/sur le marché de l'emploi en général ? objectifs, motifs officiels donnés et à qui? ? impacts attendus sur reconnaissance officielle, évolution professionnelle, promotion, rémunération ? après coup, impacts réels?	**enjeux** ? importance accordée en général et pour poste actuel ? enjeux de la formation au sein de votre service? thème essentiel ou alors, les «vrais» enjeux sont autres? (si oui, lien entre ces vrais enjeux et les activités de formation)	**ressources, atouts** ? marge de manœuvre en réalité quant à la formation (possibilités formelles/ informelles d'influer sur le cours des choses)? ? atouts que vous pouvez faire valoir pour réaliser vos objectifs en terme de formation continue ou lié à la formation continue (mettre en œuvre, faire passer, vos activités de formation ou échapper)?
jeu d'acteur ? les personnes qui, dans votre cas, ont exercé un rôle important en regard de votre formation continue ? pouvez-vous vous «arranger» avec la hiérarchie directe / entre collègues / pour atteindre vos objectifs en terme de ou lié à la F C, augmenter, adapter votre accès à la formation, éviter les formations? le faites-vous? ? y a-t-il une grande différence entre les personnes (en particulier les cadres de 1er niveau) quant aux activités de formation pratiquées? Comment se manifeste-t-elle?	**obstacles limites** ? obstacles et limites que vous rencontrez? ? comment vous y prenez-vous pour contourner ou affronter les obstacles que vous rencontrez	**? obligatoires** Aucune activité obligatoire n'a été demandée ou pas participé? Raisons, signification concrète du caractère obligatoire de ces activités? Quelle appréciation portez-vous? Le fait de participer à des activités obligatoires a-t-il une influence sur vos choix, votre participation dans d'autres formations?
? activité refusée/besoins non formulés Avez-vous pu participer à toutes les activités de formation que vous projetiez? Auriez-vous aimé participer à d'autres formations que celles indiquées? Qu'est-ce qui vous en a empêché?	**? désistement** les raisons?	**? autoformation** Pour quelles raisons avez-vous entrepris ces activités d'autoformation? Pour quelles raisons pas de soutien?
planification/satisfaction Comment planifiez-vous vos activités de formation sur l'année? Satisfaction?	**/ fin** Imaginez que vous quittiez votre poste, si j'étais votre successeur et que vous aviez 5 minutes pour me dire, de manière officieuse, ce qui est important, ce qu'il faut savoir en terme de formation continue au sein de ce service, que me diriez-vous?	

Annexe 7

Etude de cas: Rapport d'intervention auprès du service 1 A

1.1 Cadre et objectifs

L'analyse effectuée dans cette unité organisationnelle (service) constitue l'une des neuf études de cas réalisées pour ce projet de recherche. Plus précisément, elle s'inscrit parmi les organisations œuvrant dans le domaine «financier/administratif» d'une part, et disposant d'autre part de pratiques de management des performances autant individuelles que collectives, au moins selon les informations dont nous disposions a priori. Chacune des études de cas, en restituant et analysant le discours des personnes-cibles rencontrées, ainsi que de l'encadrement responsable de la formation continue au sein du service, vise à:

- Décrire et analyser les variables contextuelles influençant les comportements de formation continue des personnes-cibles (Politique et règles formelle de formation, Pratiques objectives de formation continue, Culture et attitude face à la formation continue, Caractéristiques qualifiantes de l'unité organisationnelle, Pratiques de management des performances, Pression perçue à la performance);
- Reconstituer les logiques collectives de formation continue;
- Reconstituer les stratégies face à la formation continue des personnes-cibles rencontrées;
- Fournir la matière de base à l'analyse globale, pour l'ensemble des études de cas, portant sur l'influence des pratiques de management des performances sur les comportements et stratégies de formation continue identifiées;
- Formuler des recommandations à l'attention des acteurs rencontrés au sein de l'unité organisationnelle.

1.2 Présentation du service

La mission du service implique la réalisation de l'ensemble des taxations et perceptions d'impôts pour les personnes morales et physiques, pour le compte d'un canton, des communes et de la Confédération. Le service a une structure dotée d'un centre dans la ville «capitale», avec des collaborateurs spécialisés œuvrant au sein de différentes divisions (logistiques, taxation, juridique & législative, inspection fiscale, ressources humaines, et des direction régionales) formées d'offices-satellites répartis dans les différents districts du canton, qui sont plus concrètement affectés à la taxation et la perception des impôts. Il occupe plusieurs centaines de personnes.

Dans le cadre du projet stratégique orientant les cinq prochaines années du service, ce dernier a décidé de mettre en œuvre un système de direction appelé «management par projets». L'ensemble du personnel est amené à participer dans les nombreux projets pilotés par la «cellule des enjeux stratégiques», qui en assure l'avancement et l'évaluation. Il s'agit donc d'une pratique de direction participative permettant d'associer le plus grand nombre aux changements importants intervenant dans ce service.

Au niveau individuel, il n'existe pas de pratique formalisée d'évaluations individuelles «classiques» de gestion du personnel. Cependant, les objectifs fixés, tant au niveau collectif (office, groupe) qu'individuel, sont des objectifs de production (nombre de dossiers à traiter). Ces objectifs découlent directement des périodes de taxation qui imposent des délais impératifs pour le traitement de l'ensemble des dossiers; ils sont dûment formalisés. La formalisation des pratiques de management de performances est ainsi centrée exclusivement sur la gestion de la production, au moins pour la période analysée (2000).

A noter que le service est impliqué dans un important projet lié au passage, imposé au niveau suisse, à la taxation annuelle. Les répercussions sont très importantes puisque l'ensemble des dossiers devra être traité en une seule année, alors qu'actuellement, ils le sont en deux ans. Outre la réorganisation des processus de travail, cette mutation implique la mise en production d'une nouvelle application informatique.

D'autre part, le service a fait réaliser une enquête de satisfaction du personnel dont les résultats ont été fournis courant 2000. Si la question de la formation continue n'a pas été abordée spécifiquement, elle fait l'objet d'une seule question dont le résultat est le suivant: les répondant sont satisfaits à 3,98 sur 6, soit un score situé dans la partie inférieure des scores obtenus; de surcroît, la formation figure en première position parmi les trois améliorations principales souhaitées par le personnel. Relevons encore que le thème du «stress», dû à des surcharges de travail et aux délais difficiles à respecter, fait souffrir plus de la moitié du personnel. Ce point sera bien entendu repris dans le paragraphe traitant de la pression perçue à la performance.

1.2.1 Catégorie d'acteurs rencontrés

Les personnes rencontrées exercent la fonction de chef de groupe, encadrant des taxateurs, au sein des structures décentralisées du service (offices). Leur mission principale consiste à encadrer le travail des collaborateurs subordonnés, à réaliser une partie des taxations eux-mêmes et assumer des responsabilités particulières variables selon les personnes rencontrées (adjoint au préposé, chef d'office, traitements de dossiers spécifiques, responsables administratifs, chef de projet, responsables des apprentis).

1.2.2 Remarque introductive générale

Les constats et analyses formulés dans ce rapport concernent spécifiquement les personnes-cibles interviewées. Les particularités de leur fonction, notamment en matière de formation continue, ne permettent pas d'extrapoler les tendances relevées aux autres catégories de personnel de ce service. Cependant, un certain nombre d'éléments plus généraux concernant le fonctionnement de ce service par rapport à la question de la formation continue pourront être retenus.

1.3 Recueil des données de base

Acteurs	Saisie des informations	Traitement brut des informations
Personnes-cibles	6 entretiens; questionnaires NEO-PI-R; questionnaires sur la perception du travail actuel; questionnaires sur les activités de formation en 2000	Compte-rendus résumés d'entretien Analyse sémantique conceptuelle Evaluation des NEO-PI-R Evaluation de la perception du travail actuel
Hiérarchie	2 entretiens avec chef de service, dont un préparatoire	Compte-rendu d'entretien Evaluation de la perception du travail actuel Indicateurs de formation
Responsable de formation	1 entretien avec le responsable personnel et formation	Compte-rendu d'entretien Evaluation de la perception du travail actuel
«Service»	Lors des entretiens avec les responsables Site internet	*Filières de formation* *Documents sur le management par projets (MPP)* Ces documents confidentiels peuvent être consultés auprès de la direction du projet de recherche à l'Idheap

Période d'analyse (entretiens): août-novembre 2001

1.4 Variables contextuelles au sein du service test

Le projet de recherche identifie un certain nombre de variables contextuelles qui influencent les comportements de formation des acteurs-cibles. Ces variables sont présentées et commentées ci-dessous.

1.4.1 Politique et règles formelles de formation

Tendances générales des acteurs-cibles Pas de politique de formation documentée sur la période considérée, pas de règles ni de droit à la formation non plus. Seules des propositions de cours émanent du siège du service.
Positions spécifiques d'acteurs-cibles (AC 1 à AC 6) AC3 et AC6 parlent du nouveau programme qui se met en place «école de taxation». AC4: souligne que la politique de la direction du service est «d'intéresser le maximum de personnes à la formation continue».

Position du chef de service
Une politique de formation spécifique au service a été élaborée et communiquée en 2001. C'est donc dire que pour la période analysée (2000), il n'y avait pas de politique officielle relative à la formation continue. Cette nouvelle politique comporte quatre axes formationnels: – Filière «métier», formation de base pour taxateurs débutants; – Formation professionnelle délivrée par des organes reconnus (externes); – Cours bureautiques liés aux applications utilisées dans le service; – Formation «développement personnel», liée à l'offre du centre de formation interne à l'organisation. Une filière d'accueil est également prévue pour les nouveaux collaborateurs. Les modalités de participation à ces différentes filières sont précisées, impliquant notamment une convention de formation pour les formations lourdes. En outre, il est prévu que chaque personne dispose d'un plan de formation personnel, en lien avec les exigences de sa fonction, et complété lors des entretiens d'appréciation (à venir). Ce plan détaille les connaissances et compétences à maîtriser, sous forme d'objectifs à atteindre. L'accès à la formation passe par une inscription, validée par le supérieur hiérarchique (responsable d'office), puis par le responsable de formation. En cas de problème, les directeurs régionaux peuvent intervenir. Les descriptions de poste des responsables précisent qu'ils «veillent au développement des compétences et aptitudes des collaborateurs(trices) en vue d'utiliser au mieux les potentiels de ces derniers(ères)», et qu'ils «maintiennent leurs propres connaissances au niveau adéquat».
Position du responsable de formation
Dès août 2000, les filières de formation «métiers» ont été mises en place; elles seront progressivement développées, d'abord dans le cadre d'une «école de taxation», puis de «perception»; l'objectif de ces filières est d'être le plus «terrain» possible. Pendant la période analysée, l'unité ne dispose pas de politique formalisée de formation, celle-ci étant de nature réactive, dans le cadre d'une gestion du personnel principalement administrative. Les règles d'accès et conditions d'inscription à la formation ne sont pas claires en 2000, elles le deviennent en 2001 grâce au cadre général défini (filières avec pré-requis, plans de formation individuels).

Analyse

Notons tout d'abord qu'il existe un décalage entre le moment où les entretiens ont eu lieu (2e moitié de 2001) et la période analysée (2000); c'est problématique sur le point de la politique de formation, car celle-ci a précisément été introduite dans cet intervalle.

La période d'analyse retenue, et plus encore l'année suivante (2001), représente un moment charnière dans le développement du service analysé, notamment en ce qui concerne la formation. Plusieurs des personnes rencontrées ayant une forte ancienneté (plus de 20 ans), l'on est en mesure de mettre en perspective les importants changements introduits par le nouveau concept de formation exposé ci-dessus par le chef de service et la personne responsable de la formation.

Ce service passe d'une absence complète de politique de formation, laissant peu ou pas de place à ces questions hormis pour la formation initiale indispensable pour acquérir le métier – rappelons qu'il ne peut s'acquérir que dans le cadre d'une unité administrative œuvrant dans le domaine, et non dans une école indépendante – à une politique qui inclut notamment:

- Une responsabilisation claire de la hiérarchie par rapport à la formation continue, dans l'idée de favoriser «le développement des compétences et aptitudes du personnel». Nous le verrons également en lien avec les autres variables contextuelles, ceci représente une rupture par rapport à une focalisation de l'encadrement uniquement sur les objectifs de production;
- Un cadre de compétences, tant au plan du métier que de l'informatique et de l'encadrement, clairement établi, représentant la «cible» des processus formationnels mis en place;
- Des conditions d'accès (pré-requis) et de développement des compétences (objectifs personnels traduits en un plan de formation, selon la fonction assumée et les compétences à maîtriser) personnalisées.

L'on assiste en fait à une structuration très complète du processus de formation selon une logique de gestion des ressources humaines axée sur les compétences (Le Boterf, 2000).

Le fait que les personnes interrogées n'en parlent quasiment pas, outre le décalage temporel évoqué, reflète à notre sens la distance très importante qui est créée par la direction en introduisant ce concept intégré: le chemin à parcourir est long en considérant le point de départ et la longue pratique vécue par le personnel pour qui, à part la formation initiale sur le tas, aucune politique de formation n'existait; ce n'était tout simplement pas un sujet de préoccupation à partir du moment où les personnes étaient opérationnelles.

1.4.2 Pratiques objectives de formation continue

Tendances générales des acteurs-cibles Tous les acteurs parlent des brochures de formation reçues (catalogue de cours spécifique au service, comprenant des cours obligatoires et d'autres facultatifs), ainsi que du cours du service de formation de l'organisation. Certaines personnes évoquent en plus des revues et ouvrages spécialisés, auxquels il faut s'abonner. Les ressources budgétaires sont – ou paraissent – suffisantes pour l'ensemble des personnes. La moitié des acteurs évoquent en surplus les «instructions» de travail, commentaires explicatifs sur la loi de base de leur activité.
Positions spécifiques d'acteurs-cibles AC2: utilise les instructions de travail de manière systématique et quasi-quotidienne pour se former. AC4 et AC6: soulignent que les brochures de l'unité de formation de l'organisation circulent mal ou pas du tout parmi le personnel. AC4 évoque la possibilité de formation de longue durée.
Position du chef de service Avant l'arrivée du (nouveau) chef de service, les dépenses de formation continue étaient nulles; il les a d'emblée placées à 200 000.– pour 2000. La personne responsable de formation a pris en main le développement des ressources humaines de l'unité, si bien que le budget de formation atteint en 2001 800 000.–. Un programme de cours est en création et sera achevé d'ici février 2002. Pour le moment, la formation dispensée est un ensemble de 6 casus présentés aux collaborateurs concernés dans le cadre de séminaires de formation continue, en collaboration avec le centre de formation de l'organisation. Concrètement, toutefois, l'an 2001 verra un premier module du programme définitif enseigné aux taxateurs débutants. Le tour des cadres moyens viendra en 2002 et celui des cadres supérieurs en 2003. En ce qui concerna la formation «métier», celle-ci est maintenant fortement structurée et systématisée, et la formation informatique précisée selon les besoins du service. Il reste à réaliser un inventaire des compétences disponibles auprès du personnel, notamment à travers un assessement pour les cadres.
Position du responsable de formation Cette personne a reçu un mandat explicite à son engagement, portant sur le développement de la formation au sein de l'unité analysée. Les dépenses atteignent 200 000.– en 2000, alors qu'elles étaient proches de 0.– les années précédentes; elles augmenteront considérablement les années à venir. Alors qu'en 2000, l'unité ne dispose pas d'information sur les formations suivies par les personnes en place, ni sur les personnes susceptibles d'être développées, toutes ces données seront disponibles en 2002. Pour les formations techniques mises sur pied, les formateurs sont internes à l'unité, provenant des offices décentralisés pour les niveaux de base, et du siège de l'unité pour les niveaux supérieurs. Le centre de formation de l'organisation est utilisé comme centre fournisseur, avec la réserve que les formations offertes sont générales et donc peu adaptées à l'unité.

Analyse

Au plan des pratiques formationnelles *en substance*, et ce indépendamment du nouveau concept mis en œuvre, trois types de ressources sont évoqués:

- Une ressource très spécifique matérialisée par les «instructions de travail», une source qualifiée par certains de nos interlocuteurs de «mine d'or» au point qu'ils la consultent de manière programmée très régulièrement;
- Une littérature spécialisée disponible sous la forme d'ouvrages ou de revues, évoquée par certains et dont l'utilité réelle et la place occupée parmi ces ressources ne ressortent par clairement;
- Des catalogues de cours internes – du service et de l'unité de formation de l'organisation – contenant un ensemble de propositions ou, pour ce qui est du service, parfois d'obligations.

Les possibilités de formation externes ne jouent pratiquement aucun rôle même si elles sont évoquées par certains.

En réalité, en considérant aussi le fait que les cours internes au service sont animés quasi-exclusivement par des personnes actives en son sein, nous constatons que les ressources formationnelles significatives, y compris dans le nouveau concept, sont essentiellement *auto-générées*, puisque les instructions de travail ont bien entendu été élaborées à l'interne. En témoigne également l'attention pour le moins variable portée au programme de cours de l'unité centrale de formation, que plusieurs personnes considèrent comme peu ou pas utile à leur fonction. Ce constat associé à la volonté de la direction d'impliquer activement le personnel dans le changement et faire ainsi circuler les expériences et les compétences (cf. l'analyse des deux variables contextuelles suivantes), contraste passablement avec le vécu des acteurs pour qui la réalité tourne quasi-exclusivement sur la production et l'atteinte des quotas dans les délais.

Au plan financier, relevons tout d'abord que le service analysé se situe dans une organisation dont les ressources budgétaires de formation sont limitées en comparaison de ce que nous avons pu observer au sein d'autres organisations dans le cadre de cette recherche. Ainsi, le budget de formation continue centralisé et décentralisé par salarié se montait à 333.–/personne en 2000 (voir tableau synoptique), parmi les plus bas puisque les ratios vont de 330.– à 1221.–/personne. Les dépenses de formation consenties par cette unité s'inscrivent encore en-dessous pour 2000 puisqu'elles sont inférieures à 300.–/personne, nettement en-dessus de ce qu'offrent d'autres organisations. Le trend est par contre fortement positif puisqu'en 2001 déjà, ce montant quadruple.

Compte tenu de la métamorphose intervenant en matière de formation continue, les personnes interrogées estiment que les ressources budgétaires sont suffisantes, illustrant si l'en était encore besoin l'importance de prendre en compte, dans toute comparaison, la situation de départ vécue par les acteurs. De fait, l'offensive de formation conduite par la direction donne l'impression que de substantielles ressources ont été dégagées pour cet aspect; d'autre part, les personnes ne connaissant pas les chiffres précis investis dans la formation, ni les coûts réels des actions de formation, tout ceci concourt à leur donner l'impression que d'éventuelles limites dues au moyen financier n'existent pas.

1.4.3 Culture/attitude face à la formation continue

Tendances générales des acteurs-cibles Deux niveaux distincts sont à prendre en considération: la hiérarchie immédiate au sein de l'office décentralisé d'une part, formée des préposés, le siège central (la direction) du service d'autre part. En ce qui concerne la hiérarchie immédiate, les personnes émettent des avis différenciés: certains relèvent une attitude ouverte, voire active face à la formation continue, d'autres soulignent une grande liberté pourvu que le travail suive (soit une forme d'indépendance), d'autres encore insistent sur le fait qu'il faut convaincre cette hiérarchie avec des arguments basés sur l'utilité dans le travail à réaliser. De manière générale toutefois, les cours internes à l'organisation sont acceptés et quasiment aucun refus n'est relevé. Quant au siège, son ouverture face à la formation est unanimement soulignée. Plusieurs personnes parlent même d'une forme *d'hyper-sollicitation* en ce qui a trait à la formation continue.
Positions spécifiques d'acteurs-cibles AC3 et AC5 insistent pour dire que l'initiative personnelle est importante, et que le travail doit suivre sans que la hiérarchie ne fournisse une aide quelconque pour y arriver. AC 6: souligne l'importance de l'initiative personnelle hormis pour les nouveaux qui sont pris en charge par le nouveau concept de formation.
Position du chef de service La formation continue est indispensable dans un monde rapidement évolutif. Elle est intimement liée au changement introduit en particulier au sein du service; il ne s'agit donc pas de la considérer séparément, comme un aspect distinct, mais d'en faire ressortir le besoin et l'utilité à travers les objectifs et projets conduits dans le service. L'idée consiste à impliquer le plus de personnes possible dans ce management par projet – concept implémenté dans le service – afin de révéler les qualités et faire ressortir les leaders. Les formes de reconnaissance étant limitées (statut du personnel), il sera alors possible de confier à ces personnes des responsabilités nouvelles, voire des promotions. La culture «technique» est déjà très forte, le problème concerne plutôt le savoir-être, les qualités d'intrapreneurs et humaines sur lesquelles il s'agit de mettre l'accent. Le personnel actuel a subi de nombreux projets de changement pas forcément aboutis, ce qui fait qu'il est plutôt blasé et passif, ce qui rend de changement de culture assez difficile.

Le fait d'avoir formé un organe de direction comprenant certains directeurs régionaux permet d'arrimer davantage le terrain (les offices décentralisés) au projet de la direction du service.
Position du responsable de formation Au moment de l'enquête, il existe un décalage entre le service RH, fortement sensibilisé à la formation continue, et les responsables de ligne, essentiellement axés sur le côté «professionnel-technique» de leur activité: ce sont des «techniciens» qui d'une part ne représentent aucun relais dans les offices pour promouvoir le message formationnel souhaité, et d'autre part ont une certaine peur de perdre du pouvoir, car celui-ci est basé sur leur maîtrise technique. Or la formation souhaitée par le service RH insistera à l'avenir autant sur ces aspects techniques que sur les compétences humaines et managériales, lesquelles ne sont absolument pas intégrées dans les préoccupations des cadres. D'une manière plus générale, les cadres ne sont pas encore préparés «culturellement» au changement très important introduit par le projet stratégique conduit par l'unité. A noter que le système actuel de gestion du personnel (notamment les statuts du personnel) ne permet guère de reconnaître les personnes qui se sont investies dans la formation continue, parfois plusieurs années. Le service tente alors de leur confier de nouveaux rôles et/ou compétences, voire aussi d'autres formations, pour les récompenser, alors que la promotion à une fonction plus importante – et la rémunération associée – n'est que difficilement possible. A terme, il s'agira de développer la formation de manière pro-active, en décelant les talents, puis en planifiant et développant la relève, en disposant d'un système d'informations actualisées et d'un concept de formation intégré dans le cadre d'une gestion des ressources humaines orientée «compétences».

Analyse

C'est probablement sur le plan culturel que la métamorphose introduite par la nouvelle direction du service représente la plus importante rupture et le challenge le plus difficile. Du côté de la direction, ce changement culturel est clairement identifié et nommé: il s'agit de passer d'une culture avant tout technique, qui était le fondement à la fois du fonctionnement quotidien – la valeur de l'encadrement – et du système de responsabilité / de promotion mis en place, à une culture qui met en avant *l'entreprise* dans le sens premier du terme, les qualités humaines et le savoir-être, au point que le savoir-faire professionnel semble relégué au second plan; ce qui n'est guère le cas puisque toute la filière professionnelle se trouve fortement structurée.

Ce changement est délicat car il repose pour une grande part sur les relais au sein des offices, lesquels ne paraissent pour l'instant que partiellement acquis à leur nouveau rôle formationnel, se sentant pour certains menacés dans leur sources de légitimité (et de pouvoir). En effet, cette métamorphose transforme en profondeur le rôle de ces cadres intermédiaires. A ce propos, l'anecdote relatée par l'un de nos interlocuteurs est significative: ayant reçu un programme de formation de son supérieur, l'ayant fait circulé et obtenu aucune inscription de son personnel, cette personne est interpellée par son supérieur qui lui demande pourquoi personne ne s'est inscrit. Cela montre une intégration semi-réalisée de la nouvelle culture formationnelle du service:

- D'un côté, un discours promouvant la formation continue, invitant à «consommer» l'offre transmise;
- De l'autre côté, l'absence d'un quelconque soutien concret, le message étant «débrouille-toi» pour concilier les exigences de production avec une participation à la formation.

En fait, les préposés semblent, aux dires de nos interlocuteurs, présenter des attitudes et comportement très différents, allant de l'adhésion à cette nouvelle politique jusqu'à un scepticisme non dissimulé, s'interrogeant sur l'utilité réelle de telles actions. Le fait qu'un niveau de management nouveau ait été créé et associé à la direction générale du service (les responsables de région) et qu'il soit désigné comme porteur actif des projets de changement illustre la difficulté à «conquérir» directement les préposés, dont la culture a été forgée par de nombreuses années orientées sur l'expertise technique avant tout. Ce message peu à l'unisson de l'encadrement intermédiaire amplifie encore au niveau des personnes interrogées les interrogations liées aux nouvelles pratiques annoncées. Comment en effet concilier l'accent toujours plus fort mis sur les objectifs de production (cf. infra, pts 1.4.5 et 1.4.6) avec le message véhiculant l'importance de l'implication dans des activités de formation?

Dans cette perspective, le clivage entre le siège, affecté à des problématiques managériales et techniques spécialisées, et les offices décentralisés qui doivent réaliser la «production» au sens des taxations à délivrer dans les délais impératifs, dans un domaine où la sensibilité des citoyens-contribuables n'est pas à expliquer, est susceptible de s'accentuer. D'autant que la direction s'est donné pour mission de transformer en profondeur le management de son unité, en lien d'ailleurs avec l'introduction d'une nouvelle loi fiscale, et qu'elle y perçoit la contribution majeure de son intervention des prochaines années.

D'une manière plus large, le projet voulu par la direction fait passer le service analysé d'une culture formationnelle proche du compagnonnage, marquée par la transmission du métier de base dans le terrain et par l'action, et ensuite par un grand vide en matière de formation (initiative personnelle seulement, hormis quelques cours techniques imposés relatifs à des nouveautés légales ou de pratiques), à une culture plus active, voire proactive, dont les étapes, enjeux et problèmes, peuvent être résumés ainsi:

- Première étape: message formationnel positif: «développe-toi», en laissant toutefois la personne s'organiser totalement seule pour y arriver, avec la nécessité de se débrouiller pour concilier cet investissement avec les quotas de production très prégnants; plusieurs de nos interlocuteurs sont dans cette situation;
- Deuxième étape: message formationnel positif et soutien de l'encadrement immédiat. Ceci est voulu par la nouvelle direction puisque ce soutien se retrouve au niveau de la description de poste. Se pose alors la question des moyens mis à disposition, tant il est vrai que les effectifs de production ne semblent guère plus étoffés que par le passé, et d'autre part de la volonté et les compétences de l'encadrement intermédiaire à remplir réellement ce nouveau rôle, difficulté soulevée par la direction;
- Troisième étape: promouvoir un mouvement formationnel intimement intégré à la transformation et au développement du service en lui-même, orchestrant une véritable organisation qualifiante. Le système de management par projet déjà bien mis en place vient concrétiser cette vision de la direction; il paraît constituer un puissant levier de transformation culturelle puisque les personnes impliquées sont à la fois nombreuses et, aux dires de nos interlocuteurs, les plus-values en compétences et en relation s'avèrent très utiles par la suite. Pour y parvenir, il s'agira d'accentuer l'analyse des savoirs disponibles, de les répertorier et transmettre au personnel, mais toujours selon une logique de «proximité de l'action», selon la vision du responsable du service, créant ainsi un véritable système d'apprentissage organisationnel (Eberl, 1996).

Pour y parvenir, l'identité, les compétences et les sources de légitimité de l'encadrement devront encore être renouvelées, mais également l'ensemble des pratiques de gestion des ressources humaines, afin notamment de pouvoir reconnaître auprès du personnel cet important investissement supplémentaire dorénavant demandé à l'ensemble.

1.4.4 Caractéristiques qualifiantes de l'unité organisationnelle

Tendances générales des acteurs-cibles Arguments différenciés selon les répondants. Deux tiers évoquent un rôle de formateur des nouveaux ou des apprentis, qu'ils ont eu ou ont encore, en précisant «qu'il y a toujours un retour pour soi». Trois personnes évoquent des projets en relation avec le siège du service, au cours desquels elles ont d'une part appris de nouvelles connaissances techniques, et d'autres part connu des collègues qu'elles n'auraient autrement jamais approché, permettant de créer un réseau utile par la suite dans le travail sur des questions spécifiques. Deux tiers parlent de séances spontanées et irrégulières au cours desquelles, pour des cas spécifiques ou particulièrement difficiles, elles échangent avec leurs collègues et traitent ces cas. Seules deux personnes parlent de pratiques de séances régulières, hebdomadaires et mensuelles, permettant d'échanger de manière programmée des informations sur les dossiers en cours, les nouveautés, etc.
Positions spécifiques d'acteurs-cibles AC2 et AC 6: soulignent la grande expérience accumulée, tant au siège que dans les offices, une expérience mal exploitée; notamment les dossiers spéciaux traités au siège et dont il ne reçoit pas de feed-back. AC3: insiste beaucoup sur la formation sur le tas, pour rester dans le coup. AC6: a programmé plusieurs séances régulières, avec des collègues et des subordonnés, pour faire circuler les informations et apprendre des cas traités.
Position du chef de service L'idée principale de l'organisation par projet mise récemment en place consiste précisément à qualifier les gens dans l'action, à faire remonter les idées de la base, à choisir la participation comme mode motivationnel et formationnel. En créant le sentiment d'urgence et remettant en question les habitudes à travers le nouveau système de direction, les gens s'impliquent concrètement dans le changement et ainsi, apprennent beaucoup, tout en transmettant à leurs collègues leurs expériences acquises dans le service.
Position du responsable de formation Jusqu'à récemment, y compris pendant la période analysée (cf. supra), l'acquisition du métier s'est faite dans le terrain, «sur le tas», de manière très cadrée, voire cloisonnée en fonction des personnes en place. En ce sens, le terrain est formationnel dans un premier temps, pour le métier de base, et selon une approche avant tout spontanée, sans dispositif précis de transmission des connaissances. L'ensemble du dispositif formationnel progressivement introduit vise à décloisonner les offices les uns par rapport aux autres, et également les offices par rapport au siège formé de personnes davantage intéressées aux éléments «théoriques» du métier, ce qui explique qu'elles soient surtout demandeurs du brevet spécialisé dans leur domaine. Il s'agit de systématiser l'acquisition et le transfert de connaissances du métier, en mélangeant d'une manière organisée l'ensemble des personnes du service. Le fonctionnement par projet du service, impliquant à terme tout le monde, contribuera fortement à cette ambition.

Analyse

Dans la tradition du «compagnonnage» évoqué ci-dessus, le micro-environnement de travail, formé de la hiérarchie de proximité et des collègues, a eu un rôle qualifiant important pour la formation des nouveaux-venus, selon des mécanismes peu formalisés, mais appréciés puisque plusieurs de nos interlocuteurs le relèvent. A l'inverse, une fois les personnes formées aux spécificités de ce domaine d'activité, peu ou pas de formation continue n'était mise en place, chaque personne étant laissée à elle-même.

Avec pour corollaire évoqué plus ou moins clairement par nos interlocuteurs, une accumulation de savoir et d'expérience inexploités, circulant mal dans une entité formée de sous-structures fortement cloisonnées car disséminées dans le canton, et de surcroît plutôt «coupées» du siège.

Aussi le nouveau concept de management introduit par la direction crée-t-il une forme de structuration fortement participative des processus de changement, et par là de l'étude des nombreux éléments nouveaux associés à la mise en vigueur de la nouvelle loi, une structuration au pouvoir formationnel clairement souhaité par la direction. Ceux de nos interlocuteurs qui ont déjà pu y être associés témoignent de cela, une personne estimant même que près de 40% du temps de participation à ces projets correspondait en fait à de la formation.

Dans le même temps, la systématisation de la formation des nouveaux aux métiers de base, dans des offices précis et auprès de personnes spécifiquement désignées pour cela, aura tendance à diminuer le potentiel formationnel du micro-environnement de travail.

C'est donc dire que la période passée en revue représente la transition d'un mode d'organisation présentant un pouvoir qualifiant circonscrit à l'environnement immédiat et limité à l'acquisition du métier, à un mode d'organisation tablant de manière programmée sur le pouvoir qualifiant de projets menés transversalement au niveau du service.

Reste à savoir comment les compétences acquises lors de cette implication dans les projets seront identifiées et valorisées. D'autre part, le développement d'un système d'échanges qualifiants au niveau de la «production» demeure un besoin important pour lequel des solutions pragmatiques, agissant à la fois entre offices et avec le siège où la «connaissance» issue de cas spéciaux complexes est accumulée, doivent être trouvées.

Notons enfin qu'aucun de nos interlocuteurs n'a évoqué une forme d'échanges dépassant les frontières du service, ce qui, tout comme pour les pratiques objectives de formation, illustre le caractère très autarcique du fonctionnement du service, sans doute marqué par les spécificités cantonales de son activité et l'absence d'organisations œuvrant de manière concurrente dans le domaine.

1.4.5 Pratiques de management des performances (collectives et individuelles)

Tendances générales des acteurs-cibles Concernant le management collectif, toutes les personnes insistent sur les objectifs de taxation à atteindre au niveau de l'office, qui se répercutent à leur niveau. Ces objectifs paraissent vraiment impératifs, et le système de suivi indique les retards, provoquant une intervention systématique des préposés pour combler ce retard. Les exigences croissantes des contribuables aggravent cette pression. Trois personnes relèvent que cette pression est accrue par des mouvements de personnel introduisant des personnes non formées, ce qui prend du temps aux autres. Dans de petites structures, une nouvelle personnel ou une absence se font nettement plus sentir. Concernant le management des performances individuelles, chacun évoque son quota, souvent inférieur, voire nettement inférieur à ceux de ses collaborateurs subordonnés, ce quota est géré avec le système de suivi et peut induire, en cas de retard, une intervention du responsable hiérarchique. Cette pression est accrue par une remplaçabilité réduite (pour des points particuliers ou urgents) ou nulle, chacun ayant «ses dossiers» à traiter, qui s'accumulent en cas d'absence. Plusieurs personnes évoquent le fait que le regard (de la hiérarchie) est porté essentiellement sur la quantité de dossiers traités, alors qu'il faudrait également prendre en compte la qualité et/ou la complexité de ces dossiers. Toutes les personnes confirment qu'actuellement, il n'y a pas d'entretien individuel d'évaluation.
Positions spécifiques d'acteurs-cibles AC 1: le système de suivi induit des comparaisons entre offices, ce qui est délicat car la complexité des dossiers traités n'est pas prise en compte. AC 1 relève un rythme très différent entre les offices (forte pression) et le siège. AC 1 et AC 4 précisent qu'il existe une régulation collective en cas de retard dans les dossiers: «on s'arrange». AC 2: pression aggravée par le fait que le travail ne doit pas (interdiction) être pris à la maison. AC 4 et AC 5: soulignent le souci de faire du bon travail, ne pas bâcler, ce qui prend du temps et accroît la pression. AC 5: déplore le manque de solidarité entre les collègues.
Position du chef de service La stratégie générale, concrétisée en 7 objectifs généraux, est spécifiée dans le projet stratégique principal du service. Ce qui touche plus concrètement le personnel, ce sont les quotas de production, soit les dossiers des contribuables devant être taxés dans les délais. Un système de suivi est assuré au sein des offices. Par contre, il n'y a pas encore d'entretiens individuels d'évaluation.
Position du responsable de formation La masse de travail à réaliser est immense et les délais à tenir très serrés, voire irréalistes. Le fonctionnement actuel s'apparente donc à «l'usine», laissant extrêmement peu de temps pour faire autre chose que de la production. Les entretiens d'évaluation du personnel seront introduits d'ici fin 2002, actuellement une

telle pratique interactive d'appréciation du travail fourni n'existe pas, et les cadres n'y sont d'ailleurs pas du tout préparés.

Analyse

Le management des performances tant au plan collectif qu'individuel ne correspond certes pas, dans ce service, aux systèmes que nous avions initialement imaginés, soit un management par contrat de prestations type «nouvelle gestion publique» au niveau du service, et un système de fixation et d'évaluation des objectifs au niveau individuel. Nos interlocuteurs confirment que ces systèmes sont projetés mais non encore introduits. Toutefois, la détermination et le suivi très serré des quotas de production attribués aux offices décentralisés, puis ventilés sur les personnes en place, est assimilable à une forme spécifique de management des performances, de nature quantitative avant tout.

En bref, chaque «unité de production», baptisée «usine» par l'un de nos interlocuteurs, doit réaliser un quota précis de taxation dépendant des contribuables de la région, ce dans les délais découlant de la périodicité de taxation. Ce quota global par office est ensuite ventilé sur les personnes en place, selon des modalités incluant certains mécanismes de négociation qui ne nous ont pas été présentés dans les détails, relevant sans doute plus de l'initiative personnelle que d'une volonté de justice organisationnelle dûment mise en œuvre.

Ces quotas, à la fois collectifs et individuels, sont ensuite suivis par un système de reporting dont la périodicité de consultation et de régulation semble variable selon les régions et les personnes. Un suivi qui induit, au niveau de nos interlocuteurs (cadres de 1er niveau) une auto-régulation avant tout, d'autant que le mode de gestion des dossiers, qui exclut pratiquement toute action de remplacement des collègues en cas d'absence, responsabilise encore davantage le personnel dans l'atteinte de «son» quota. Des mécanismes d'ajustements collectifs, ou encore de solidarité, semblent représenter l'exception.

C'est donc dire que nos interlocuteurs sont pris dans un système de management des performances très contraignant, quasiment au quotidien, induisant un pensum de travail dûment quantifié. Plusieurs de nos interlocuteurs regrettent d'ailleurs que cette focalisation sur la quantité de dossiers traités se fasse au détriment de la qualité et du détail dans le traitement, comme cela pouvait se faire auparavant; certains y voient la porte ouverte à un traitement non seulement superficiel, mais également inégalitaire des contribuables.

Notons également que ces objectifs de production ne sont guère reliés aux objectifs plus généraux avancés par la direction du service dans son projet stratégique, un projet davantage lié à la transformation globale de l'entité qu'à la gestion opérationnelle, ce qui ne manque pas de contribuer, selon nous, au clivage déjà existant sur d'autres plans (cf. supra) entre les offices et la direction.

Dans ce contexte, toute action de formation a des répercussions très concrètes sur le travail (non réalisé), qui s'accumule et, hormis pour les cas spéciaux ou urgents, devra être rattrapé au retour de la personne. Pour certaines d'entre elles, cette perspective rend toute participation à des actions de formation plus que problématique, sans compter le fait qu'à certaines périodes de l'année, c'est tout simplement exclu.

1.4.6 Pression perçue à la performance (min = 1; max = 10)

Tendances générales des acteurs-cibles La pression perçue est forte, voire très forte pour trois personnes, avec une moyenne de 6.9, provenant des quotas de dossiers à traiter et du système de suivi mis en place. Ce suivi est régulier mais sa fréquence évoquée va du mois (contrôle et discussion mensuelle sur l'avancement (AC3)) à la semaine, voire au contrôle journalier.
Positions spécifiques d'acteurs-cibles AC 1 = 8, AC 2 = 6, AC 3 = 6.5, AC 4 = 7.5, AC 5 = 7.5, AC 6 = 6 AC 4 et AC 6 soulignent que la pression dépend beaucoup de soi-même et de son état d'esprit AC 2 ayant négocié un quota plus bas, dispose de temps pour s'auto-former AC 5: la pression atteint des limites intolérables (stress, maladie)
Position du chef de service Forte pression à la performance dans le traitement des dossiers, avec un système de suivi de l'avancement permettant d'intervenir.
Position des responsables de formation La pression actuelle est très forte 8.5/10 et va encore augmenter selon ses estimations.

Analyse

Sur la base des informations en notre possession, il n'est certes pas possible d'évaluer objectivement la charge de travail de nos interlocuteurs-cibles; toutefois, l'impression générale, confirmée par le discours tenu plus d'ailleurs que par les chiffres retenus par nos interlocuteurs, est celle d'une forte pression à la performance (moyenne 6.9), qui se referme impitoyablement sur chaque personne du fait de l'incompressibilité tant des dossiers que des délais.

Cette pression est aggravée par des exigences croissantes à la fois internes et externes:

- Internes du fait de la participation fortement souhaitée au projet global de changement, et à la maîtrise plus serrée des activités en général;
- Externes, parce que les contribuables semblent, aux dires de nos interlocuteurs, ne plus considérer l'autorité fiscale avec cette crainte et ce respect qui les empêchaient de la solliciter pour des compléments d'information, des questions, voire des critiques; ce qui n'est plus guère le cas aujourd'hui, induisant un important travail supplémentaire de «justification».

La négociation des quotas à la baisse, réalisée par plusieurs de nos interlocuteurs, vient tempérer quelque peu ces constats. Elle illustre une marge de manœuvre obtenue en invoquant divers motifs – responsabilité d'encadrement, de formation des nouveaux, de traitement de cas spécifiques, etc. – et permettant de dégager du temps supplémentaire, parfois utilisé pour l'autoformation (lecture des instructions de travail).

D'autre part, le contrôle de détail du travail réalisé n'est pas – et pour cause, cela serait un travail dantesque – systématiquement opéré, ce qui confère une marge de manœuvre supplémentaire aux personnes, pouvant passer plus ou moins rapidement sur un même dossier. La focalisation impérieuse sur la quantité de dossiers à traiter permet – que cela soit vu dans un sens positif ou négatif selon la position adoptée – de «jouer» sur la dimension qualitative, en sachant pertinemment que les contribuables ne réagiront quasiment pas s'ils devaient constater des erreurs ou manquements en leur faveur, formant ainsi bien à leurs dépens un allié potentiel de nos interlocuteurs.

En ce qui concerne la pression à la performance, relevons encore le différentiel existant apparemment entre le siège et les offices, un différentiel certes relevé par un seul de nos interlocuteurs, mais dont nous pouvons imaginer à la fois qu'il existe bien réellement, et d'autre part qu'il sera amené à s'amenuiser assez rapidement conséquemment au nouveau concept de management, fortement participatif, mis en place.

1.5 Résumé des pratiques collectives générales de formation

Ce résumé donne une compréhension globale des domaines principaux de formation au sein de l'unité analysée, sans considérer les comportements et stratégies spécifiques des personnes rencontrées, ce qui fait l'objet du paragraphe suivant (6). Le résumé présenté reflète, ce qui représente une forme de simplification étant donné que le changement était déjà enclenché, la situation prévalant en 2000, période d'analyse. Le concept introduit depuis modifiera sensiblement ce tableau.

Employeur, hiérarchie: rôles attendus	**Types d'action de formation au sein du service**	**Personnes-cibles: rôles attendus**
	Formations légitimées par le domaine d'activité	
a. Organise par la désignation des responsables a. Encadrement direct réalise a. Mise à disposition d'«instructions de travail» détaillées consultables «on line» b. Organise des formations selon nouveautés ou modifications importantes des lois et pratiques dans le domaine	a. Formation introductive au métier par le micro-environnement de travail b. Formation de mise à niveau, surtout obligatoire	a. Mise au courant progressive selon encadrement «sur le tas» a. Appropriation des «instructions de travail» b. Initiative personnelle éventuelle b. Participation aux formations imposées
	Formations légitimées par la fonction / transversales / hors du domaine d'activité	
Détecte les besoins et organise la formation	Formations ponctuelles «de nécessité», soit liée à l'introduction de nouveaux outils ou pratiques (par ex. informatique), ou filière «management» pour les nouveaux cadres	Participe selon fonction exercée et niveau de responsabilité
	Formations légitimées par l'employabilité	

Soutien passif: circulation de l'offre, et acceptation si le travail suit	Offre de formation par l'unité centrale de l'organisation, à orientation «développement personnel»	Initiative individuelle à la fois dans la décision et dans le fait d'assumer les conséquences Employabilité limitée à l'unité analysée
	Formations légitimées par des projets de l'unité	
Organise la formation en soutien des options de management prises à l'interne Etablit le lien avec la gestion courante	Concept «management par projets» et autres formations en lien avec la stratégie à 5 ans	Projet obligatoire de formation, organisé par la direction
	Formations légitimées par des changements organisationnels en cours	
Relais actif des formations décidées au sein d'autres services	Formations ponctuelles pour des opérations très spécifiques (audit global, systèmes comptables ou de gestion du personnel)	Participe selon désignation et fonction occupée

1.5.1 Résumé des pratiques collectives générales de formation continue, période 2000 (avant l'introduction des nouvelles filières)

Ainsi, la situation qui prévalait avant l'introduction du nouveau concept formationnel était avant tout centrée sur l'acquisition du métier de base et les nécessités fonctionnelles du travail. L'approche n'intégrait ni vision prévisionnelle au niveau du service, ni ouverture sur d'autres domaines d'activités, les spécificités de l'activité étant très importantes et la rotation du personnel, en partie de ce fait, quasi-inexistante. Entre-temps, la situation a bien changé puisque à la systématisation de la formation de base correspond, nous le verrons par la suite, une rotation augmentée du personnel, en particulier des jeunes nouvellement formés qui trouvent ailleurs, auprès d'autres employeurs privés, le moyen de «valoriser» la formation acquise auprès du service analysé.

1.6 Profils individuels et stratégies face à la formation continue

1.6.1 Présentation structurée des profils individuels, reconstitués en fonction des informations recueillies lors des interviews

Les données des six personnes-cibles rencontrées sont présentées de manière anonymisée de AC1 à AC6.

Acteur AC1	
Domaine de responsabilité et remplaçabilité	Responsable de la taxation et du traitement de dossiers particuliers, rôle d'encadrement et de formation des nouveaux. Rôle administratif et de remplaçant de son responsable direct. Remplaçabilité nulle car chacun gère ses dossiers; arrangements exceptionnels en cas de retard collectif.
Définition et objectifs associés à la formation continue	La formation continue est vraiment orientée sur le travail, doit servir dans la fonction actuelle. Elle est liée à sa conscience professionnelle, c'est donc une initiative personnelle, mais «qui va de soi». Pas d'attente en terme de promotion, rémunération.
Ressources formationnelles	Disponibles: – Cours proposés ou imposés par le service; – Cours proposés par l'unité centrale de l'organisation; – Livres et revues spécialisées. Spécificités: – Participation à un projet en lien avec le siège du service, fort aspect qualifiant; – Rôle de formateur des nouveaux, aspect auto-qualifiant.
Marge de manœuvre	En dehors des cours imposés soit par le service ou l'organisation (assez rare), la marge de manœuvre théorique est grande, car: – Absence de politique spécifique et de règles précises; – Auto-organisation dans le travail pendant la période fiscale; – Accord du préposé nécessaire, mais lié uniquement à la réalisation du travail dans les délais.
Atouts / ressources	Implication dans des projets, ce qui favorise les demandes de formation. Rôle formationnel exercé. Travaille au sein d'un office test. Très longue expérience. Apparemment peu ou pas de problèmes budgétaires.
Contraintes / limites	Dépend des autres collègues de l'office, car le travail doit être globalement à jour pour que le responsable hiérarchique accorde la formation. Forte pression du travail à réaliser dans les temps, et non-délégable.

Degré de satisfaction	Est satisfait car s'il souhaite se former, peut le faire.
Souhaits et projets d'avenir	Pour l'instant, se voit rester dans sa fonction.
Commentaires sur les comportements face à la formation continue	La formation continue est une affaire personnelle tout en étant complètement liée au travail et au domaine d'activité, ce hormis les quelques actions de formation obligatoires. Apprécie l'offre grandissante, parfois excessive, de formation, tout en la considérant surtout «pour les jeunes». En pratique, sa forte ancienneté fait qu'il ne sollicite que peu de formation, uniquement une formation technique obligatoire pendant la période 2000. Découvre le potentiel très qualifiant de la participation à des projets au sein du service.

Acteur AC 2	
Domaine de responsabilité et remplaçabilité	Encadrement de taxateurs, pendant longtemps aussi (mais pas actuellement) encadrement des nouveaux pour la formation métier de base. Remplaçabilité nulle cas chacun ses dossiers; de plus serait difficile du fait du volume de travail devant être réalisé pour soi.
Définition et objectifs associés à la formation continue	C'est un réflexe quotidien à prendre pour améliorer la réalisation du travail actuel et sa propre satisfaction, le tout en se tenant au courant de l'évolution dans son domaine. A considérer comme un investissement qui se retrouve dans l'exécution accélérée du travail.
Ressources formationnelles	Disponibles: – Cours proposés ou imposés par le service, y compris pour l'informatique; – Cours proposés par l'unité centrale de l'organisation. Spécificités: – Tout est disponible sur la place de travail, beaucoup d'informations qu'il s'agit de consulter («instructions de travail»); – A recours à des textes de littérature spécialisée dans son domaine.
Marge de manœuvre	Grande pour les cours proposés par le service et l'organisation. Estimée faible pour les autres types de ressources formationnelles. S'est aménagé une marge temporelle régulière (quotidienne) pour s'auto-former, par diminution du quota de production.
Atouts / ressources	Accord du préposé toujours donné, même pour une personne en partance. S'investit régulièrement dans la formation continue, cela se voit et fait qu'on le sollicite pour des projets particuliers.
Contraintes / limites	Le manque de temps avant tout.
Degré de satisfaction	Satisfait, car peut prendre l'initiative à sa guise.
Souhaits et projets d'avenir	Veut rester dans son domaine et ne pas être promu.
Commentaires sur les compor-	Pas de formation spécifique suivie en 2000. S'auto-forme par consultation de documents internes et externes, sur le temps de travail (par négociation d'un

tements face à la formation continue	quota de production inférieur) et sur son temps privé.

Acteur AC 3	
Domaine de responsabilité et remplaçabilité	Encadrement des spécialistes, traitement des questions pointues, anciennement responsable de la formation. Remplaçabilité nulle selon le système de répartition personnelle des dossiers.
Définition et objectifs associés à la formation continue	Formation quasi-quotidienne par le fait que le service bouge beaucoup, sur le tas. Investissement personnel indispensable, sur sa propre initiative, pour rester «dans le vent» dans son domaine d'activité.
Ressources formationnelles	Disponibles: – Cours proposés par le service, concerne surtout la formation de base, certains cours obligatoires; – Cours obligatoire pour les nouveaux cadres; – Guides et ouvrages spécialisés. Spécificités: – Séances régulières d'échange avec les collègues, qualifiantes; – Office pilote; – Formation des nouveaux, ce qui crée un «retour sur soi».
Marge de manœuvre	Très grande, pas de refus, liberté d'inscription et accord uniquement formel (signature) de la hiérarchie.
Atouts / ressources	Investissement personnel dans un cadre laissant très libre. L'investissement dans la formation se voit dans le travail, «ça suit...».
Contraintes / limites	Age, intérêt moindre. Le travail à réaliser passe avant la formation continue. Travail d'ensemble de l'office ne devant pas souffrir d'un retard (collectif). Peu ou pas de formation continue pour les personnes déjà formées. Investissement moindre du siège qui avant contribuait plus à la formation continue.
Degré de satisfaction	Moyen car ne peut pas approfondir la matière comme il le souhaiterait.
Souhaits et projets d'avenir	Continuer dans la même fonction jusqu'à la retraite.
Commentaires sur les comportements face à la formation continue	S'estime livré à soi-même; s'investir dans la formation est possible en-dehors du travail pour arriver à quelque chose, autrement la production passe avant «on est là pour ça». mais ce travail est qualifiant car cela bouge beaucoup. A suivi trois formations obligatoires dans le domaine informatique pendant l'année analysée.

Acteur AC 4	
Domaine de responsabilité et remplaçabilité	Supervise une équipe et réalise lui-même une série des taxations, mais pas la perception. Remplaçabilité partielle, limitée aux points urgents dans les dossiers traités.
Définition et objectifs associés à la formation continue	Approfondir différents aspects de son travail actuel.
Ressources formationnelles	Disponibles: – Cours proposés par le service, et animés par des spécialistes du siège; – Cours de l'unité centrale de l'organisation, dont l'offre ne circule pas; – Formations «lourdes» externes possibles. Spécificités: – néant.
Marge de manœuvre	Moyenne, par auto-limitation et limitation due au fait que travail dans une équipe restreinte «les collègues devront faire le boulot (à sa place)».
Atouts / ressources	Attitude favorable de la hiérarchie. Démontrer son engagement.
Contraintes / limites	Responsable hiérarchique à convaincre. Charge de travail élevée, aime faire du «bon» travail. Effectif trop serré. Age. Pas d'impact concret.
Degré de satisfaction	Satisfait, car s'il le veut, peut faire le nécessaire.
Souhaits et projets d'avenir	Rester dans son poste actuel.
Commentaires sur les comportements face à la formation continue	A suivi les formations informatiques obligatoires (4) et un cours technique. Autolimitation dans les faits (âge, production à réaliser), aussi par la pression due à une équipe restreinte.

Acteur AC 5	
Domaine de responsabilité et remplaçabilité	Responsable d'un groupe de taxateurs, remplaçant du responsable de l'office. S'occupe de dossiers spéciaux. Remplaçabilité nulle sauf cas exceptionnel.
Définition et objectifs associés à la formation continue	Ouverture de principe, la formation continue permettant toujours d'apprendre quelque chose.

Ressources formationnelles	Disponibles: – Cours proposés ou imposés par le service; – Moyens suffisants. Spécificités: – Consulte de temps en temps les «instructions de travail».
Marge de manœuvre	Théoriquement importante car le responsable hiérarchique est très ouvert.
Atouts / ressources	Attitude ouverte de la hiérarchie, voire promouvante face à la formation continue.
Contraintes / limites	Est coincé par son travail (quantité et délais à respecter), tout en insistant sur l'importance du travail bien fait dans les détails, et malgré un quota négocié un peu inférieur. Manque de soutien concret de la hiérarchie. Manque de solidarité dans l'équipe. Manque de reconnaissance de la formation continue.
Degré de satisfaction	Moyennement satisfait, difficulté concrète à fréquenter les cours, même les cours obligatoires.
Souhaits et projets d'avenir	Proche de la retraite.
Commentaires sur les comportements face à la formation continue	A suivi trois cours dont deux techniques et un informatique, le tout obligatoire. Est pris dans la production, avec des exigences croissantes qui deviennent difficiles à supporter. N'arrive ainsi pas à dégager du temps pour la formation qui l'aurait intéressé (auto-limitation, questionnée par sa hiérarchie).

Acteur AC 6	
Domaine de responsabilité et remplaçabilité	Responsable d'une équipe de taxateurs, s'occupe de dossiers spéciaux. Responsable nouvellement de la formation. Remplaçabilité nulle hormis pour les cas urgents.
Définition et objectifs associés à la formation continue	C'est important et directement lié au travail.
Ressources formationnelles	Disponibles: – Cours proposés par le service; – Cours de l'unité centrale de l'organisation, mais ne circulent pas; – Ressources suffisantes. Spécificités: – Conduite systématique de colloques spécialisés au sein de son unité; – Savoir insuffisamment exploité au siège; – Instructions de travail très utiles; – Jurisprudence et autres informations utiles sur informatique.
Marge de manœuvre	Théoriquement grande, dépend de l'initiative personnelle.

Atouts / ressources	Ouverture de la hiérarchie immédiate et du siège.
Contraintes / limites	Pas de soutien réel de l'encadrement. Temps déjà trop limité pour faire son travail.
Degré de satisfaction	Satisfaction moyenne, pas assez d'échanges avec des collègues spécialisés du service. Offre de formation manquante à un niveau supérieur (technique).
Souhaits et projets d'avenir	Pas actuellement, vient d'arriver dans le poste. Peut imaginer postuler ailleurs, à l'extérieur.
Commentaires sur les comportements face à la formation continue	A suivi trois cours, dont deux informatiques facultatifs, et un technique obligatoire. Voit l'aspect qualifiant du travail, sous-exploité, pour les personnes déjà formées (formation de base épuisée): source principale de formation car celle-ci centrée sur le travail actuel. Organisation et initiative personnelle avant tout.

1.6.2 Stratégie générale face à la formation continue au sein de l'unité test

Le tableau comprend les dimensions principales que nous avons retenues pour construire une analyse stratégique des comportements de formation continue au sein des unités. Le contenu de chacune des dimensions est formé des éléments récurrents du discours des acteurs. La dernière rubrique «stratégie(s) des acteurs» présente notre analyse et synthèse d'une ou plusieurs tendances générales mises en évidence par les différentes dimensions au sein de unité d'analyse donnée.

La ou les stratégies représentative(s) de chaque unité est présentée par un qualificatif global et 5 dimensions particulières, afin de préciser les points suivants:

- La finalité, l'utilité principale que visent les comportements de formation continue;
- La provenance de l'impulsion, quels sont les facteurs principaux incitant l'acteur à s'engager dans des activités de formation continue;
- Les ressources formationnelles dominantes utilisées et leurs caractéristiques;
- L'orientation «court terme» versus «long terme» des comportements de formation continue;

– L'orientation «individuelle» versus «collective» des activités de formation continue réalisées; les activités s'inscrivent dans des cursus de formation préétablis par autrui ou résultent de choix individuels.

Dimensions	Eléments des discours relevés	Commentaires
Objectifs concrets associés à la formation continue: Recueil des objectifs des acteurs liés aux activités (ou non activité) de l'année 2000. Ne sont pas comprises les définitions de formation continue ou les objectifs liés à la formation continue en général.	Exclusivement associés au domaine d'activité et à la fonction exercée: – Actualisation des connaissances en fonction des nouveautés du métier ou de la loi; – Acquisition de connaissances fonctionnelles indispensables, notamment en informatique. Le tout dans l'optique de se tenir (ou «d'être tenu») au courant, d'être plus crédible en tant que responsable encadrant des spécialistes, et, de manière moins évidente, d'améliorer son efficience professionnelle. Hors du domaine de spécialisation, relevons l'absence d'objectifs, considéré comme une affaire «privée» ou sans utilité fonctionnelle immédiate.	Le domaine d'activité en pleine mutation, une mutation commençant pendant la période analysée et s'amplifiant par la suite, crée une rupture dans un environnement «technique» soumis pendant longtemps à une certaine stabilité. De ce fait, aucune employabilité interne ou externe n'est souhaitée par les personnes interrogées, qui semblent définitivement liées à leur domaine d'activité.
Ressources formationnelles	**Citées par les acteurs** – Micro-environnement de travail, avec ses aspects qualifiants supportés par les «instructions de travail» et dans une moindre mesure, par l'échange avec les collègues (compagnonnage en destructuration progressive); – Programme de cours internes, avec cours obligatoires (mise à niveau) et facultatif; – Programme de l'unité centrale de formation continue, un programme dont la disponibilité n'est pas toujours garantie; – Littérature spécialisée, citée dans une moindre mesure. **Utilisées par les acteurs** Dont la finalité première est la formation continue: – Avant tout les cours internes au service, et sur une base imposée. La formation continue est une finalité	La tradition de compagnonnage relevée dans ce service, impliquant une prise en charge et une acquisition du métier spécialisé sur le tas, dans son environnement immédiat, est en train d'être bouleversée en profondeur. La structuration de la formation, impulsée par le centre, aboutit à une destructuration correspondante de cette forme de compagnonnage à la fois spontanée et pragmatique. Le fait que nos interlocuteurs soient des

	secondaire: – Micro-environnement de travail; – Rôle de formation des «nouveaux» exercé, ou ayant été exercé; – Implication dans des projets avec le «siège», dans le cadre du système de «management par projets» mis en place.	«seniors» déjà bien formés justifie, selon leurs discours, un recours quasi-inexistant aux ressources formationnelles non imposées.
Atouts / ressources des acteurs pour atteindre les objectifs associés à la formation continue:	**Liés à la personne** – Capacité à négocier des quotas de production inférieure permettant de dégager un espace de temps potentiellement formationnel; – Eventuel rôle formationnel exercé; – Implication dans des projets avec le siège, induisant un degré de maîtrise supérieur ainsi que la création d'un réseau d'interlocuteurs compétents; – Investissement personnel «qui se voit par la hiérarchie», cité dans une moindre mesure. **Liés à la fonction** – Rôle d'encadrement qui, dans une vision classique qui semble correspondre à la situation analysée, demande au responsable une maîtrise technique supérieure à celle de ses subordonnés.	Situation de transition dans laquelle les acteurs doivent «découvrir» de nouveaux atouts par rapport au système de management mis en place, les atouts traditionnels étant en perte de vitesse. L'initiative personnelle est, dans ce contexte, primordiale.
Limites / contraintes: Elles peuvent être générées par l'acteur ou non.	– Quotas de production avec système de suivi, associé à une remplaçabilité quasi-nulle dans son travail, le tout induisant une forte pression temporelle; – Limitation collective liée à la taille réduite de l'unité d'action, à des effectifs serrés ou en mouvement, et au besoin d'être à jour globalement (l'équipe); – Age et rôle «senior» de nos interlocuteurs, qui ont «fait le tour» de leur métier; – Faible reconnaissance des activités de formation continue, car l'efficacité, la capacité à traiter ses dossiers est le critère dominant. Relevons en outre que le centrage exclusif sur le domaine d'activité rend l'accès à d'autres types de formation non souhaitable par les acteurs.	Est parfois renforcée par un sens du travail complètement bien fait, difficilement compatible avec les quotas serrés de production. Contrainte très inégale selon les unités d'action (offices).
Marge de manœuvre	Formations relevant du domaine de spécialisation. Marge de manœuvre théoriquement importante, car la culture et la hiérarchie distillent un discours ouvert, voire promouvant la formation	Cette marge théoriquement importante crée le sentiment que «je peux si je veux» et fait que la majorité des

	continue.	personnes rencontrées est satisfaite de cette situation.
Le degré «d'autonomie» des acteurs face à la formation continue: choix, inscriptions, nombre, temps, domaine	Pratiquement faible, éventuellement moyenne en cas de quotas plus faibles négociés, la pression issue du système de reporting étant importante. Formations hors du domaine de spécialisation→ marge de manœuvre faible car pas d'utilité fonctionnelle immédiate, absence de politique de formation allant au-delà du technique, considéré par les acteurs également comme relevant du domaine de la sphère *privée.*	
Stratégie(s) des acteurs: tendances communes relevées	Formation continue basée sur une «hygiène professionnelle» semi-dirigée, à décentration progressive. Elle passe en effet d'un centrage sur le micro-environnement de travail à une orchestration par le siège. Finalité principale orientée sur le domaine d'activité et ses nouveautés, ses exigences fonctionnelles. Impulsion personnelle au départ, remplacée progressivement par une prise en charge (cours obligatoires) par la direction. Ressources principales: les cours internes spécialisés ou fonctionnels. Orientation à court terme, selon les nouvelles exigences du domaine d'activité. Approche de plus en plus collective, soit liées à des besoins identifiés et une offre de formation continue imposée / proposée par la direction du service.	

1.6.3 Commentaires sur les stratégies reconstituées

Les six personnes-cibles rencontrées présentent de nombreux points communs dans leur perception de la formation, ses finalités, les comportements adoptés, et ressources mises en œuvre. Quelques différences importantes sont liées avant tout au stade de carrière, puisque l'on trouve autant un cadre nouvellement promu que des personnes proches de la retraite.

Centrée résolument sur le domaine d'activité «technique», la formation continue relève autant de la nécessité que d'une forme «d'hygiène professionnelle»: ainsi, être au courant est non seulement indispensable pour réaliser son travail dans un domaine où le client n'est guère susceptible de pallier les manquements éventuels des agents publics, mais également important dans un rôle de responsable encadrant des collaborateurs spécialisés. Cette forme de réflexe (auto-)formationnel qui a, selon notre interprétation, longtemps existé pour compenser l'absence totale d'offre formationnelle formalisée, en jouant sur l'échange avec les collègues est progressivement remplacé par un système piloté par le centre.

Ainsi, dans un domaine où la formation continue, hormis pour le métier de base, était pendant longtemps inexistante, à la fois au plan technique et également «développement personnel», les acteurs interrogés vivent présentement une rupture très marquante. Elle est déjà perceptible pendant la période analysée, et est amenée à s'amplifier.

La situation de départ est marquée par un système que nous n'avons pas hésité à qualifier de compagnonnage, avec une forte et prégnante transmission du métier de base dans les unités de production. Ce système à centration sur le micro-environnement de travail est progressivement remplacé par une gestion centralisée des métiers et des compétences, qui doit permettre une systématisation de l'accès et de la validation des formations suivies, ce qui induit également le passage d'une logique avant tout individuelle de mise à jour, à une logique collective où tous les acteurs progressent en même temps. Par contre, notons que les ressources mises en œuvre demeurent avant tout internes au service (cours internes, animés par des internes surtout, instructions de travail internes).

Cette prise en charge graduelle, associée à un système de suivi renforcé de la production et une transformation rapide du métier, rend toute initiative de formation qui ne serait pas centrée sur le travail et la fonction actuelle extrêmement difficile, confinée pratiquement à la sphère privée. Le besoin de ce travail sur une employabilité dépassant le service n'est d'ailleurs guère ressenti par nos interlocuteurs.

1.7 Commentaires relatifs à l'influence et à l'impact des pratiques de management des performances sur les comportements formationnels

Dans ce cas, le management des performances se concrétise par le système des quotas de production et délais de réalisation découlant de l'ensemble des dossiers à traiter pendant la période fiscale. Il est assorti d'un système de reporting assurant un suivi régulier, parfois très serré, du travail réalisé et par conséquent, de celui qui reste à accomplir.

Dans ces conditions, l'acteur est constamment rendu conscient de l'avancement de son travail, finalité de sa fonction justifiant son salaire. Il ne peut ainsi guère ignorer que toute absence, et la formation continue sous forme de cours en est une des causes typiques, réduit encore le délai de réalisation disponible. C'est donc incontestablement un frein, d'abord *individuel*, parfois perçu comme insurmontable, et ensuite, d'une manière plus subtile et pas nécessairement ressentie par nos interlocuteurs, *collectif*, par une forme de régulation qui est accentuée dans les petites unités de production où toute absence est plus nettement ressentie.

Même si la formation continue doit, selon nos interlocuteurs, être en lien direct avec le travail, le lien réel des formations suivis avec l'efficacité professionnelle n'est pas évident[52]; au contraire, ceci est perçu plutôt comme un frein car «le travail ne diminue pas pendant la formation». De ce fait, le système de management des performances en place n'est pas un levier de la formation continue, constat renforcé par le fait qu'il n'y a pas (encore) d'entretien d'évaluation formalisé au cours duquel les aspects formationnels pourraient être discutés avec sa hiérarchie, et d'autre part, les besoins de formation sont maintenant déterminés et imposés de manière centralisée.

1.8 Conclusions et recommandations

Avertissement: Les conclusions et recommandations formulées ci-dessous s'inspirent des constats que nous avons pu faire lors des entretiens avec les chefs d'équipe rencontrés. Il se peut que l'effet d'extrapolation qu'elles contiennent ne soit pas pertinent pour toutes la catégories de personnel.

52 On peut même se risquer à dire qu'il est potentiellement en contradiction puisqu'un spécialiste formé peut détecter plus d'éléments spéciaux dans un dossier et ainsi prendre un temps de traitement plus long. Ceci pourrait être renforcé par la culture marquée par une forte conscience professionnelle qui fait que l'on traite un dossier complètement, ce qui n'est plus toujours possible.

La formation continue devrait comprendre trois axes principaux, en étant fortement liées à la transformation du service et de l'organisation toute entière:

- professionnalisation du niveau technique, acquisition et développement continu du métier. Le nouveau concept est en bonne voie pour y parvenir, la question principale semble ici liée à la destructuration progressive du compagnonnage (cf. ci-dessous), et à la conciliation d'objectifs de production impératifs avec des espaces formationnels réels et non théoriques;
- compétences humaines et managériales, notamment de gestion de projets et de «développeur» de son personnel, liées au nouveau système de management mis en place. La généralement du système de management retenu crée un choc culturel qui devra être stabilisé, notamment en inventoriant de manière simplifiée mais néanmoins formalisée les responsabilités et compétences acquises ainsi par le personnel;
- développement des talents en partant de l'idée que chaque personne peut accéder à un niveau de responsabilité optimal et/ou une fonction très différente de celle qu'il exerce aujourd'hui. La question est ici plus difficile car elle rencontre plusieurs obstacles parmi lesquels: une culture professionnelle quasi hypnotisante, le passage d'une logique individuelle à une prise en charge collective, laquelle est potentiellement contraire à cet objectif plus lointain.

Les défis principaux identifiés, ainsi que les pistes proposées, relèvent:

- du mariage des exigences de production et des ambitions formationnelles du service. Des deux côtés en effet, les exigences croissent et pour certains, c'est l'impasse, pour d'autres cela se traduit par une attitude passive qui aboutit à se laisser prendre en charge par le programme obligatoire mis sur pied. Parmi les pistes suggérées, notons une gestion revue de l'attribution des quotas de production, qui semblent aujourd'hui être le fruit de capacité de négociation plus ou moins développées, un système de gestion permettant une remplaçabilité accrue entre les personnes, susceptibles de créer une forme de solidarité et un avancement plus régulier des dossiers; et finalement une gestion des effectifs par pools dépassant les unités décentralisées, dont certaines souffrent d'un effectif réduit et d'une petite taille qui rend toute absence problématique en regard des objectifs collectifs de production. De la sorte, il devrait être plus facile aux personnes de dégager des espaces-temps formationnels dédiés soit à l'auto-formation sur la place de travail, à l'échange qualifiant avec les collègues ou encore à la fréquentation de divers séminaires;

- d'une décentration progressive du potentiel qualifiant de l'organisation, passant d'un compagnonnage issu du micro-environnement à un système de management qualifiant au niveau du service tout entier. Cette structuration progressivement centralisée ne devrait surtout pas «briser» la tradition du compagnonnage de l'environnement immédiat, ce qui peut en partie être atteint par les suggestions du point précédent. D'autre part, diverses mesures sont envisagées pour utiliser de manière améliorée l'immense potentiel de compétences disponibles dans le service et faire mieux circuler les expériences: notamment un système performant de suivi des cas spéciaux, la mise sur pied d'une base de connaissance et/ou de cas, l'exploitation plus systématique des réseaux de personnes créés lors du management par projets, l'orchestration d'échanges programmés entre «périphérie» et «siège»;
- du passage d'une culture technique avant tout, à une culture qui, tout en appuyant l'aspect technique, de manière très structurée, insiste et valorise dorénavant également les qualités humaines, le savoir-être et les compétences d'encadrement développeur. Il s'agit d'une évolution constatable dans la plupart des organismes publics, dont la réalisation n'en est qu'à ses début, qui devra être soutenue par des pratiques d'évaluation et de valorisation à la mesure du discours tenu. Ce qui, dans un environnement organisationnel moins rapidement évolutif, pourrait se révéler problématique. Dans ce cadre, la marge de manœuvre du service doit être pleinement exploitée, en commençant par la possibilité de confier de nouvelles responsabilités et déléguer davantage au personnel, afin de contribuer à sa formation continue par l'action et à valoriser son engagement. Ce passage devrait également être accompagné d'une «règle» de formation continue choisie sur une base volontaire, dans le domaine technique et de développement personnel, pour les personnes ayant achevé le cursus de la formation de base. Si l'offre est actuellement disponible, nous constatons que les personnes n'y recourent guère pour divers motifs déjà évoqués;
- de la superposition d'une culture de production avant tout, forgée à l'aune des «dossiers liquidés», à une culture qui valorise l'implication dans des projets assurant la transformation et la viabilité à long terme du service. Dans ce sens, un système de gestion du personnel orienté sur le

management des compétences plus que des performances (Marbach, 2000) est susceptible d'apporter des pistes intéressantes.

Reste problématique la question de l'employabilité interne et externe des personnes rencontrées. D'un côté, prises en charge par un système de management des compétences renforcé, elles verront leur portefeuille de compétences régulièrement actualisé, au point que la tentation de valoriser nettement mieux à l'extérieur leur expérience deviendra très tentante; de l'autre, la focalisation extrême sur le domaine d'activité rend toute évolution professionnelle latérale encore difficilement imaginale ou souhaitable, alors même que d'autres formes de compétences (managériales, humaines) seront progressivement acquises. On imagine alors un service qui, dans le scénario catastrophe, serait systématiquement «pillé» par des collaborateurs peu scrupuleux qui apprécieraient à la fois l'excellence de la formation technique dispensée, et la richesse des compétences entrepreneuriales et humaines induites par le système de management mis en place.

Dans ce cas, certes peu probable mais néanmoins possible, le service doit impérativement imaginer les moyens d'ancrer son personnel dans un projet de service porteur et galvanisant, tout en se donnant les moyens de reconnaître tangiblement les efforts entrepris par le personnel pour se développer. Ce qui peut paraître paradoxal puisque jusqu'à un passé récent, la fidélité au service et la faible rotation du personnel témoignaient précisément de carrières destinées exclusivement à un employeur et un domaine d'activité.

La reconnaissance tangible ne passe, à l'heure actuelle pas uniquement par des éléments financiers, mais comprend également d'autres attentes à l'intérieur du «nouveau contrat psychologique» (Cappelli, 1999), telles que le contenu et l'intérêt du travail, une communication transparente, une participation à la prise de décision, un équilibre «vie professionnelle, vie privée», et une reconnaissance des performances obtenues.

Plus concrètement encore, la gestion des engagements devrait prévoir de ne pas engager que des «jeunes» mais viser un certain équilibre, tout en prévoyant par ailleurs les moyens concrets de retenir les jeunes formés.

C'est à ce prix toutefois que la valorisation des «talents» voulue par la direction a des chances de voir le jour sans qu'elle n'opère au détriment de l'employeur et d'objectifs de production toujours plus exigeants.

Plus concrètement encore, la gestion des engagements devrait prévoir de ne pas engager que des «jeunes» mais viser un certain équilibre, tout en prévoyant par ailleurs les moyens concrets de retenir les jeunes formés.

C'est à ce prix toutefois que la valorisation des «talents» voulue par la direction a des chances de voir le jour sans qu'elle n'opère au détriment de l'employeur et d'objectifs de production toujours plus exigeants.

Printed by
CPI books GmbH, Leck

FSC
www.fsc.org
MIX
Papier | Fördert
gute Waldnutzung
FSC® C083411

Kolibri 360 GmbH
Ferdinand-Jühlke-Straße 7
99095 Erfurt, Deutschland
produktsicherheit@kolibri360.de